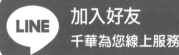

高分上榜
讀書計畫表

使用方法 本讀書計畫表共分為 60 天和 30 天兩種學習區段，可依個人需求選擇用 60 天或 30 天讀完本書。

各章出題率分析
A 頻率高　**B** 頻率中　**C** 頻率低

可針對頻率高的章節加強複習！

頻出度	章節範圍		60 天完成	30 天完成	考前複習
B	第一篇 財產保險 理論	第一章 保險的基礎構成	第 1～6 天 完成日期＿＿年＿＿月＿＿日	第 1～3 天 完成日期＿＿年＿＿月＿＿日	完成日期 ＿＿年＿＿月＿＿日
C		第二章 保險的契約內容	第 7～12 天 完成日期＿＿年＿＿月＿＿日	第 4～6 天 完成日期＿＿年＿＿月＿＿日	完成日期 ＿＿年＿＿月＿＿日
A	第二篇 財產保險 實務	第一章 汽車保險	第 13～18 天 完成日期＿＿年＿＿月＿＿日	第 7～9 天 完成日期＿＿年＿＿月＿＿日	完成日期 ＿＿年＿＿月＿＿日
A		第二章 火災與地震保險	第 19～26 天 完成日期＿＿年＿＿月＿＿日	第 10～13 天 完成日期＿＿年＿＿月＿＿日	完成日期 ＿＿年＿＿月＿＿日
A		第三章 海上運輸保險	第 27～32 天 完成日期＿＿年＿＿月＿＿日	第 14～16 天 完成日期＿＿年＿＿月＿＿日	完成日期 ＿＿年＿＿月＿＿日
C		第四章 工程保險	第 33～38 天 完成日期＿＿年＿＿月＿＿日	第 17～19 天 完成日期＿＿年＿＿月＿＿日	完成日期 ＿＿年＿＿月＿＿日
C		第五章 傷害險與健康險	第 39～44 天 完成日期＿＿年＿＿月＿＿日	第 20～22 天 完成日期＿＿年＿＿月＿＿日	完成日期 ＿＿年＿＿月＿＿日
B		第六章 責任、信用、保證、 其他財產保險	第 45～50 天 完成日期＿＿年＿＿月＿＿日	第 23～25 天 完成日期＿＿年＿＿月＿＿日	完成日期 ＿＿年＿＿月＿＿日
A	第三篇 財產保險 法規	第一章 保險契約的組成	第 51～56 天 完成日期＿＿年＿＿月＿＿日	第 26～27 天 完成日期＿＿年＿＿月＿＿日	完成日期 ＿＿年＿＿月＿＿日
B		第二章 保險業的相關法規	第 57～60 天 完成日期＿＿年＿＿月＿＿日	第 28～30 天 完成日期＿＿年＿＿月＿＿日	完成日期 ＿＿年＿＿月＿＿日
－	第四篇 仿真模擬試題		─	─	─

■ **報名方式**

一、一律採個人網路報名方式辦理。

■ **測驗科目、時間及內容**

項目	上午場次	下午場次	晚上場次
報到及預備	09：00～09：30	13：30～14：00	18：10～18：40
財產保險實務	09：40～11：00	14：10～15：30	18：50～20：10
財產保險法規	11：10～12：00	15：40～16：30	20：20～21：10

註1：財產保險實務，測驗題目100題4選1單選選擇題；測驗時間為80分鐘。

註2：財產保險法規，測驗題目 50 題4選1單選選擇題；測驗時間為50分鐘。

■ **合格標準**：本項測驗二科總分達140分為合格，其中任何一科不得低於60分。

～以上資訊僅供參考，詳細內容請參閱招考簡章～

千華數位文化
Chien Hua Learning Resources Network

目次

第一篇　財產保險理論

第一章　保險的基礎構成

第二章　保險的契約內容

第二篇　財產保險實務

第一章　汽車保險

第三篇　財產保險法規

第一章　保險契約的組成

第二章　保險業的相關法規

第四篇　仿真模擬試題

第一回

第二回

編寫特色與高分準備方法

本書是為了欲參加「財產保險業務員資格測驗」之各位所編撰，編撰者有實際接觸財產保險的工作，書籍內容有許多財產保險工作的實務面說明。

此次編修也是為了符合財產保險部分內容、法制的重大更新，尤其是住宅火險的部分，火險本來就屬於考題的重點，所以近年所增修的住宅火險也是必須熟讀的部分之一。

因應法制更新，所以修訂的方向還包含本書內的題目與模擬試題題目、答案的修正與微調，連同解析說明的部分也有增加與修改。

（如果想知道火險的更新內容與方向，可以直接從第二篇的第二章「重點2契約承保的內容」之「一、住宅火災及地震險」的住宅火險內容說明表格開始瀏覽。）

為了使各位可以快速上手，本書的特色有：

一、大量圖示與表格呈現，視覺化說明概念

將財產保險的觀念理論、工作實務、法規內容，透過圖示與表格的方式列出細目和附帶說明，內容多為考試需要背誦的範圍，可以更加直觀的理解與記憶。

二、有許多重點提醒、標記與實務面的差異

當遇上考試重點與範圍時，書本都有特別標註提醒小視窗，讓你可以快速翻閱、熟記考點速攻的部分。

三、詳盡的數學公式計算，舉例一步步帶領讀者計算

由於考試範圍內有很多需要計算的部分，編撰者也舉了很多實例和數字公式，按部就班地說明計算方式與概念，跟著案例題目重複練習計算，很快就能上手。

當準備進入最後衝刺時，建議考生可以直接參考以下幾個快速的考前準備：

一、重點章節與考點提醒

當時間有限的時候，記得特別依照重要度等級的章節內容來分先後順序，以及本書中有出現考試提醒的小視窗部分，這些內容都是過去實務面重要的基礎，也是歷屆考試加強出題的方向與範圍，頻出度特別高。

二、不要忽略牛刀小試題、章後精選試題

牛刀小試題與章後節精選試題都是各章的經典考題，每次確實的練習章後試題，可以更快速的掌握整個章節要說明的內容與考試方向，反覆練習也能更快熟悉章節的概念，使各位可以盡情練習和快速複習。

三、模擬試題的演練

考試的前一周，透過本書的模擬試題來演練，透過書中附上的答案與解析，快速記憶考試重點，以及找出不熟悉的章節，使各位可以馬上找出自己需要熟讀的範圍內容。

參考資料來源

1. 財產保險業務員資格考試，富邦產險。
2. 財產保險業務員資格測驗練習題，中華民國產物保險商業同業公會。
3. 郵政e大學—考題練習分類：
   http://www.pti.gov.tw/WcmsModules/LMS/ExamSandbox/SelfTesting.aspx?node=category-ExamPaper-001469111170-000
4. 考選部—歷年考畢試題查詢平台：
   https://wwwq.moex.gov.tw/exam/wFrmExamQandASearch.aspx

第一篇　財產保險理論

第一章　保險的基礎構成

課前導讀

本章節為財產保險的源頭與基礎，許多原理和定義都需要反覆熟練，因為往後的財產保險章節裡，大方向都不會離此基礎概念太遠，只要將概念與原理熟練，可以把握不少考題的基本分數，同時許多不熟悉的題目和內容都可以依此原理來推理、判斷。

☑ 重點1　保險的原理與定義

一、保險原理

若是辛苦了大半輩子，個人努力打拼得來的財產，因為不知道哪裡來的意外而造成損失，不只會氣憤難平，可能還會欲哭無淚、甚至因此失去生存下去的意志能力。也因此，過去的歷史經驗使前人們得到了一些想法，那就是透過提撥每個人財產、資金的一部分，放在一個地方專門保存著，要是有人遇

> **考點速攻**
>
> 萬法不離其宗，各種考試最重要的就是原理，理解原理後會更有實務直覺力。

到了重大災難造成損失，那就將這些資金撥一小部份做為補償，讓他能夠度過一陣子的困難，繼續生活下去。

這也就是後來保險法第1條當中提到的：「謂當事人約定，一方交付保險費於他方，他方對於不可預料、或不可抗力之事故所致之損失，負擔賠償財物之行為」，**其中法條裡的「他方」就是現今的「保險人」。**

因為過去這種互助的精神，建立了現在保險的概念與雛形，而現今的保險原理則分為四種要素組成，如右圖：

大數法則是保險人計算保險費率的基礎，透過發生風險的單

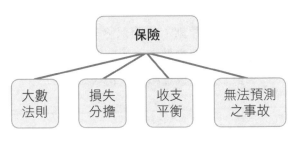

位越多，實際會產生風險的預測結果會愈接近精準，讓保險人可以制定合理的保險費收取。若是有投保兩間保險公司以上，保險人彼此間會分擔損失，依照法定比例，避免要保人超支不平衡的賠償金額。

二、保險定義

財產保險指的是投保人依照約定，向保險人交付保險費，而保險人則按照契約上的約定，對所承保的財產標的物及其利益，因自然災害、意外事故造成的損失，須負擔賠償責任。

而構成保險除了有基本的原理之外，其中也涵蓋一些原則是大家必須要了解的，如：

考點速攻

最大誠信原則、保險利益原則、損害賠償原則與主力近因原則都是為了維護公平正當的原因而產生，裡面有不少重點要詳記喔！

(一) **最大誠信原則**：如果違反此原則的話，保險人有權解除保險契約或不負賠償責任。

1. 要保人或被保險人如違反誠信，致保險人無法對危險做正確估計，保險人得解除保險契約。

2. 解除期限**從知道有解除的原因之後一個月內**，或者**契約定立後的二年內解除契約**，於危險發生後亦得解除契約。

3. 保險人**無需返還保險費**。

4. 當保險契約定立時，保險的標的物已發生危險或標的已消滅，其**契約無效**。（當事人雙方所不知者，不在此限）

5. 訂約時僅要保人之危險已發生，**保險人不受契約之拘束**。

6. 要保人故意隱匿，或因過失遺漏，或為不實說明，足以變更或減少保險人對於危險之估計者，**保險人得主張解除契約**。

(二) **保險利益原則（可保利益）**：目的是為了避免賭博的行為，還有防止道德性危險的發生，同時作為損失補償的計算基礎。

(三) **損害賠償原則**：依照保險契約定立後，在契約範圍內所產生的損失，保險人會透過實際損失的狀況進行賠償。在這之中又分為：

1. 補償方式：現金給付、恢復標的物。

2. 補償幅度：比例分擔、約定定值、代位求償、自負額扣除。

其中以比例分擔與約定定值補償先予以說明如下：

(1) 比例分擔

	保險金額與價格	理賠方式
不足額賠償	保險金額＜價格	依照金額與價格之間的比例計算後理賠。
足額賠償	保險金額＝價格	依照實際價格進行理賠。
超額賠償	保險金額＞價格	無非故意行為的話，依照實際價格進行理賠。

(2) 約定定值

	不定值保險	定值保險
價格確定的時間點	發生事故的時候	契約簽訂的當下
損失計算	標的物的重置成本－標的物折舊	事先約定
適用的險種	一般財產保險	藝術品、海上運輸保險

剩下兩種損害賠償原則，主要是保障保險公司，「自負額」便是依照契約簽訂的當時，保險公司便可以透過訂立「自負額」，先與被保險人約定，若是發生保險事故，理賠的金額須扣除自行負擔的金額，也是為了避免被保險人進行違反善良道德風俗的行為。

> **考點速攻**
>
> 代位求償和自負額都是實務上較常聽見的名詞，可先將其保險定義記下，後面的章節會有更多說明。

而「代位求償」則是在安定社會環境的前提下，保險人可以先進行賠償，但是有權利向被保險人追討賠償的款項。

(四) **主力近因原則**：保險人收到事故發生通知的時候，需確認事故造成的原因是否符合保險契約訂立的情況。

───── **牛刀小試** ─────

(　　) **1** 「謂當事人約定，一方交付保險費於他方，他方對於不可預料或不可抗力之事故所致之損失，負擔賠償財物之行為」，當中「他方」為　(A)投保人　(B)被保險人　(C)要保人　(D)保險人。

(　　) **2** 下列哪一個正確？　(A)大數法則是保險人計算保險費率的基礎。　(B)如果違反最大誠信原則的話，保險人得主張解除契約。　(C)財產保險指的是投保人依照約定，向保險人交付保險費，而保險人則按照契約上的約定須負賠償責任。　(D)以上皆是。

解答與解析

1 (D)。法條中的「他方」為保險人。

2 (D)

☑ 重點2　危險事故與種類　☆☆☆☆

在保險的基本原理當中，還有另一項重要角色，也就是造成損失導致人們需要被保障和周全的最大因素—危險。

對保險來說，**危險是某種未來會發生的不確定性情況，導致經濟上的損失**。而危險也必須有以下三種特性：**不確定性、經濟或財物損失的可能性、未來性**。

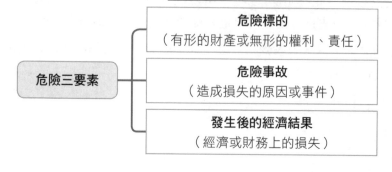

危險三要素
- 危險標的（有形的財產或無形的權利、責任）
- 危險事故（造成損失的原因或事件）
- 發生後的經濟結果（經濟或財務上的損失）

一、危險因素的定義：是一種條件或情況，會引起增加財產、事物產生損失機會的因素。

二、危險因素的種類

(一) **實質危險因素：**

實際上存在於保險標的物上本質的風險，不是人為造成的。例如：汽車的剎車、房屋的結構……等。

> **考點速攻**
> 危險因素和危險事故種類同樣都有分類，小心別混淆！

(二) **道德危險因素：**

為不當獲利，透過不誠實或故意行為引發、導致事故的發生例如：假車禍、假意外詐領保險金……等。

(三) **心理危險因素（怠忽性危險因素）：**

因個人不良習慣或疏忽造成的影響，使事故發生的機會擴大。例如：管理不善、忘記關瓦斯……等。

三、危險事故的定義：造成保險標的物損失的事件或情況。

四、危險事故的分類

(一) **依照原因分類：**

1. 自然危險（颱風、海嘯、地震……等）。
2. 人為危險（暴動、戰爭、竊盜、罷工……等）。
3. 本質性危險（煤炭自燃、穀物塵爆……等）。

(二) **依照性質分類：**

1. 靜態危險

因為不可抗力與不可預料的事件下所發生的危險，同樣的，如果是人為造成的不道德行為、惡行造成損失的也算。例如：詐欺、犯罪……等。

2. 動態危險

因為大環境、政治、經濟、社會所造成的損失，非個人之力所產生的危險，皆屬於此類。例如：戰爭、股票崩盤……等。

> **考點速攻**
> 可直接背誦「無獲利」為純損危險，「有獲利」為投機危險。

在探討危險種類的時候，又可以細分出哪些是純損危險，那些是投機危險，如下圖：

五、損失的種類

(一) **財產的損失：**
1. 直接損失：財產因毀損導致需要重製或修理的費用。
2. 間接損失：因為直接損失後延伸出的其他費用，如收益、使用費、固定成本……等。

(二) **法律賠償的責任：**
因侵害他人之權利，所需負擔的法律賠償責任。如醫藥費、精神慰撫金……等。

(三) **體傷或身故的損失：**
因個人的受傷、身故死亡所產生的費用負擔。如喪葬費、醫療費、收入損失……等。

透過過去的經驗與大數據資料作為計算基礎，保險會蒐集導致危險事故發生的因素和區分事故的種類，來對保險標的物進行危險的評估，又稱為「危險程度」。

$$危險程度 = \frac{|\,預期損失 - 實際損失\,|}{預期損失}$$

同時危險的評估也會因為人事物的不同而產生差異，所以不同的保險險種會有著不同的損失發生機率與受損的幅度大小。

$$損失機率的計算方式為： \frac{理賠的次數}{保單購買的單位數}$$

$$損失幅度的計算方式為： \frac{損失的總額}{理賠的次數}$$

六、危險的管理方法

當危險事故發生的時候，會造成個人或群體損失，同時也使提供契約的保險人承受風險，於是透過以下幾個管理方法，希望能夠降低危險事故的發生。

(一) 危險控制的方法：

1. 避免－直接設法避免某項事物或活動。
2. 預防－針對造成危險的原因，進行維護與檢查。
3. 抑制－避免危險發生的損害過大，採取加強、預備動作。

(二) 財務融通的方法：

1. 轉移－將損失間接轉給其他人承擔。
2. 自留－自行吸收、承擔部分損失。

而在管理危險的時候，保險公司也會將危險事件分為「可保」或「不可保」，其中不可保的危險便是損害幅度過大、保險公司也無法承擔的風險，尤其是道德危險因素、人為危險、投機危險等等故意之行為。

而可保危險的內容則涵蓋：

(一) 純損危險。

(二) 保險費符合經濟成本。

(三) 需有大量的危險結果可供計算、資訊收集。

(四) 損失額度必須明確且可量化。

(五) 發生危險的機率可以被預測。

(六) 出於偶然而非故意的行為。

(七) 不造成巨大的災害後果。

> **考點速攻**
>
> 逆選擇為保險人裡的核保違反相同危險單位原則，使得出現高危險群與低危險群，核保應避免發生此情況。

牛刀小試

( ) **1** 保險當中的火災保險，故意放火燒房，屬於危險因素當中的哪個？ (A)實質危險因素 (B)道德危險因素 (C)心理危險因素 (D)自然危險因素。

( ) **2** 危險的三種要素，哪一個不正確？ (A)危險標的 (B)危險的種類 (C)危險事故 (D)發生後的經濟結果。

( ) **3** 以下何者正確？　(A)危險有確定性和未來性　(B)發生後的經濟結果屬於危險要素之一　(C)忘記關瓦斯是屬於實質危險因素 (D)以上皆對。

解答與解析

1 (B)。放火是人為故意造成的行為，是為道德危險因素。

2 (B)。危險的種類不屬於危險的三種要素。

3 (B)。(A)危險是不確定性。(C)是屬於心理危險因素。只有(B)選項正確。

☑ 重點3　保險的經營與監督 ✰✰

從過去人民自發性的互助，延伸至今的保險公司規模，代表了「保險」若是想要照顧有需要的人，為了實現過程的合理性，必須配合環境變化去改變管理的模式，和計算經濟效益和事故發生的機率、損失幅度等等，才能周全且完善的永續發展下去。

考點速攻

保險經營原則屬於知識性原理，簡單背誦即可。

隨著時間的累積，保險人集合了越來越龐大的資金，需要更精準的數理化才能負擔起經營的利潤與負債比例，由於保險本身是一種對特定風險產生的保障，為了符合最佳的經濟效益，保險的管理所以也得有明確的經營原則。

現今國內保險業的監督主管機關為**隸屬於行政院的金融監督管理委員會保險局**。

保險經營原則

保險公司從事保險經濟活動時，需適應、協調、客觀性的評估市場環境變化，以及透過正確的經營策略來實現保險最重要的風險規避目標。

(一) 保險經營的一般性原則：

1. 經濟核算：公司須特別注意經濟效益，提高保險賠償能力和節約成本。
2. 隨行就市：隨時注意市場變化，需調整保險費用和商品結構來適應需求。

3. 薄利多銷：合理的價格才能符合保險等價交換的原則，若是價格失衡則會影響保險企業的發展、公司資金周轉與賠償能力，最終損害的還是被保險人的權利。

(二) **保險經營的特殊性原則：**

1. 風險大量原則：因為保險需要大數量的資料支持，才能得到正確的風險評估計算，所以保險公司也需要在能力範圍內，大量接受保險的承保，同時也是為了降低賠償風險的成本。

2. 風險分散原則：保險公司承擔了被保險人的風險，自己也需要將這樣的賠償風險分散出去；若是單一負責，有可能會產生巨大的傾覆結果，所以需要尋找其他保險公司來共同分擔，也就是「共同保險」、「再保險」。

   (1) 共同保險：由兩個或兩個以上的保險公司，透過比例來承擔保險標的的賠償責任。

   (2) 再保險：保險公司承擔風險之後，另外尋找其他保險人辦理保險的動作，將風險理賠的責任全部或部份轉嫁出去。

3. 風險選擇原則：為了保證經營的穩定性，保險公司在承接保險的時候，必須判定是否為可以投保的風險，所以可保風險必須是：

   (1) 保險公司的資金和技術能力可負責的。

   (2) 必須在保險公司的經營範圍內。

   (3) 對被保險人、標的物有全面的評估與審核。

牛刀小試

(   ) **1** 保險經營的一般性原則，哪一個不是？　(A)風險分散　(B)風險大量　(C)風險選擇　(D)以上皆對。

(   ) **2** 國內保險業的主管機關為？　(A)金融研訓院　(B)財政部　(C)經濟部　(D)金融監督管理委員會保險局。

解答與解析

1 (D)。三個選項全為特殊性原則。

2 (D)。現今國內保險業的監督主管機關為金融監督管理委員會保險局。

精選試題

(　) **1** 保險人為了經營上的穩定還有合理的計算保險費率,是透過哪個原理?
(A)危險管理
(B)控制理賠
(C)大數法則
(D)再保險。

(　) **2** 損失之種類可分為哪幾種?
(A)財產損失
(B)法律的賠償責任
(C)體傷或死亡的損失
(D)以上皆是。

(　) **3** 使他人受到財產上的損失或者受到身體傷害導致應負法律賠償的責任,這樣的危險稱為?
(A)人身危險
(B)財產危險
(C)責任危險
(D)靜態危險。

(　) **4** 損失頻率是指什麼?
(A)危險因素
(B)危險要素
(C)發生危險事故的次數
(D)危險損害的程度。

(　) **5** 損失頻率的計算方式為何?
(A)理賠次數/保險單位數
(B)理賠的次數/損失的總額

(C)財產損失的總額／保費

(D)保險單位數／理賠的次數。

( ) **6** 損失幅度是什麼意思？

(A)損失次數的多寡

(B)危險的程度

(C)遭受損失的多寡

(D)危險事故的嚴重性。

( ) **7** 不足額賠償指得是保險金額與標的價格的關係是？

(A)大於

(B)等於

(C)小於

(D)沒有關係。

( ) **8** 關於保險概論，以下敘述何者正確？

(A)保險公司經營必須符合經濟效益

(B)薄利多銷是屬於保險經營的特殊性原則

(C)危險有確定性和未來性

(D)假車禍是屬於心理危險因素。

( ) **9** 投機性危險可能會產生哪種結果？

(A)有損失無獲利

(B)無損失無獲利

(C)有損失有獲利

(D)以上皆非。

( ) **10** 損失幅度的計算方式為何？

(A)保險費用／保險單位數

(B)理賠次數／損失總額

(C)損失總額／理賠次數

(D)保險單位數／理賠次數。

(　　)**11** 哪一個是危險因素的其中一種？

　　(A)自然危險

　　(B)人為危險

　　(C)實質危險

　　(D)靜態危險。

(　　)**12** 下列哪一種情況屬於不可保危險？

　　(A)死亡

　　(B)房屋火災

　　(C)車禍受傷

　　(D)商品售價起伏。

(　　)**13** 危險管理是為了？

　　(A)分類危險因素

　　(B)控制損失的頻率和幅度

　　(C)改善危險發生的可能

　　(D)掌握危險發生的機率。

(　　)**14** 車主投保了汽車竊盜險，卻在下車的時候未上鎖是屬於哪一種危險
因素？

　　(A)實質危險因素

　　(B)本質性危險因素

　　(C)道德危險因素

　　(D)以上皆非。

(　　)**15** 保險公司可以承保的危險是哪一種？

　　(A)心理危險

　　(B)純損危險

　　(C)投機性危險

　　(D)道德危險。

(　　) **16** 危險管理措施裡的損失自留，即為保險契約中的？
　　　　(A)保險轉嫁
　　　　(B)自負額
　　　　(C)再保險
　　　　(D)共保險。

(　　) **17** 財產的毀損和損失，不包含以下那種？
　　　　(A)折舊
　　　　(B)修理費
　　　　(C)營業中斷的損失
　　　　(D)重置費用。

(　　) **18** 損失控制的行為，哪一個不正確？
　　　　(A)在大樓裡安裝消防設備
　　　　(B)拆掉汽車的排煙管
　　　　(C)定期做健康檢查
　　　　(D)以上皆非。

(　　) **19** 工廠因發生火災，導致營業中斷產生的損失，下列何者正確？
　　　　(A)靜態危險
　　　　(B)純損危險
　　　　(C)財產損失
　　　　(D)以上皆是。

(　　) **20** 危險程度的計算方式為何？
　　　　(A)實際損失 / 預計損失
　　　　(B)(預計損失＋實際損失) / 實際損失
　　　　(C)(預計損失－實際損失) / 預計損失
　　　　(D)預計損失 / 實際損失。

(　　) **21** 造成損失發生的意外事故又稱為？
　　　　(A)危險因素
　　　　(B)危險程度

(C)危險事故

(D)以上皆非。

( ) **22** 下列何種危險管理方法仍可在事故發生之後進行？

(A)損失自留

(B)損失預防

(C)損失抑制

(D)保險轉嫁。

( ) **23** 下列哪一個不是投機性危險？

(A)賭博

(B)股票債券投資

(C)產品研發

(D)車禍。

( ) **24** 純損危險和投機危險兩者最大的差異是？

(A)造成損失的可能

(B)會產生道德性危險

(C)有獲利的可能

(D)以上皆非。

( ) **25** 故意縱火詐領保險金屬於哪一種危險因素？

(A)心理危險因素

(B)實質危險因素

(C)道德性危險因素

(D)以上皆是。

( ) **26** 道德危險因素是指？

(A)故意去從事有危險的行為

(B)本身帶有容易發生危險的性質

(C)因為疏忽、沒注意

(D)以上皆非。

( ) **27** 故意造成假車禍意外來詐領保險金的行為是？
(A)實質危險因素
(B)道德危險因素
(C)心理危險因素
(D)以上皆是。

( ) **28** 哪一個正確？
甲、不同財物標的造成的損失幅度不同
乙、故意造成事故的發生是道德危險因素
丙、因疏忽或不注意而使危險事故發生是心理危險因素
丁、戰爭與暴動是屬於人為危險
(A)甲丁
(B)乙丙
(C)甲乙丙
(D)甲乙丙丁。

( ) **29** 投保保險屬於哪一種危險管理方式？
(A)損失避免
(B)損失抑制
(C)損失自留
(D)保險轉嫁。

( ) **30** 哪一種危險管理措施會讓事故發生的頻率趨近於零？
(A)損失預防
(B)避免危險
(C)損失抑制
(D)保險轉嫁。

( ) **31** 可保危險通常是指下列何者？
(A)純損危險
(B)造成巨大災害的
(C)自然危險
(D)投機性危險。

( ) **32** 危險的三種要素，哪一個不正確？
(A)危險標的
(B)危險的種類
(C)危險事故
(D)發生後的經濟結果。

( ) **33** 下列哪一個正確？
(A)大數法則是保險人計算保險費率的基礎
(B)如果違反最大誠信原則的話，保險人得主張解除契約
(C)財產保險指的是投保人依照約定，向保險人交付保險費，而保險人則按照契約上的約定須負賠償責任
(D)以上皆是。

( ) **34** 開車不喝酒、喝酒不開車，此警示標語是哪種危險管理？
(A)損失自留
(B)損失抑制
(C)損失避免
(D)損失預防。

( ) **35** 經營的特殊原則，下列何者不正確？
(A)薄利多銷
(B)風險選擇
(C)風險大量
(D)風險分散。

( ) **36** 保險的建立是為了？
(A)幫助家庭可以繼續生存下去
(B)讓人們有能力承受災難的打擊
(C)補償財務上的損失
(D)以上皆是。

(　　) **37** 構成保險的要素有以下哪幾種？
(A)無法確定的危險
(B)大數法則
(C)收支平衡
(D)以上皆是。

(　　) **38** 哪一種方法不能讓危險事故發生的機率下降？
(A)損失避免
(B)損失抑制
(C)保險轉嫁
(D)損失預防。

(　　) **39** 損失自留的原理是因為？
(A)財務、資金上的運轉
(B)假想危險事故後的財務損失，自行承擔部分風險
(C)避免危險的發生
(D)對危險做好準備。

(　　) **40** 下列哪一種行為是屬於損失抑制的方法？
(A)傷者急救送醫
(B)清理災難現場
(C)消防隊撲滅火源
(D)以上皆是。

(　　) **41** 哪一個是造成危險事故的原因？
甲、實質危險因素　乙、道德性危險因素　丙、心理危險因素
(A)甲乙
(B)乙丙
(C)甲乙丙
(D)以上皆非。

(　　) **42** 如果能事先預設到危險發生的可能性與損失幅度，可採用下列哪種
危險管理方法來降低損失？
(A)保險轉嫁
(B)避免危險
(C)損失自留
(D)損失預防。

(　　) **43** 在建築物裡加裝自動消防設備是屬於哪一種危險管裡方法？
(A)避免危險
(B)損失預防
(C)保險轉嫁
(D)損失抑制。

(　　) **44** 危險管理方法中的風險控制方法包含哪些？
甲、自留　乙、轉嫁　丙、避免　丁、預防。
(A)丙丁
(B)乙丙丁
(C)甲丁
(D)甲乙。

(　　) **45** 下列何種危險投保的話，反而是種損失？
(A)損失頻率高且幅度大
(B)損失頻率高但幅度小
(C)損失頻率低且幅度小
(D)損失頻率低但幅度大。

(　　) **46** 每年定期體檢為何種危險管理方法？
(A)損失抑制
(B)危險自留
(C)避免
(D)損失預防。

(　　) **47** 下列何者正確？
(A)超額賠償是指理賠金額小於標的價值
(B)定值保險適合一般財產來投保
(C)危險是有未來性的
(D)以上皆非。

(　　) **48** 社區定期請人來檢查設施與設備，是屬於哪種危險管理方法？
(A)損失避免
(B)損失預防
(C)損失抑制
(D)損失自留。

(　　) **49** 對房屋投保火災保險，是屬於哪種危險管理方法？
(A)損失預防
(B)損失避免
(C)損失自留
(D)保險轉嫁。

(　　) **50** 不闖平交道，是屬於哪種危險管理方法？
(A)損失抑制
(B)損失避免
(C)損失預防
(D)以上皆非。

解答與解析

1 (C)	**2 (D)**	**3 (C)**	**4 (C)**
5 (A)	**6 (C)**	**7 (C)**	

8 (A)。(B)薄利多銷是屬於保險經營的一般性原則。(C)危險沒有確定性和未來性。(D)假車禍是屬於道德危險因素。

9 (C)	**10 (C)**	**11 (C)**	
12 (D)。因為售價無法預測。			
13 (B)	**14 (C)**	**15 (B)**	**16 (B)**
17 (A)	**18 (B)**	**19 (D)**	**20 (C)**
21 (C)	**22 (C)**	**23 (D)**	**24 (C)**

25 (C)　**26 (A)**　**27 (B)**　**28 (D)**

29 (D)　**30 (B)**　**31 (A)**　**32 (B)**

33 (D)　**34 (D)**

35 (A)。薄利多銷為一般性經營原則。

36 (D)　**37 (D)**　**38 (C)**　**39 (B)**

40 (D)。以上行為皆是為了避免災害擴大，降低損失幅度的方法。

41 (C)。人為、自然、本質性為造成危險事故的原因分類，而危險因素為造成危險事故的原因之一，故答案為(C)，有甲、乙、丙三種造成危險事故的因素（原因）。

42 (A)　**43 (D)**

44 (A)。自留、轉嫁為財務型管理方法。

45 (C)　**46 (D)**

47 (C)。(A)超額賠償是指理賠金額大於標的價值。(B)定值保險適合海上、藝術品財產來投保。(C)危險是有未來性的。

48 (B)　**49 (D)**　**50 (B)**

(　　) **51** 投保時有自負額需承擔，是屬於哪一種危險管理？
(A)損失預防
(B)損失避免
(C)損失抑制
(D)損失自留。

(　　) **52** 企業透過課程加強員工訓練以降低職業災害是哪一種危險管理方法？
(A)損失避免
(B)損失預防
(C)損失自留
(D)損失抑制。

(　　) **53** 透過發生風險單位越多，實際產生風險的預測結果會愈接近精準，稱為？
(A)大數法則
(B)損害填補原則

(C)最大誠信原則

(D)以上皆非。

( ) **54** 損失的種類，以下何者正確？

(A)標的物折舊

(B)法律賠償責任

(C)損失自留

(D)以上皆非。

( ) **55** 最大誠信原則指得是？

(A)當保險契約訂立時，保險的標的物已發生危險或標的已消滅，其
契約無效

(B)訂約時僅要保人之危險已發生，保險人受契約之拘束

(C)是為了維護保險人的最大利益

(D)要保人或被保險人如違反誠信，致保險人無法對危險做正確估
計，保險人不得解除保險契約。

( ) **56** 保險人的業務經營穩定與保險費率合理，是因為根據下列哪個原理？

(A)危險管理

(B)控制理賠

(C)大數法則

(D)再保險。

( ) **57** 保險事故的發生，必須具備的條件有？

(A)危險的不確定性

(B)危險的無未來性

(C)危險的可預測性

(D)沒有經濟上的損失。

( ) **58** 車主在車上加裝防盜鎖、防盜警鈴是何種危險管理？

(A)損失避免

(B)損失預防

(C)損失抑制

(D)轉嫁風險。

( ) **59** 保險的大數法則，可以有下列何者結果？
(A)保險費增加
(B)保險費率降低
(C)保險費率合理
(D)以上皆是。

( ) **60** 何者為「收支平衡」原則的正確描述？
(A)保險人依照法定比例來理賠
(B)保費與理賠金額相當
(C)理賠金額符合實際損失
(D)以上皆非。

( ) **61** 國內保險業的主管機關為？
(A)行政院金融監督管理委員會
(B)財政部
(C)經濟部
(D)行政院金融監督管理委員會保險局。

( ) **62** 保險業與一般企業不同的差異點在於？
(A)沒有實體商品
(B)成本與風險無法事先預估
(C)會計制度
(D)管理方式。

( ) **63** 下列哪一種是不可保危險？
(A)自殺
(B)股價漲跌
(C)賭博
(D)以上皆是。

( ) **64** 保險公司透過哪種行為，來平衡理賠負擔？
(A)再保險
(B)自負額

(C)收取保險費

(D)穩定經營。

( ) **65** 對於共保險，以下何者不正確？

(A)尋找其他保險人辦理保險的動作，將風險理賠的責任全部或部份轉嫁出去

(B)兩家或兩家以上共同承擔標的物的風險

(C)按照比例分配賠償的金額

(D)降低保險公司承受危險事故的損失程度。

( ) **66** 風險分散原則是？

(A)單一承擔風險可能導致無法負擔而產生巨大災變

(B)將風險的責任全部或部份轉嫁出去

(C)以上皆非

(D)以上皆對。

( ) **67** 下列不是保險的功能？

(A)補償財物損失

(B)損失風險轉移

(C)協助社會救濟

(D)減少家庭焦慮。

( ) **68** 下列對於可保危險，何者不正確？

(A)不需要蒐集足夠的數量與同性質的單位

(B)是必然發生的危險

(C)危險是可預測且確定的

(D)以上皆是。

( ) **69** 如果沒有對保險人據實告知，對於下列敘述何者正確？

(A)保險人得解除契約，已收保險費須返還

(B)保險人得解除契約，已收保險費無須返還

(C)保險人得終止契約，已收保險費要按使用日期返還

(D)保險人得終止契約，已收保險費要按日期比例返還。

( ) **70** 保險對於個人所附加的效益有哪些？
(A)維持固定薪資收入
(B)提高個人信用程度
(C)保障家生活的安定
(D)以上皆是。

( ) **71** 保險對於國家所帶來的附加效益有哪些？
(A)社會經濟的發展
(B)降低危險事故發生帶來的損失震盪
(C)增加市場資金的融通
(D)以上皆非。

( ) **72** 受到市場的波動導致標的不可保，是因為？
(A)損失無法預測所以不能公平分擔
(B)損失可以預期可是不符合保險原則
(C)有獲利的可能
(D)有道德危險因素存在。

( ) **73** 繳交的保險費當中，涵蓋保險公司的？
(A)安定基金
(B)手續費
(C)提取準備金
(D)各項費用成本。

( ) **74** 關於不可保危險，下列敘述何者不正確？
(A)投機危險
(B)保險費不符合經濟成本
(C)明確且可以被量化
(D)以上皆對。

( ) **75** 可保危險的條件是？
(A)單位數量眾多、性質相似
(B)損失是出於必然

(C)非危險事故所導致且不能被確定

(D)保險費成本不需符合經濟效益。

( ) **76** 保險有預防損失之功能，同時具有下列何種效益？

(A)減少保險賠款

(B)降低保險費率

(C)降低社會成本

(D)以上皆是。

( ) **77** 損害補償原則依照補償方式分類，下列哪一個不是？

(A)現金給付

(B)比例分擔

(C)標的恢復

(D)以上皆對。

( ) **78** 損害補償原則依照補償的幅度大小分為？

(A)代位求償

(B)自負額

(C)約定定值

(D)以上皆對。

( ) **79** 保險當中，除了最大誠信原則之外，還有哪些原則？

(A)損害賠償原則

(B)主力近因原則

(C)可保利益原則

(D)以上皆對。

( ) **80** 關於風險選擇原則中，何種論述正確？

(A)不在公司的經營範圍內

(B)對標的物採取部分的審核機制

(C)保險公司的技術可以負責與承擔

(D)以上皆非。

(　　) **81** 危險的定義可說是？
(A)事故機率非常高
(B)發生的不確定性
(C)沒有未來性
(D)損失幅度非常大。

(　　) **82** 關於最大誠信原則，下列何者正確？
(A)有通知的義務
(B)有賠償的義務
(C)有告知義務
(D)有審核的義務。

(　　) **83** 如果有故意不告知的情況導致危險發生，保險人可以解除契約，且保險費
(A)一定要返還
(B)可以不須返還
(C)返還一半
(D)視情況而定。

(　　) **84** 事故發生後須對財產給予賠償，賠償範圍包含
(A)修復該標的物
(B)標的物遭受的實際損失
(C)標的物的重置成本
(D)以上皆是。

(　　) **85** 投機危險的存在，何者正確？
(A)有獲利的可能
(B)沒有獲利的可能
(C)是可保危險之一
(D)屬於危險因素的分類。

( ) **86** 可保危險與可被管理的危險稱為？
(A)投機危險
(B)人為危險
(C)純損危險
(D)道德危險。

( ) **87** 要保人違反告知義務的話，則保險人可以主張？
(A)知道原因後的一個月內解除契約
(B)在契約定立後的二年內解除契約
(C)保險人於危險發生後亦得解除契約
(D)以上皆是。

( ) **88** 下列何者與損害補償原則有關？
(A)超額賠償
(B)損失不需要有自行負擔的部分
(C)約定定值保險
(D)以上皆是。

( ) **89** 保險人在知道契約有解除的原因，行使解除的期限須為？
(A)一個月內
(B)二個月內
(C)三個月內
(D)四個月內。

( ) **90** 保險人在訂立契約之後多久，便不可再行使解除的權利？
(A)一年
(B)二年
(C)三年
(D)六個月內。

（　　）**91** 在保險契約訂立的時候，如果保險的標的物已經發生危險事故，但是雙方皆不知情，則保險契約？
(A)無效
(B)有效
(C)得解除
(D)得撤銷。

（　　）**92** 在保險契約訂立的時候，如果保險的標的物已經發生危險事故或標的物消滅，則保險契約？
(A)無效
(B)有效
(C)得解除
(D)維持原狀。

（　　）**93** 保險契約在事故發生後，給予的補償行為屬於？
(A)最大誠信原則
(B)保險利益原則
(C)損害補償原則
(D)主力近因原則。

（　　）**94** 損害補償原則的主要目的是為了？
(A)避免不當獲利
(B)損失預防
(C)損失抑制
(D)降低危險。

（　　）**95** 如果要保人違反告知義務，保險人可採取何種措施？
(A)拒絕理賠
(B)解除契約
(C)代位求償
(D)申請損害賠償。

( ) **96** 要保人與保險人訂立契約的時候，事先約定了保險價格，稱為？
(A)定值保險
(B)超額保險
(C)不定值保險
(D)財產保險。

( ) **97** 簽訂契約的時候，只有要保人有告知義務，何者不需受到約束？
(A)受益人
(B)被保險人
(C)保險人
(D)以上皆對。

( ) **98** 危險管理方法的產生，是因為？
(A)掌握危險因素
(B)控制危險發生的數量
(C)降低保險費的計算
(D)降低危險發生的頻率與幅度。

( ) **99** 危險事故發生後，保險人對被保險人的損失進行理賠，理賠的金額稱為？
(A)保險金額
(B)保險價額
(C)保險利益
(D)保險賠款。

( ) **100** 要保人如果違反最大誠信原則，導致保險人無法對危險做出正確的評估，保險人得主張？
(A)不用賠償
(B)採取比例分攤
(C)解除保險契約
(D)增加保險費。

解答與解析

51 (D)　　**52 (B)**　　**53 (A)**　　**54 (B)**

55 (A)　　**56 (C)**

57 (A)。危險具有不確定性和未來性。

58 (B)　　**59 (C)**

60 (A)。(A)保險中的「收支平衡」指的是指全體保戶所繳的純保費總額要等於公司支付全體受益人的保險金額，保險人（保險公司）便是以此原則來計算理賠。(B)保險費的支出不等於理賠金額。(C)理賠金額不一定符合實際損失。

61 (D)

62 (A)。(A)保險屬於一種概念、無形的商品，看不見也摸不著，唯一種約定的契約；而一般企業販售的為實體商品。(B)保險與一般企業皆相同，成本與風險同樣無法事先預估。(C)保險業與一般企業同樣，也有會計制度。(D)保險業與一般企業同樣，依照政府法定的管理制度在經營。

63 (D)

64 (C)。(A)再保險（降低風險）。(B)自負額（跟補償幅度有關）。(D)穩定經營（屬於保險經營原則）。

65 (A)。(A)尋找其他保險人辦理保險的動作，將風險理賠的責任全部或部份轉嫁出去為再保險的功用。

66 (D)　　**67 (C)**

68 (D)。(A)需要大量數據計算。(B)是偶然且非故意行為。(C)無法預測也無確定性。

69 (B)　　**70 (C)**　　**71 (B)**　　**72 (A)**

73 (D)　　**74 (C)**　　**75 (A)**　　**76 (D)**

77 (B)　　**78 (D)**　　**79 (D)**

80 (C)。(A)需在公司的經營範圍內。(B)對標的物採取完整全面的審核機制。

81 (B)。危險具有不確定性和未來性。

82 (C)　　**83 (B)**　　**84 (D)**　　**85 (A)**

86 (C)

87 (D)。(A)保險人在知有解除之原因後（要保人違反告知義務），經過一個月不行使而消滅。(B)保險在契約簽訂後，若契約超過兩年，即使知道要保人違反契約也不能主張解除契約，但是若在兩年內發現則可主張解除契約。(C)保險法規定，要保人或被保險人有任何影響保險人對危險判斷的變更皆須主動通知，若要保人或被保險人違反其告知義務，在事故發生之後，保險人亦得主張解除契約。

88 (C)　　**89 (A)**　　**90 (B)**　　**91 (B)**

92 (A)　　**93 (C)**　　**94 (A)**　　**95 (B)**

96 (A)　　**97 (C)**　　**98 (D)**　　**99 (A)**

100 (C)

(　) **101** 保險的構成條件包含？
(A)經濟或財物上的損失
(B)不可被確定的危險
(C)有危險標的物
(D)以上皆是。

(　) **102** 足額保險是指？
(A)保險金額大於保險價額
(B)保險金額等於保險價額
(C)保險金額小於保險價額
(D)保險金額等於實際損失。

(　) **103** 造成意外事件的情況又稱為？
(A)危險因素
(B)危險事故
(C)危險標的
(D)危險程度。

(　) **104** 保險金額大於保險價額的保險契約又稱為？
(A)超額保險
(B)定值保險
(C)足額保險
(D)不足額保險。

(　) **105** 要保人必須對保險標的物具有保險利益，是為了？
(A)避免賭博行為
(B)避免道德性危險
(C)擔心不符合損害補償原則
(D)以上皆是。

(　) **106** 保險人為同一標的物轉向其他保險人進行保險行為，又稱為？
(A)共同保險
(B)再保險

(C)超額保險

(D)約定保險。

( ) **107** 保險人為同一標的物找尋其他保險公司進行保險行為，又稱為？

(A)共同保險

(B)再保險

(C)超額保險

(D)約定保險。

( ) **108** 保險人行使代位求償的權利，是求償？

(A)法定賠償金額

(B)保險價額

(C)保險賠償金額

(D)以上皆非。

( ) **109** 超額保險如非故意的行為，當保險金額超過價值的部份時？

(A)保險人可解除契約

(B)保險費少許增加

(C)比照足額保險辦理

(D)按價值的比例分擔。

( ) **110** 如果發現要保人或被保險人對保險標的沒有保險利益，則保險人可？

(A)主張契約失效

(B)主張解除契約

(C)主張撤銷契約

(D)主張終止契約。

( ) **111** 海上貨物保險因為財物價值不易判斷，所以通常投保哪種保險？

(A)不定值保險

(B)足額保險

(C)約定保險

(D)定值保險。

( ) **112** 要保人為獲利，在故意的行為前提之下，投保多家保險，其契約？
(A)無效
(B)解除
(C)終止
(D)以上皆非。

( ) **113** 保險人在什麼樣的時間點之後，可以行使代位求償權？
(A)被保險人申請理賠的時候
(B)被保險人有法律賠償責任的時候
(C)保險人給付賠償金額之後
(D)以上皆非。

( ) **114** 在保險契約當中設定自負額，是為了？
(A)減少手續費
(B)提醒被保險人加強損失預防與控制
(C)促使危險性質改善，降低保險費負擔
(D)以上皆是。

( ) **115** 保險契約要求要保人或被保險人必須在什麼時間點具有保險的利益？
(A)決定投保的時候
(B)契約簽訂的時候
(C)損失發生的時候
(D)請求賠償的時候。

( ) **116** 定值保險如何賠償保險標的物的價值？
(A)依照損害發生時的市價
(B)事先約定好保險價值
(C)損失發生時評估
(D)以上皆非。

( ) **117** 保險人通常採取何種補償方式？
(A)現金給付
(B)重置

(C)恢復原狀

(D)以上皆是。

( ) **118** 保險人在判定危險事故的時候，必須判定是否該事故是否為保險
事故，又稱為？

(A)損害補償原則

(B)最大誠信原則

(C)主力近因原則

(D)可保利益原則。

( ) **119** 海上保險將包裝損失列為不保危險，是因為擔心？

(A)心理危險因素

(B)道德危險因素

(C)實質性危險因素

(D)以上皆非。

( ) **120** 不定值保險，是將保險標的的價值用哪種方式做估計？

(A)實際市場估算的價值

(B)簽訂契約當時的現金價值

(C)預估的最大損失

(D)重置成本－折舊。

( ) **121** 保險的理賠當中有提到重置成本，是什麼意思？

(A)取得的成本

(B)估價當時重新購買的成本

(C)標的物零售價格

(D)以上皆是。

( ) **122** 按照簽訂保險契約當時約定的價值做理賠，又稱為？

(A)變額保險

(B)定額保險

(C)不定值保險

(D)定值保險。

( ) **123** 保險人會將一般經常性發生、可以預測到結果的情況除外是因為擔心？
(A)心理危險因素
(B)為了篩選優良的客戶
(C)避免承保範圍太廣
(D)去除太過經常性的危險，使保險費率合理化。

( ) **124** 以下何種保險最符合損害補償原則的精神？
(A)定值保險
(B)不定值保險
(C)約定保險
(D)足額保險。

( ) **125** 下列何者是以重置成本為基礎做計算？
(A)估算標的的現金價值
(B)重新購買標的物的花費
(C)維修費用
(D)以上皆非。

( ) **126** 「謂當事人約定，一方交付保險費於他方，他方對於不可預料、或不可抗力之事故所致之損失，負擔賠償財物之行為。」當中「他方」為？
(A)投保人
(B)被保險人
(C)要保人
(D)保險人。

( ) **127** 保險人的代位求償是為了何種前提，先進行理賠後向被保險人追討？
(A)社會安定
(B)損失平衡
(C)費率合理
(D)大數法則。

( ) **128** 保險人行使代位求償的金額，是以何者為基礎？
(A)法定責任的賠償金額
(B)保險金額
(C)實際的賠償金額
(D)以上皆非。

( ) **129** 關於主力近因原則，下列何者正確？
(A)先發生危險事故後理賠
(B)保險人是主要負責對象
(C)要保人必須自行通知保險人
(D)保險人接獲通知後必須確認事故是否為保險事故。

( ) **130** 損失分攤原則和代位求償原則是屬於哪個原則延伸出來的？
(A)可保利益原則
(B)最大誠信原則
(C)損害補償原則
(D)主力近因原則。

( ) **131** 不定值保險確定價值的時間是在？
(A)契約簽訂當時
(B)發生事故前
(C)發生事故時
(D)以上皆非。

( ) **132** 若是志前長期為天儀提供生活費或者教育費，則兩人有何種利益？
(A)志前與天儀兩人無保險利益
(B)天儀對志前有保險利益
(C)志前與天儀互相有保險利益
(D)志前對天儀有保險利益。

( ) **133** 下列敘述何者不正確？
(A)重置標的物不會造成不足額保險
(B)定值保險是用重置成本為計算基礎

(C)重置標的物還要加上折舊

(D)以上皆是。

( ) **134** 關於定值保險，下列何者正確？

(A)要保人與保險人事先約定

(B)損失發生的時候才計算

(C)透過市價做計算

(D)以上皆非。

( ) **135** 對保險來說，危險的存在屬於？

(A)保障對象

(B)影響保費的對象

(C)未來會發生的不確定性情況，導致損失

(D)需要避免的情況。

( ) **136** 汽車的剎車突然發生故障，屬於哪一種危險因素？

(A)道德危險因素

(B)實質危險因素

(C)心理危險因素

(D)以上皆非。

( ) **137** 海砂屋的房屋結構，對保險來說，是什麼樣的危險因素？

(A)道德危險因素

(B)實質危險因素

(C)心理危險因素

(D)以上皆非。

( ) **138** 主力近因是保險人要確認？

(A)因果關係上之直接原因

(B)發生事故的時間

(C)發生原因是否跟保險相關

(D)以上皆是。

(　　)**139** 保單簽訂的當下有設定扣除自負額2,500元，代表當損失發生時，
金額為5,000元時，保險人須賠償？
(A)7,500元
(B)4,500元
(C)2,500元
(D)2,000元。

(　　)**140** 因為忘記關瓦斯，是屬於哪種危險因素？
(A)道德危險因素
(B)實質危險因素
(C)心理危險因素
(D)以上皆非。

(　　)**141** 發生海嘯與颱風，是屬於哪種危險分類？
(A)人為危險
(B)本質性危險
(C)自然危險
(D)以上皆非。

(　　)**142** 關於人為的故意行為，下列敘述何者不正確？
(A)有道德危險因素
(B)屬於靜態危險
(C)有獲利機會
(D)純損危險。

(　　)**143** 大環境造成的危險，像是股票崩盤、戰爭行為，在危險當中屬於？
(A)靜態危險
(B)純損危險
(C)自然危險
(D)動態危險。

(　　)**144** 標的物的維修費用、修復成本是屬於哪種損失種類？
(A)法律賠償責任

(B)財產損失
(C)體傷身故賠償
(D)以上皆非。

( ) **145** 車禍後須負擔對方的醫藥費、精神撫慰金是屬於哪種損失？
(A)財產損失
(B)法律賠償責任
(C)體傷身故
(D)以上皆非。

( ) **146** 關於危險程度，下列敘述何者正確？
(A)特定事件的發生次數
(B)危險同時發生的機率
(C)單一目標對象發生危險的頻率與損失幅度
(D)以上皆是。

( ) **147** 損失幅度是指？
(A)事故發生的次數
(B)損失金額的大小
(C)事故發生的範圍
(D)以上皆是。

( ) **148** 保險經營必須秉持著？
(A)正確的經營決策
(B)適應、協調市場的變化
(C)以上皆是
(D)以上皆非。

( ) **149** 保險公司隨時注意市場變化、調整保費價格是為了？
(A)隨行就市
(B)薄利多銷
(C)經濟核算
(D)以上皆非。

(　　) **150** 合理的價格才能符合保險等價交換原則，是屬於哪種經營原則？
　　　　(A)風險分散
　　　　(B)經濟核算
　　　　(C)隨行就市
　　　　(D)薄利多銷。

解答與解析

101 (D)	102 (B)	103 (B)	104 (A)
105 (B)	106 (B)	107 (A)	108 (C)
109 (C)	110 (B)	111 (D)	112 (A)
113 (C)	114 (D)	115 (C)	116 (B)
117 (D)	118 (C)	119 (A)	120 (D)
121 (B)	122 (D)	123 (D)	

124 (B)。不定值保險依照發生事故當時的價值且按比例賠償。

125 (B)　**126 (D)**

127 (A)。危險事故發生時會可能造成多方損失，所以保險人先進行給付使災害損失降低，避免延伸其他危險事故，是基於社會安定的前提所進行。

128 (C)　**129 (D)**　**130 (C)**　**131 (C)**

132 (B)。基於保險法第16條第2項，要保人對「生活費或教育費所仰給之人」具有保險利益。所以天儀對志前有保險利益，天儀可為志前投保，所以答案選(B)。

133 (D)。(A)重置標的物後的金額「保險金額」小於價格，故會產生不足額賠償。(B)定值保險是事先約定。(C)重置標的物減去標的物折舊。

134 (A)　**135 (C)**

136 (B)。非故意或管理不當的原因，而是汽車零件存在著問題，所以屬於實質危險。

137 (B)。房屋本身存在著危險的因素，所以屬於實質危險因素。

138 (C)

139 (C)。5,000元－自負額2,500元＝2,500元。

140 (C)　**141 (C)**　**142 (D)**　**143 (D)**

144 (B)　**145 (B)**　**146 (C)**　**147 (B)**

148 (C)　**149 (A)**　**150 (D)**

( ) **151** 如果價格失衡、不當經營，最終損失的會是？
(A)保險人
(B)被保險人
(C)受益人
(D)以上皆是。

( ) **152** 下列何者敘述正確？
(A)保險人找其他保險人投保是屬於風險大量原則
(B)兩家或兩家以上的保險人一起投保，屬於共同保險
(C)保險經營原則只有一般原則
(D)以上皆是。

( ) **153** 保險人收集多量、龐大的承保單位是為了？
(A)降低賠償成本
(B)掌控風險發生的機率
(C)提升自我的保障能力
(D)以上皆是。

( ) **154** 關於損失分類，下列敘述何者正確？
(A)又可分為直接損失和間接損失
(B)法律賠償不屬於損失的一種
(C)自己受傷不算損失
(D)以上皆非。

( ) **155** 下列何者不正確？
(A)危險是可以被確定且沒有未來性
(B)危險的組成包含危險標的和事故
(C)疏忽或管理不佳屬於道德危險因素
(D)以上皆不正確。

( ) **156** 自負額是屬於？
(A)損害賠償的一種
(B)補償幅度選擇的一種

(C)損失自留的一種方法

(D)以上皆是。

( ) **157** 比特幣的市場匯率變動風險又屬於保險裡的哪種危險？

(A)純損危險

(B)靜態危險

(C)動態危險

(D)人為危險。

( ) **158** 保險原理採用以下哪幾種原則？

甲、主力近因原則　乙、損害賠償原則

丙、最大誠信原則　丁、風險分散原則

(A)甲乙

(B)乙丙丁

(C)甲乙丙

(D)甲乙丙丁。

( ) **159** 關於共保險與再保險的敘述，何者正確？

(A)前者為二次風險分散，前者是一次風險分散

(B)共保險是要保人跟保險人之間的風險分散

(C)再保險是保險人跟再保險人之間的風險分散

(D)以上皆非。

( ) **160** 關於大數法則的敘述，何者正確？

(A)總保費對總人數的比例計算

(B)當收集的危險單位越多，可使損失成本越接近預估值

(C)可避免道德危險的發生

(D)以上皆是。

( ) **161** 關於自負額，以下何者正確？

(A)自負額是要保人要承擔的責任

(B)自負額是保險人要承擔的責任

(C)自負額是受益人要承擔的責任

(D)以上皆非。

( ) **162** 有關再保險的敘述，下列何者不正確？

(A)為二次風險分散

(B)是保險人與再保險人之間的風險分散

(C)降低經營風險、減少保險公司的資本需求

(D)在承擔風險時有保險的經營利益。

( ) **163** 對於損害賠償責任的敘述，下列何者正確？

(A)只是用財產保險上

(B)為判定損失幅度的準則

(C)防止不當得利

(D)以上皆是。

( ) **164** 帶病投保是屬於哪一種危險因素？

(A)道德危險

(B)心理危險

(C)本質危險

(D)純損危險。

( ) **165** 購買保險後便因為有了保障反而不注意身體，是何種危險？

(A)道德危險

(B)心理危險

(C)本質危險

(D)純損危險。

( ) **166** 危險管理方法屬於控制型的有哪幾種？

甲、損失避免　乙、損失抑制　丙、損失預防

丁、損失自留　戊、保險

(A)甲乙丙丁

(B)丙戊

(C)甲乙丙

(D)乙丁戊。

(　　) **167** 引起損失的偶然事件，又稱為？
(A)危險因素
(B)危險事故
(C)危險
(D)以上皆是。

(　　) **168** 空氣污染嚴重形成霧霾，導致行車意外機會增加，是屬於？
(A)投機危險
(B)道德危險
(C)靜態危險
(D)實質危險。

(　　) **169** 純損危險是屬於？
(A)有損失也有獲利的機會
(B)沒有損失但有獲利的機會
(C)有損失但不知道是否有獲利機會
(D)沒有損失也沒有獲利機會。

(　　) **170** 關於投機危險，何者敘述正確？
(A)可以不當獲利
(B)比純損危險更容易預測
(C)雖然產生損失但也可能有益於社會
(D)只有損失沒有任何幫助。

(　　) **171** 從危險管理之觀點，危險定義是指？
(A)損失發生的不確定性
(B)容易造成傷害之活動
(C)損失機率可以預測者
(D)損失機率很高者。

(　　) **172** 下列何種危險屬不可保危險？
(A)車禍
(B)火災

(C)死亡

(D)售價波動。

( ) **173** 危險管理對企業之效益為？

(A)直接增進企業績效

(B)間接改善企業利潤

(C)決定企業經營成敗

(D)以上皆是。

( ) **174** 危險管理對家庭的幫助效益為下列何者？

(A)巨災發生，仍維持一定生活水準

(B)可使負擔生計者，無後顧之憂，努力於創業

(C)可降低保費的支出

(D)以上皆是。

( ) **175** 經營保險事業的組織稱為？

(A)保險人

(B)保險公證人

(C)保險代理人

(D)保險經紀人。

( ) **176** 下列何者屬於危險事故自己承擔的原因？

(A)危險測定自願承擔

(B)由於對危險沒有採取防護性措施

(C)由於自己的錯誤或疏忽而造成損失由自己承擔

(D)以上皆是。

( ) **177** 保險具有使被保險人預防損失風險的功能，妥善經營的話具有下列何種效益？

(A)降低保險費率

(B)減少保險賠款

(C)降低社會成本

(D)以上皆是。

(　　) **178** 政策保險係以實施特定之國家政策為目的之保險，下列何者屬非
政策性保險？
(A)勞工保險
(B)農業保險
(C)商業火險
(D)輸出保險。

(　　) **179** 下列何種保險符合損害補償原則？
(A)實際現金價值財產保險
(B)定值保險
(C)健康保險
(D)人壽保險。

(　　) **180** 下列哪個選項是屬於要保人、被保險人對於保險標的具有保險利
益的目的？
(A)防止道德性危險
(B)避免賭博行為
(C)以保險利益做為衡量損失之指標
(D)以上皆是。

(　　) **181** 貨物運送人或保管人，對於運送或保管之物，因為有下列何種關
係而具有保險利益？
(A)財產權
(B)代理關係
(C)法律賠償責任
(D)簽訂的有效契約。

(　　) **182** 保險契約設定自負額，使得保險費率下降，原因為何？
(A)被保險人之損失頻率與損失幅度降低
(B)小額之賠款支出減少
(C)小額賠案之理賠費用減少
(D)以上皆是。

( ) **183** 以下何種保險契約最符合補償契約的精神？
(A)定值保險契約
(B)不定值保險契約
(C)重置成本保險契約
(D)以上皆非。

( ) **184** 某保單採起賠式自負額20,000元，當損失為55,000元時，保險公司應負責賠償？
(A)65,000元
(B)25,000元
(C)35,000元
(D)55,000元。

( ) **185** 某保單訂有扣減式自負額1,000元，當損失為5,500元時，保險人應負責賠償？
(A)6,500元
(B)4,500元
(C)2,500元
(D)2,000元。

( ) **186** 下列何者屬於法律規定請求權存在之期限，超過此期限則請求權消滅？
(A)除斥期間
(B)消滅時效
(C)不爭條款
(D)特約條款。

( ) **187** 何者為保險契約訂立時，保險人對要保人所作的正式書面憑證？
(A)要保書
(B)批單
(C)保險單
(D)以上皆非。

(　) **188** 下列何者不是保險契約生效的條件？
(A)對價
(B)契約當事人具有行為能力
(C)契約之目的須為合法
(D)被保險人遵守最大誠信原則。

(　) **189** 要保人向保險人訂立保險契約時，須提出下列何者？
(A)要保書
(B)續保通知
(C)批改申請書
(D)出險申請書。

(　) **190** 除了基本條款之外，下列何者屬於保險公司與被保險人個別約定的條款？
(A)明示條款
(B)默示條款
(C)特約條款
(D)契約變更條款。

(　) **191** 下列哪個保單當事人負有保險費的繳納義務？
(A)被保險人
(B)持有保單者
(C)要保人
(D)以上皆是。

(　) **192** 下列何者於保險事故發生後遭受損害，而享有賠償請求權的人？
(A)要保人
(B)被保險人
(C)保險人
(D)受益人。

(　　) **193** 無行為能力之人若與保險人訂立保險契約，則此保單契約法律效
力為何？
(A)停效
(B)失效
(C)無效
(D)效力終止。

(　　) **194** 下列何種保險契約是屬於無載明保險期間的開始與結束的類型？
(A)概括式保險單
(B)列舉式保險單
(C)時間保險單
(D)航程保險單。

(　　) **195** 下列哪種保險是採取賠償責任限額的方式來承保？
(A)火險
(B)水險
(C)車險
(D)責任保險。

(　　) **196** 下列哪種保險是採取定值保險金額的方式來承保？
(A)火險
(B)水險
(C)車險
(D)責任保險。

(　　) **197** 下列哪一個選項，並非我國規劃財產保險費率自由化時程，所考
量的因素？
(A)加入世貿組織
(B)降低保險市場之衝擊
(C)保障大眾之權益
(D)精算、統計及配套措施完成的時間。

(　　) **198** 下列何者為保險契約裡，實際已兌現部份的保費？
  (A)純保費
  (B)滿期保費
  (C)未滿期保費
  (D)附加保費。

(　　) **199** 下列何者是為行銷的目的？
  (A)創造公司利潤
  (B)滿足顧客需求和創造公司利潤
  (C)施展推銷技巧
  (D)以上皆非。

(　　) **200** 保險人在核保時，會採取下列何者的危險選擇？
  (A)避免逆選擇
  (B)淘汰不良品質之危險
  (C)選擇品質良好之危險
  (D)以上皆是。

解答與解析

151 (B)

152 (B)。(A)保險人找其他保險人投保為風險分散原則。(C)保險經營原則還有特殊性原則。

153 (A)　**154 (A)**　**155 (D)**　**156 (D)**

157 (C)　**158 (C)**

159 (C)。(A)共保險與為一次風險分散，再保險為二次風險分散。(B)共保險是保險人跟其他保險人的風險分散。

160 (B)　**161 (A)**　**162 (D)**　**163 (C)**

164 (A)　**165 (B)**　**166 (C)**　**167 (B)**

168 (D)。空氣污染屬於標的物實質存在的危險因素，非人為且不可獲利，所以為實質危險。

169 (D)。純損危險無論有無損失均無獲利機會。

170 (A)　**171 (A)**　**172 (D)**　**173 (D)**

174 (D)　**175 (A)**　**176 (D)**　**177 (D)**

178 (C)　**179 (A)**　**180 (D)**　**181 (C)**

182 (D)　**183 (B)**

184 (D)。起賠式自負額是指若損失大於約定的自負額,由保險公司負擔全部賠償額度;若損失小於約定的自負額,則由被保人自行吸收損失額度。

185 (B) **186 (B)** **187 (C)**

188 (D)。(D)被保險人遵守最大誠信原則是義務而非保單生效的條件。

189 (A) **190 (C)** **191 (C)**

192 (B)。享有賠償請求權者是被保險人,受益人是指被保險人或要保人約定享有賠償請求權之人,要保人或被保險人均得為受益人。

193 (C) **194 (D)** **195 (D)** **196 (B)**

197 (A) **198 (B)** **199 (B)**

200 (D)。(A)逆選擇為保險人裡的核保違反相同危險單位原則,使得出現高危險群與低危險群,核保應避免發生此情況。

NOTE

第二章　保險的契約內容

課前導讀

保險是一種對價關係的契約組成，本章節就是延續上一章節的保險原理內容，加以延伸與說明「契約」的構成，以及保險契約的特性和重點，同時將保險契約歸納分類，可以更容易把握關於保險契約的題目。

☑ 重點1　契約的特性 ☆☆

保險契約屬於一份定型化契約，裡面除了有重要的參與角色、和契約的基本內容外，保險契約還擁有不同的契約特性存在。尤其在財產保險當中，契約特性更是十分重要，如果違反保險的契約特性，那麼便有可能契約終止或者無效。

保險契約有著不可抗、不可預測的性質，其中對於契約擁有的特性，以下為更詳細的說明。

契約特性的分類如下：

(一) **射倖契約：**

要保人依約須按期支付保險費，但保險人是否應負賠償或給付之責任，在要保人簽訂保險的時候並不能確定，所以有著無法確認當事人損益的不確定性，理賠必須取決於偶然發生的情況。

例如：意外險。

(二) **附合契約：**

又稱為定型化契約、標準契約，要保人一般僅能對保單裡提供的固定內容，選擇接受或者不接受，所以在契約行為上屬於附合式的接受。

例如：產險要保書上僅能選擇保險公司提供的固定保額內容。

(三) **有償契約：**

保險契約成立後，要保人有繳保險費的義務，而保險人於保險事故發生的時候，負有賠償被保險人或財產所遭受之損失或給付約定金額的責

任，故為有償契約。

例如：車禍財物損失的理賠、個人受傷的醫藥費理賠。

(四) **附條件契約**：

如果被保險人發生了事故造成損失，保險人必須負責賠償損害，則保險人得要求被保險人提供理賠行為所需要的各項必要文件，當必要文件完整提供時，被保險人才能依約向保險人索賠。

例如：車禍提供警方開出的三聯單、受傷診斷書、車體維修收據……等。

(五) **最大誠信契約**：

要保人與保險人雙方訂立保險契約時，被保險人依據法規規範，有據實告知之義務。

例如：傷害險須回答健康狀況、房屋住宅火險得詳細說明房屋現況。

(六) **對人契約**：

保險人在核保的時候，除了必須針對保險標的物的實質危險因素進行詳細的評估外，還得對要保人或被保險人的各項背景進行了解與審核，來決定承保與否還有其他承保條件的確立。

例如：車險雖然是保障車子，但保險公司仍須對車主的基本資料審核。

(七) **雙務契約**：

契約當事人（要保人與保險人），雙方互負對價關係。

例如：要保人繳納保險的義務與保險人負擔賠償的責任。

牛刀小試

( ) **1** 關於有償契約的特性，下列何者正確？ (A)又稱為定型化契約 (B)需按期支付保費 (C)有誠實告知義務 (D)保險人有賠償責任。

( ) **2** 以下對於保險契約特性的說明，何者錯誤？ (A)保險契約是屬於對事契約，以發生事故來評估 (B)雙務契約是指契約當事人雙方負對價關係 (C)保險契約定立時有誠實告知的義務 (D)保險契約雖然也有射倖性質，但是與賭博不同。

解答與解析

1 (D)

2 (A)。(A)保險契約是屬於對人契約，須以審核個人的背景資料來做評估。

☑ 重點2　契約的架構　✮✮

財產保險又可稱為「損失保險」，是為了補償投保者的損失而存在，在過去僅有口頭保障的情況，會發生很多無法遵守的情況，於是隨著時間推移和公司機構的成立，保險成了一份契約保障，而財產保險契約便是要保人與保險人約定，以財產或其他利益作為保險標的的契約行為。

> **考點速攻**
>
> 關於契約裡的角色和相關內容，在第三篇財產法規有更詳細的說明。

而在保險契約的內容裡有幾個必須存在的角色，契約始得成立。

一、契約內容當中的角色

(一) **當事人**：要保人、保險人。

(二) **關係人**：被保險人、受益人。

(三) **輔助人**：保險業務員、保險經紀人、保險代理人、保險公證人。

二、契約內容的種類

(一) **列舉式**：保單契約上載明事故發生的情況。

(二) **概括式**：全險式保單，除了載明不保事項外，其他損害發生都賠償。

三、契約保險金額

(一) **定值**：約定保險標的的實際價值來投保。

(二) **不定值**：無約定價值，以事故發生後的損失來判定保險理賠金額。

四、契約的約定時間

(一) **時間性保單**：保險期間通常為一年。

(二) **航程性保單**：載明貨品從出發至抵達的航程。

(三) **工程性保單**：以工程期為投保約定時間。

五、契約的其他相關

財產保險中有「**暫保單**」，此種文件是保險人在簽發正式保單契約之前，先發出的具有臨時效力的文件，**有效期間通常為30日，或者於正式保單發出後失效**。

有暫保單的原因：

(一) 通常是因為正式保單還在製作中，但被保險人急需證明。

(二) 新承保的契約當中，仍有些條件尚未確認。

(三) 續保的契約中，因條件變化，仍有些項目尚未談妥。

─────── 牛刀小試 ───────

(　) **1** 海上保險是屬於怎樣的保險契約內容？　(A)時間性保單　(B)概括式保單　(C)列舉式保單　(D)工程性保單。

(　) **2** 保險契約裡的輔助角色是下列何者？　(A)受益人　(B)要保人　(C)保險人　(D)保險經紀人。

解答與解析

1 (B)。(A)時間性保單，保險期間通常為一年。(B)概括式保單，對保障範圍採取概括的方式，只針對不保事項列出不理賠範圍。(C)列舉式保單，列在契約中的事項進行理賠。(D)工程性保單：以工程期為投保約定時間。而海上保單為轉嫁海上貨物運輸的風險，在海上交通遭遇的風險千變萬化，故採取概括式保單來簽訂契約。

2 (D)

☑ 重點3　契約的分類　☆☆☆

財產保險主要是針對財產的損失、保險的利益來進行風險轉嫁，從以前單純為實體財產做規劃的起源，發展至針對信用、責任等原因來作為保險的其中一種標的，而要保人（投保者）可以是個人，也可以是企業或社會團體，所以財產保險標的範圍廣泛，承保對象是人事物皆可投保，這也是讓財產保險看似複雜的原因之一。

一、一般保險標的

(一) **實體財產**：汽車、房屋、機械設備、古董畫作、建設……等。

(二) **運輸工具**：飛機、船隻、客運……等。

(三) **運輸貨品**：貨櫃、郵寄包裹……等。

(四) **火災保險**：又稱火險，包含動產與不動產，與火災有關者。

(五) **海上保險**：又稱水險，舉凡與海運、海上工作災變相關者。

(六) **工程保險**：依一建設工程的時間內，與此工程相關者。

觀念補給站

此分類只是一個方便學習的大方向，實務上財產保險的險種分類更細，甚至某一類別同時擁有其他類別的險種。例如：海上保險底下包含運輸工具、運輸貨品的險種細項。

二、責任保險標的（對他人有責任）

(一) **僱主責任**：若是員工在工作的途中遭受意外傷亡，僱主有照顧員工家庭或後續生活的責任。
　　例如：僱主補償責任保險。

(二) **產品責任**：商家或個人工作者，自家販售的產品或自創商品會接觸消費對象，有部分機率可能造成危害或影響，所以有產品管理上的責任。
　　例如：食品安全責任保險、3C商品責任保險。

(三) **職業責任**：某些特定行業對於從業人員有技術專業的要求，由於這些專業技術工作如果疏失可能會造成他人的危害，所以有著職業上的責任，不同職業有著不同程度的風險，所以費率各不相同。

例如：醫師責任、會計師責任保險。

(四) **公共責任**：舉辦大型活動或者擁有對外開放的公共的場合或空間，則舉辦者或擁有者對此空間可能造成的危險、危害他人的可能須負擔起責任。

例如：公共意外險。

三、保證保險標的

(一) **忠誠保證**：某些企業針對特定位階、技術研發、操作相關職位的僱員有忠誠或道德上的要求，所以在聘用僱員的同時，會投保忠誠保證保險，以免遭受僱員不誠實之行為影響而受到損失。

(二) **信用保證**：避免買賣、租賃、貸款、抵押的其中一方遭受損失，所要求的信用保證保險。

(三) **傷害險（賠償自己的受傷、死亡）**：隨著民國56年以來，意外事故躍升為國人高死亡事故後，民眾對於意外防範的風險意識越來越高，對於意外保障的接受度也越來越高，在產險業的爭取下，主管機關才開放核准，使原本是壽險業專賣的商品，以保證續保和承保、理賠期間和壽險做區分。

(四) **健康險**：既傷害險之後，同樣為了擴大照顧民眾的投保意識，開放民眾有多樣性的選擇和預算考量，產險業在民國97年也爭取開放一年期健康險的經營權利，同樣地產險業的健康險也無保障續保之功能，所有的產品內容效力只有一年期或一年期以下。

觀念補給站

依照保險法第13條，保險分為人身與財產。

財產包括火災、海上、陸空、責任、保證，與主管核准之其他保險。

人身包括傷害、人壽、健康及年金保險。

但財產保險業經主管機關核准經營傷害、健康保險者，不在此限。

─── 牛刀小試 ───

( ) **1** 關於財產保險契約分類的敘述,下列何者有誤? (A)責任保險是因為對自己有責任,轉嫁風險用的保險 (B)產險業的傷害險與壽險業相同,一樣有保證續保和長年期的規劃 (C)企業生產出來的產品或商品對他人有影響,是屬於職業責任的部分 (D)以上皆是。

( ) **2** 企業想要要求某些技術性職位或者高階主管不得外洩公司機密,可投保下列何種保險? (A)保證保險 (B)忠誠保險 (C)職業責任保險 (D)產品責任保險。

解答與解析

1 (D)。(A)責任保險是對他人有責任,轉嫁風險用的保險。 (B)產險業的傷害險無長年期的規劃。 (C)企業生產出來的產品或商品對他人有影響,是屬於產品責任的部分。

2 (B)

精選試題

( ) **1** 被保險人的損失通知期限,是從什麼時候起算?
(A)損失發生的當下
(B)知道損失發生的時候
(C)確認損失金額時
(D)申請理賠時。

( ) **2** 保險法規定,如果被保險人違反損失通知的義務,則保險人可以?
(A)終止保險契約
(B)請被保險人負賠償其損失責任

(C)拒絕理賠

(D)以上皆非。

( ) **3** 保險人除了對被保險人的損失給予補償外，還須對下列哪個選項負賠償的責任？

(A)被保險人違法之罰金

(B)被保險人的客戶損失

(C)為防止損失擴大的必要費用

(D)被保險人的精神撫慰金。

( ) **4** 如果被保險人未善盡損失防止的義務，則保險人對何者不負賠償責任？

(A)損失發生後繼續擴大的損失

(B)全部損失

(C)損失防止的必要費用

(D)以上皆非。

( ) **5** 當被保險人向保險人索賠時，必須提供各項理賠文件給保險人，是為了？

(A)確認損失分攤

(B)確定保險公司的賠償責任、金額

(C)符合保險法法令規定

(D)以上皆非。

( ) **6** 當保險公司在支付理賠款項之後，為順利行使對肇事第三人的代位求償權，被保險人應確實保留下列何者？

(A)和解書

(B)損失證明文件、收據

(C)對肇事第三人的損害賠償請求權

(D)維護災後現場的完整。

( ) **7** 為了確定保險公司對此危險事故所導致的損失是否負擔賠償責任，所以保險公司必須查證以下何者？

(A)被保險人是否對損失之標的具有保險利益

(B)事故發生時間是否落於保險期間內

(C)損失的原因是否為承保範圍之事故

(D)以上皆是。

(　　) **8** 保險契約簽立後，若有須交付仲裁的情況，此情況為下列何者？

(A)對承保的範圍有爭議

(B)對理賠金額有爭議

(C)對事故原因有爭議

(D)以上皆非。

(　　) **9** 保險經紀人是為了誰的利益，代為與保險人洽訂保險契約？

(A)被保險人

(B)要保人

(C)受益人

(D)以上皆是。

(　　)**10** 保險公司的核保人員在評估契約的承保危險時，必須考慮下列何者之情況？

(A)要保人的財務狀況

(B)要保人過去的損失記錄

(C)保險標的物的實質危險因素

(D)以上皆是。

(　　)**11** 保險人對於部份的次標準危險者，會採取變更承保條件的方式來承保，變更的方式有哪種？

(A)限制承保範圍

(B)提高自負額

(C)訂定特約條款

(D)以上皆是。

(　　)**12** 保險公司若發現自身無法承擔過於巨額的保險契約，會採取何種措施來分散風險？

(A)拒絕承保

(B)再保險

(C)限制投保的保險金額
(D)以上皆是。

( ) **13** 財產保險的要保人或被保險人，必須在什麼時候對保險標的具有保險利益？
(A)投保的時候
(B)保險契約生效後
(C)損失發生的當下
(D)請求賠償的時候。

( ) **14** 保險人對被保險人因事故造成的損失，有哪些補償方式？
(A)修復費用
(B)現金給付
(C)重置價格
(D)以上皆是。

( ) **15** 有關保險契約是屬於附合契約的敘述，下列何者不正確？
(A)保險契約為標準化保單
(B)不適用契約自由化
(C)標準化是為求承保的基礎一致
(D)標準化的保單不得以任何方式變更。

( ) **16** 保險契約與賭博都是具有射倖性質，但其差異在於？
(A)賭博有道德性危險
(B)被保險人不會從事賭博行為
(C)賭博具有獲利的可能，而保險則無
(D)以上皆是。

( ) **17** 下列何者為保險契約成立的條件？
(A)承諾、約定
(B)契約當事人雙方有對價關係
(C)當事人具有行為能力
(D)以上皆是。

( ) **18** 下列何者不是為保險契約生效的條件？
(A)契約目的要合法
(B)當事人的對價關係
(C)當事人具有行為能力
(D)被保險人遵守最大誠信原則。

( ) **19** 保險契約的明細表不會載明下列何者？
(A)保險費
(B)保險金額
(C)被保險人的名稱
(D)除外不保事項。

( ) **20** 財產保險契約雖無明文規定，但法律與一般習慣上認定必須履行者，又稱為？
(A)默示擔保
(B)明示擔保
(C)法定責任
(D)特約條款。

( ) **21** 保險契約當中的除外不保事項，在記載的時候會列明下列何者？
(A)危險事故
(B)標的
(C)損失項目
(D)以上皆是。

( ) **22** 為了避免同一種類危險事故，在兩種保險的項目下重複承保，會選擇用以下何種方式處理？
(A)依其性質選擇由其中一種保險承保，而另一保險則除外不保
(B)按損害分擔原則，由兩種保險平均分攤損失
(C)降低保險費
(D)以上皆是。

( ) **23** 保險契約通常會將經常性、可預期的損失除外不保，是為了？
(A)防止道德性危險
(B)使保險費率合理化
(C)避免承保範圍重複
(D)降低事故風險。

( ) **24** 在保險契約當中，要保人的對價行為是？
(A)事故發生後，遵守理賠應有的程序
(B)繳付保險費
(C)遵守最大誠信原則
(D)以上皆是。

( ) **25** 保險契約的被保險人名稱、承保標的、承保處所、保險期間、保險金額會載明在下列何者內容之中？
(A)要保合約
(B)保險明細表
(C)基本條款
(D)特約條款。

( ) **26** 被保險人有據實告知的義務，而該項義務應在下列哪個選項的時候履行？
(A)損失發生
(B)保險期間
(C)訂立保險契約的當下
(D)申請理賠時。

( ) **27** 被保險人如果違反了保險契約中的特約條款，則下列何者正確？
(A)事故原因與違反特約條款有因果關係，保險人才得以解除保險契約
(B)無論事故原因與違反特約條款是否有因果關係，保險人都能解除保險契約
(C)被保險人須補繳保險費
(D)保險人得終止保險契約。

(　　) **28** 要保人想向保險人簽訂保險契約時，須提出下列何者來申請？
(A)要保書
(B)續保申請書
(C)批改申請書
(D)契約變更表單。

(　　) **29** 在保險公司簽發正式的保險契約之前，可以提出具臨時效力的保險契約，又稱為？
(A)批單
(B)保險卡
(C)要保書
(D)暫保單。

(　　) **30** 暫保單的臨時效力，會在什麼情況下失效？
(A)要保人破產
(B)正式保險單簽發時
(C)被保險人違反誠信原則
(D)以上皆是。

(　　) **31** 保險契約的批單，也屬於構成契約的一部份，而關於批單的契約效力，下列何者正確？
(A)效力小於原訂契約
(B)效力等於原訂契約
(C)效力大於原訂契約
(D)以上皆非。

(　　) **32** 當意外事故發生導致保險標的產生損害，有賠償請求權的人為下列何者？
(A)被保險人
(B)第三人
(C)要保人
(D)保險人。

（　　）**33** 下列何者負有保險費的繳付義務？
(A)被保險人
(B)受益人
(C)要保人
(D)以上皆是。

（　　）**34** 保險契約中不能以批單的方式更改之項目為下列何者？
(A)保險標的物的增加與減少
(B)承保範圍更改
(C)保險期間變更
(D)更改契約為承認惡意複保險之保險契約。

（　　）**35** 保險契約得當事人必須具有行為能力，是因為無行為能力者的？
(A)容易發生事故
(B)無法支付保險費
(C)意思表示依法無效
(D)以上皆是。

（　　）**36** 被保險人若是提前終止保險契約，則已繳交的保險費該如何處理？
(A)按保險契約經過的日數比例返還被保險人
(B)按短期費率計收有效期間的保險費，剩下餘額才返還被保險人
(C)不予退還
(D)以上皆非。

（　　）**37** 如果被保險人須提前終止保險契約，則依照其短期保險費率來計算，保險費會較高，是因為保險公司必須承擔何者後果？
(A)得加速攤銷其他各項承保費用
(B)需懲罰被保險人提前解約之行為
(C)因需要支付增加的賠款成本
(D)以上皆是。

（　）**38** 下列何種保險契約是屬於不載明保險期間起迄日期性質的保單？
(A)概括式保險單
(B)列舉式保險單
(C)時間保險單
(D)航程保險單。

（　）**39** 保險標的可以為下列何者？
(A)具有保險利益的個體
(B)承保處所
(C)保險契約的當事人
(D)以上皆是。

（　）**40** 保險標的物可以包括下列何者？
(A)法律賠償責任
(B)財產
(C)人的身體或生命
(D)以上皆是。

（　）**41** 因為財產毀損而花費恢復成原狀的維修費用，是屬於哪種損失？
(A)從屬損失
(B)直接損失
(C)間接損失
(D)以上皆非。

（　）**42** 意外肇事人是因為個人的疏忽或過失，導致他人因為受傷而致喪失
工作能力或者死亡，所需負擔的損失為？
(A)從屬損失
(B)傷害損失
(C)法律賠償責任
(D)間接損失。

( ) **43** 財產保險標的毀損，導致營業中斷而延伸的利潤損失，屬於哪種損失？
(A)從屬損失
(B)直接損失
(C)間接損失
(D)賠償損失。

( ) **44** 列舉式的保險契約，是指保險公司對列舉的危險事故需負擔什麼樣的結果？
(A)無條件負賠償責任
(B)由除外不保以外的事故，需負賠償責任
(C)無論直接或間接原因，都由列舉事故以外者，才負賠償責任
(D)以上皆非。

( ) **45** 俗稱的全險保險契約，又屬於下列哪種？
(A)概括式保險契約
(B)列舉式保險契約
(C)總括保額式保險契約
(D)以上皆非。

( ) **46** 關於全險保險單中保險公司須負擔的責任，下列何者正確？
(A)一切事故所致之損失負賠償責任
(B)一切事故所致之損失負賠償責任，但經載明除外不保之事項所致者不在此限
(C)因疏忽或過失所致之損失負賠償責任
(D)以上皆非。

( ) **47** 下列何種保險的保險標的，沒有可以承保的價值？
(A)海上貨物保險
(B)工程保險
(C)火災保險
(D)責任保險。

（　　）**48** 保險公司要求被保險人在損失發生後立即通知，是因為？
(A)保全殘餘之保險標的物
(B)防止損失擴大
(C)調查損失原因與損害程度
(D)以上皆是。

（　　）**49** 保險法要求被保險人應在知悉保險事故發生後的幾日內通知保險人？
(A)立即通知
(B)五日內
(C)七日內
(D)三日內。

（　　）**50** 若是採取列舉保險金額的保險契約，會依照下列何種項目來分列保險金額？
(A)財產性質
(B)責任限額
(C)損失種類
(D)以上皆是。

解答與解析

1 (B)　　**2 (B)**　　**3 (C)**

4 (A)。(A)當事故發生造成損失後，被保險應善盡防止損失擴大的義務，若放任損失擴大則保險公司不負賠償責任。

5 (B)

6 (C)。(A)被保險人不應隨意與第三方和解。(B)損失證明文件、收據與代位求償權無關，屬於己方理賠申請的項目。(D)維護災後現場的完整非被保險人的責任，只須盡力紀錄災後現場，同時維護現場也與代位求償權無關。

7 (D)

8 (B)。(A)保險契約為定型化契約，由要保人自行決定是否同意契約上之內容，故簽訂後不應對承保範圍有爭議。(C)事故的原因判定並非由保險公司判定，而是由第三方（警察、醫生等）給予事故原因證明文件。

9 (A)　　**10 (D)**　　**11 (D)**　　**12 (B)**

13 (C)。(C)要保人或被保險人在與保險人簽訂契約的時候，就應審核當損害發生時是否對保險標的具有保險利益，若無則不予承保。

14 (D)　　15 (D)　　16 (C)　　17 (D)

18 (D)。(D)被保險人遵守最大誠信原則為義務，而非保險契約生效條件。

19 (D)。(D)除外不保事項是載明於保險契約條款當中，而非明細表。

20 (A)。(A)在法律上有強制性，所以即使合約或契約內容免除，在法律上仍必須履行義務。

21 (D)　　22 (A)　　23 (B)

24 (B)。(B)要保人繳付保費與保險人給付保險理賠金為對價關係。

25 (B)　　26 (C)　　27 (B)　　28 (A)

29 (D)　　30 (B)　　31 (C)　　32 (A)

33 (C)　　34 (D)　　35 (C)　　36 (B)

37 (A)　　38 (D)　　39 (A)　　40 (D)

41 (B)。(A)從屬損失是因保險標的損害後連帶影響的利潤損失，例如房屋發生火災，影響租金。(C)間接損失的意思與從屬損失相同，是指損害後造成的利潤、財產損失影響。

42 (C)　　43 (A)

44 (B)。(A)並非無條件負賠償責任。(B)列舉式保單可能會列舉除外責任，則列舉以外的危險事故為保險公司的負擔責任。(C)列舉的危險事故以外者，為除外不保事項。

45 (A)　　46 (B)　　47 (D)　　48 (D)

49 (B)　　50 (A)

(　　) 51 財產保險的種類不包括下列何者？
(A)火災保險
(B)保證保險
(C)運輸保險
(D)健康壽險。

(　　) 52 要保人對下列哪個選項沒有保險利益？
(A)因財產衍生的期待利益
(B)單純期待利益
(C)財產的現有價值利益
(D)以上皆非。

（　　）**53** 當保險契約經撤銷之後，則保險契約的效力為？
(A)回溯到訂立契約時不發生效力
(B)須經過法院認可後，不生效力
(C)自撤銷之後不發生效力，投保至撤銷期間還是有效力
(D)經保險公證人公證之後不生效力。

（　　）**54** 運送負責人可以對自己所要運送的貨物，投保下列何者保險？
(A)水險
(B)貨物運送人責任保險
(C)貨物運輸保險
(D)汽車保險。

（　　）**55** 保險契約經解除之後，其契約效力？
(A)回溯到訂立契約時失去其效力
(B)須經法院認可後，不生效力
(C)解除之後仍有效直至保險期間結束
(D)經公證人公證之後不生效力。

（　　）**56** 保險契約經終止後，效力會如何？
(A)溯及自訂約時不生效力
(B)自終止之後往後不生效力
(C)經法院認可之後不生效力
(D)公證人公證之後不生效力。

（　　）**57** 保險契約的無效指的是下列哪個選項？
(A)自始無效
(B)經撤銷後無效
(C)經解除後無效
(D)經終止後無效。

（　　）**58** 在保險法的第17條規定中，要保人或被保險人若是對於保險標的沒有保險利益，則此保險契約會？
(A)失其效力

(B)保險人得撤銷
(C)保險人得解除
(D)保險人得終止。

( ) **59** 保險契約失其效力指的是被保險人發生以下何種情況？
(A)喪失保險利益
(B)保險契約終止
(C)保險契約解除
(D)以上皆非。

( ) **60** 當財產保險契約中的保險標的物所有權移轉，則保險契約應仍為下列何者的利益而存在？
(A)要保人
(B)要保人之繼承人
(C)受讓人
(D)被保險人之繼承人。

( ) **61** 當被保險人死亡時，則保險契約應仍為下列何者的利益而存在？
(A)要保人
(B)受益人
(C)受讓人
(D)被保險人之繼承人。

( ) **62** 當合夥人或共有人聯合為被保險人時，若是其中有一人讓與保險利益於他人，則保險契約會？
(A)不因此行為而失效
(B)得解除
(C)得終止
(D)自始無效。

( ) **63** 保險契約訂立之後，關於保單下列敘述何者正確？
(A)會製成保險單交付被保險人
(B)口頭約定

(C)被保險人理賠時才提供

(D)資料建檔於電腦中無保單。

(　　) **64** 若保險契約為第三人的利益契約，當對於認定受益人有疑義時，則推定為？

　　　(A)要保人為自己的利益

　　　(B)要保人為被保險人的利益

　　　(C)要保人為受益人的利益

　　　(D)以上皆非。

(　　) **65** 貨物保管人對於其所保管的貨物可以投保哪種險種？

　　　(A)貨物運輸保險

　　　(B)貨物運送人責任保險

　　　(C)受託物管理人責任保險

　　　(D)倉庫保險。

(　　) **66** 因有效契約中的保險標的物而生之利益，其利益？

　　　(A)與保險利益無關

　　　(B)亦得為保險利益

　　　(C)不得為保險利益

　　　(D)以上皆非。

(　　) **67** 保險契約須於下列何種情況下完成簽訂，否則無效？

　　　(A)保險人同意

　　　(B)要保人申請

　　　(C)保險人於同意要保人申請後

　　　(D)以上皆非。

(　　) **68** 要保人若為他人利益訂立保險契約，是否有以下情況之限制？

　　　(A)應經他人委任

　　　(B)得不經委任

　　　(C)應經他人同意

　　　(D)以上皆非。

( ) **69** 若是保險契約由代理人訂立，則有何種限制？
(A)不須載明被代理人之意旨
(B)應載明代訂之意旨
(C)沒有任何限制
(D)以上皆非。

( ) **70** 由合夥人或共有人中之一人或數人訂立保險契約，則其保險利益屬
於下列何者？
(A)全體合夥人或共有人
(B)視其中一人為代表
(C)應載明為全體合夥人或共有人訂立意旨
(D)以上皆是。

( ) **71** 保險人可約定保險標的物的一部份損失金額，由要保人自行負擔，
稱為？
(A)責任額
(B)自負額
(C)共同額
(D)自留額。

( ) **72** 依保險法規定，自負額的部份，要保人是否可另向其他保險人訂立
保險契約不須負擔？
(A)可以
(B)不得
(C)保險法未規定
(D)以上皆非。

( ) **73** 關於有償契約的特性，下列何者正確？
(A)又稱為定型化契約
(B)需按期支付保費
(C)有誠實告知義務
(D)保險人有賠償責任。

(　　) **74** 企業想要要求某些技術性職位或者高階主管不得外洩公司機密,可投保下列何種保險?
(A)保證保險
(B)忠誠保險
(C)職業責任保險
(D)產品責任保險。

(　　) **75** 保險契約上載明保險標的的價值,由危險事故發生後才估計,此種保險契約為下列何者?
(A)定值保險契約
(B)不定值保險契約
(C)任意性保險契約
(D)強制性保險契約。

(　　) **76** 保險契約上會載明保險標的的一定價值,此種保險契約為下列何者?
(A)定值保險契約
(B)不定值保險契約
(C)任意性保險契約
(D)強制性保險契約。

(　　) **77** 要保人為他人利益訂立之保險契約時,若「他人」未不能確定之對象,改由何人享受其利益?
(A)要保人
(B)被保險人
(C)受益人
(D)契約所載其他可得確定之受益人。

(　　) **78** 下列何者是屬於簽訂契約時,「依訂約時情形顯失公平致使該部份之約定無效」的情形?
(A)免除、減輕要保人的應負義務
(B)免除、減輕被保險人的應負義務
(C)免除、減輕受益人的應負義務
(D)免除、減輕保險人的應負義務。

( ) **79** 下列何者是屬於簽訂契約時，「依訂約時情形顯失公平致使該部份之約定無效」的情形？
(A)免除要、被保險人的義務
(B)減輕要保人、被保險人的義務
(C)加重要、被保險人的義務
(D)以上者非。

( ) **80** 若保險契約使下列那些人拋棄、或限制其享有之權利，則「依訂約時情形為顯失公平者使該保險契約部分之約定無效」？
(A)受益人
(B)要保人
(C)被保險人
(D)以上皆是。

( ) **81** 對於下列那些人，使其所享有之權利有重大不利益的狀況，會因顯失公平致使該保險契約部分之約定無效？
(A)受益人
(B)要保人
(C)被保險人
(D)以上皆是。

( ) **82** 若當事人的其中一方，對於怠於通知應通知他方的事項之行為，除了在下列何種情形以外，他方不得以此原因為解除保險契約之訴求？
(A)任何情形下皆不能
(B)故意之情況下
(C)不可抗力之事故
(D)以上皆非。

( ) **83** 若當事人的其中一方，對於怠於通知應通知他方的事項之行為，他方得進行下列何種行為？
(A)終止契約
(B)解除契約

(C)使契約停效

(D)主張契約無效。

( ) **84** 若是保險人於保險契約當中，約定免除、減輕自己依法應負的義務，則該部分的契約效力？

(A)仍然有效

(B)無效

(C)稍微減輕

(D)需進行協議。

( ) **85** 保險契約裡的輔助角色是下列何者？

(A)受益人

(B)要保人

(C)保險人

(D)保險經紀人。

( ) **86** 保險人對於戰爭所導致的損害，需負擔賠償責任嗎？

(A)應負賠償責任

(B)不負賠償責任

(C)契約的約定之外，應負賠償責任

(D)以上皆非。

( ) **87** 保險契約應以何種形式留存？

(A)保險單

(B)暫保單

(C)保險單或暫保單

(D)批單。

( ) **88** 保險契約的解釋必須採取下列何種立場？

(A)以作有利於被保險人的解釋

(B)以保險契約上記載之文字為最高原則

(C)以作有利於保險人之解釋

(D)要保人與保險人協商。

( ) **89** 若其中一方的保險契約當事人，違反特約條款，則下列何者正確？
(A)他方得於事故發生後一個月內解除契約
(B)他方得於知悉後一個月內解除契約
(C)他方得於知悉後15日內為解除撤銷
(D)以上皆非。

( ) **90** 關於保險法的強制規定，下列何者正確？
(A)不得以契約變更之
(B)得以契約變更之
(C)若變更有利於被保險人者，得以契約變更之
(D)以上皆非。

( ) **91** 保險業在經營各種保險，製作保險單條款時，必須按照什麼原則進行？
(A)使用本國文字
(B)使用國際通用文字
(C)限使用本國文字，但若因業務需要得使用外國文字
(D)以上皆非。

( ) **92** 保險單上必須記載的事項，有下列何者？
(A)保險費
(B)保險標的物
(C)承保範圍
(D)以上皆是。

( ) **93** 被保險人如果不同意保險契約中的基本條款，應進行下列何者行為？
(A)可以向保險公司申請變更
(B)不可以要求保險公司變更
(C)找關係要求變更
(D)等理賠時再來抗議。

(　) **94** 當事人彼此約定，且在契約上記載、承認履行特種義務的條款稱為？
(A)特約條款
(B)特別條款
(C)特定條款
(D)特別約款。

(　) **95** 保險契約的特約條款可以約定下列何種事項？
(A)過去事項
(B)現在事項
(C)未來事項
(D)以上皆是。

(　) **96** 當保險契約的當事人違背特約條款時，他方在知悉後多久時間內得解除契約？
(A)一個月
(B)二個月
(C)三個月
(D)十五天。

(　) **97** 當保險契約的當事人違背特約條款時，他方應在契約訂立後多久時間內解除契約？
(A)一年
(B)二年
(C)三年
(D)半年。

(　) **98** 當保險契約的當事人違背特約條款時，他方得解除契約，但必須在什麼情況之下？
(A)事故發生前
(B)事故發生後
(C)事故發生前、後均可
(D)以上皆非。

( ) **99** 保險人對於不可預料或不可抗力造成的事故，其導致的損害須負賠償責任，以下何者情況為例外？

(A)由保險契約內容推論的事故

(B)保險契約內有明文限制之事故

(C)依照損害填補原則，無例外

(D)依照公平正義原則，無例外。

( ) **100** 保險人對於下列何者所導致的損害，應連帶負賠償責任？

(A)要保人之受僱人

(B)被保險人之受僱人

(C)要保人或被保險人的所有物

(D)以上皆是。

解答與解析

51 (D)

52 (B)。(B)單純期待利益為一種妄想、虛無的期待。

53 (A)。(B)與法院認可無關。(C)保險契約撤銷是指當要保人收到保單開始的猶豫期間，可以選擇撤銷保單，因為會完全退還保費，所以並無保障投保至契約撤銷之期間。(D)與保險公證人公證無關。

54 (B)。(A)水險泛指海上保險，非專屬於運送人可投保的貨物保險。(C)貨物運輸保險為買賣方投保，運送人只需負擔責任非貨物價值。(D)汽車保險非貨物保險，主要投保對象為車體或車主之責任。

55 (A)　　**56 (B)**

57 (A)。(A)保險契約的無效是從訂立的開始就無效力，所以自始無效。

58 (A)

59 (A)。(A)當被保險人失去對保險標的的保險利益時，契約失效。(B)契約終止為效力終止，往後不生效力而非失去效力。(C)契約解除為效力終止，往後不生效力而非失去效力。

60 (C)。(C)保險契約的要、被保險人需對保險標的物有保險利益，故所有權轉移者，保險利益也轉移給受讓人。

61 (D)。(D)被保險人投保的保險標的物會被繼承給繼承人，所以財產保險契約也是。

62 (A)　　**63 (A)**　　**64 (A)**　　**65 (C)**

66 (B)　　**67 (C)**　　**68 (B)**　　**69 (B)**

70 (C)　　**71 (B)**

72 **(B)**。(B)要保人不得與其他保險人另訂契約承保自負額的部分,但可以在一開始訂立契約時與保險人協議提高保費而不需負擔自負額。

73 **(D)**	74 **(B)**	75 **(B)**	76 **(A)**
77 **(D)**	78 **(D)**	79 **(C)**	80 **(D)**
81 **(D)**	82 **(C)**	83 **(B)**	84 **(B)**
85 **(D)**	86 **(C)**	87 **(C)**	88 **(A)**

89 **(B)**	90 **(C)**	91 **(C)**	92 **(D)**
93 **(B)**	94 **(A)**	95 **(D)**	96 **(A)**

97 **(B)**。(B)二年不行使則權利消滅。

98 **(C)**。(C)不論保險事故發生前後,若保險人發現保險契約的當事人違背特約條款時,可解除契約,且保險人不負賠償責任。

99 **(B)**	100 **(D)**

( ) **101** 當要保人要變更保險契約或恢復已停止效力的保險契約時,保險人於接到申請通知後,幾日內不拒絕者視為同意?
(A)5日
(B)20日
(C)15日
(D)10日。

( ) **102** 當要保人要變更保險契約或恢復已停止效力的保險契約時,保險人於接到通知不為拒絕者,其保險契約結果如何?
(A)不變
(B)無效
(C)同意
(D)以上皆非。

( ) **103** 何種情形下,危險增加,要保人不需通知保險人
(A)損害之發生不影響保險人之負擔者
(B)為防護保險人之利益者
(C)為履行道德上之義務
(D)以上皆是。

( ) **104** 保險契約當事人對於下列何種情形,不負通知義務?
(A)為他方所知者

(B)為他方所應知，或無法推說為不知者

(C)經聲明不必通知者

(D)以上皆是。

(　　) **105** 要保人或被保險人若不履行限期通知之義務，使保險人承受損失，必須負賠償責任，則以下那些情況有限期通知之義務？

(A)危險事故消滅、危險減少

(B)危險事故消滅、危險增加

(C)危險事故發生、危險減少

(D)危險事故發生、危險增加。

(　　) **106** 保險契約當事人在下列何種情形，不負通知義務？

(A)單方所知者

(B)已發生者

(C)為他方所不知者

(D)為他方所知者。

(　　) **107** 下列何種情形使要保人必須履行通知義務？

(A)危險減少

(B)危險增加

(C)常識性知識

(D)猜想對方應知。

(　　) **108** 在何種情形下，屬於未來事項的特約條款，雖未履行但仍不因此使保險契約失效？

(A)未屆履行期前危險已發生

(B)其履行是不可能的行為

(C)在訂定契約時為不合法因而未履行

(D)以上皆是。

(　　) **109** 保險標的物若非因保險契約所載的保險事故造成而完全滅失時，要保人得主張以下何種權利？

(A)撤銷保險契約

(B)終止保險契約

(C)解除保險契約

(D)保險契約無效。

( ) **110** 保險人對於海上的保險標的物，因海上一切事變及災害所造成的毀損、滅失及費用負賠償責任，但仍有例外，例外情形為何？

(A)海商法另有規定

(B)英國海上保險法另有規定

(C)保險契約另有規定

(D)民法另有規定。

( ) **111** 關於海上保險，保險法有規定此險種適用下列那項規定？

(A)民法海上保險章

(B)國際海牙規則

(C)英國海上保險法

(D)海商法海上保險章。

( ) **112** 保險人，對於內陸、航空的保險標的物，因內陸及航空一切事變及災害所致造成的毀損、滅失及費用負賠償責任，但仍有例外，例外情形為何？

(A)民法另有規定

(B)民用航空法另有規定

(C)契約另有訂定

(D)公路法另有規定。

( ) **113** 關於貨物保險，自交運時以抵達至其目的地收貨時為其完整的保險期間，但仍有例外，例外情形為何？

(A)民法另有規定

(B)契約另有訂定

(C)公路法另有規定

(D)海商法另有規定。

( ) **114** 下列哪個選項應為陸空保險契約的載明事項？
(A)運送路線
(B)運送人姓名
(C)交運及取貨地點
(D)以上皆是。

( ) **115** 因運送過程之必要，若暫時停止或變更原先的運送路線、方法時，保險契約仍繼續有效，但仍有例外，例外情形為何？
(A)海商法另有規定
(B)公路法另有規定
(C)契約另有訂定
(D)民法另有規定。

( ) **116** 船舶運費及裝載貨物的保險，除了內陸與航空項目另有規定外，契約準用下列何者的一部份條文規定？
(A)貨物保險
(B)船體保險
(C)運費保險
(D)海上保險。

解答與解析

101 (D)

102 (C)。(C)當保險人於時間內無拒絕者，則保險契約的變更或恢復效力則是保險人同意之行為。

103 (D) **104 (D)** **105 (D)** **106 (D)**

107 (B) **108 (D)**

109 (B)。(B)因保險標的物已滅失，故保險契約無法繼續，要保得終止保險契約。

110 (C)。(C)保險是與契約載明有關，非因其他法律規定。

111 (D) **112 (C)** **113 (B)** **114 (D)**

115 (C)

116 (D)。(D)運輸保險的最早起源就是海上保險，其包含船體、貨物、運輸等項目，故契約準用海上保險的一部份條文。

第二篇　財產保險實務

第一章　汽車保險

課前導讀

經過財產保險時代的演進，財產保險的保障核心也漸漸轉移，現今的財產保險實務上，最為大宗的便是汽車保險，因為汽車已成為數量眾多、現代人不可或缺的代步工具及財產之一，所以此章節針對汽車保險，從法規的設立至保險的實務內容，按照順序一一說明與解釋。章節內容裡特別分類出強制險與任意險，加強閱讀每一重點時的記憶點，同時汽車保險為財產保險的考試重點項目，考生一定得好好把握此章節。

☑ 重點1　概論與定義　⭐⭐

汽車，是被使用最為頻繁且數量眾多的代步工具，依照主管機關最新統計，以臺灣人口數來說，幾乎每個家庭都會有1～2台汽車，或者是1～2台的機車。而所謂汽車，是指**公路法第2條第10款所規定，在公路及市區道路上，不依軌道或電力架線，而以原動力行駛之車輛**，所以一般拼裝車或農用車便不符合法令下的保險標的，所以汽車保險主要是保障公路法此定義下的車輛。

「而汽車保險的保障主要是指汽車所有人（車主），或者是駕駛人因為持有、使用或者管理保險標的之汽車時，發生了意外事故導致汽車車體受損，或者使他人（第三人）受到損害或者財產損失，需負擔法律賠償責任的時候，可由保險人依當初保險契約約定之承保範圍內，向他人（第三人）負擔補償責任。」

> **考點速攻**
>
> 汽車保險的定義是貫徹整個汽車保險的重要觀念，一定要再三理解和背誦。

觀念補給站

1. 汽車之範圍，包括下列：

　(1) 公路法第2條第10款規定之汽車。

(2)行駛道路之動力機械：所稱動力機械，指無須依賴其他車輛運送，可逕依自備之動力及傳動系統、車輪或履帶移動之機械。

(3)其他動力車輛：其他各種非依軌道行駛，具有運輸功能之陸上動力車輛。

但不包括下列：

(1)依衛生福利部醫療器材管理辦法規定之動力式輪椅、醫療用電動代步車。

(2)依道路交通管理處罰條例規定經型式審驗合格之電動輔助自行車。

(3)最大行駛速率每小時25公里以下且車重（不含電池）40公斤以下之其他動力車輛。

(4)強制汽車責任保險法第五條之一施行後已投保之微型電動二輪車。

2. 上述所列皆稱為「汽車」，但是與財產保險相關，需訂立強制汽車責任保險契約之汽車種類如下：

(1)公路法第2條第10款規定之汽車。但國軍編制內軍用車輛管理及處罰辦法第2條規定之軍用車輛於作戰期間，不在此限。

(2)依據道路交通安全規則第八十三條規定向公路監理機關申請核發臨時通行證之動力機械。

(3)汽車牌照報廢、繳還、繳存、繳銷、吊銷或註銷後仍行駛之汽車。

(4)強制汽車責任保險法第五條之一施行後第一項及第二項所定之微型電動二輪車。

以下是汽車保險所有種類裡通用的名稱或約定項目：

一、汽車保險的共同名稱

(一) 自負額：

在承保範圍內的任何一次損失，被保險人（車主）須負擔保險契約所約定的自負額，保險公司對超過自負額的損失部份負賠償責任。

例如：車體險的保險金額為100萬，被保險人自負額1萬，則保險公司實際理賠金額為99萬。

(二) 保險金額：

汽車車體損失險以及汽車竊盜損失險的保險金額，是以承保時汽車的價值作為約定金額，而每一年的汽車價值都會變更，每一次簽訂保險和實際理賠時都要重新計算汽車的價值，**所以汽車保險又屬於不定值保險契約之一**。

(三) 契約終止：

汽車的牌照已繳銷，或因吊銷、註銷、停駛等原因而繳存，又或者車輛報廢的情況，契約終止。

汽車保險得經被保險人通知後終止，自終止申請的書面資料送達保險公司日起，契約即失其效力，未到期的保費可按短期費率表計算返還。但是車險裡有強制汽、機車保險是屬於政府規定必須投保，被保險人申請終止的同時也得立即與其他保險公司投保，避免被罰。

但若是發生以下狀況，保險公司也可以直接終止契約：

1. 要保人未依約定期限交付保險費。
2. 被保險人對本保險契約之理賠有詐欺行為或記錄者。

(四) 所有權轉移：

被保險的汽車經被保險人過戶，而原保險契約在新的行車執照生效日起，超過10日未向保險公司申請權益移轉者，保險契約效力暫行停止，而汽車的新持有者也未投保的情形下，此台車將是無保險保障的狀態。

(五) 代位求償：

如被保險人在承保範圍內的損失對於第三人有損失賠償請求權的情況下，保險公司可以在理賠被保險人之後，向第三人申請求償。所以說要保人或被保險人不得擅自拋棄對第三人的求償權利。

例如：被保險人有投保車體險，車輛遭撞的事故發生後，保險公司先行理賠給被保險人，而後續可以向肇事者求償此筆損失。（前提肇事責任是對方，被保險人有權向對方求償。）

(六) 暫停使用：

被保險的汽車因回廠駐修、又或者是在失蹤的期間內暫停使用，被保險人不得申請減費或者延長保險期間。

(七) 全損後的保險返還：

如汽車保險已經以全損的理賠金額賠付後，此保險契約即行終止，其他附加的險種在未滿期的情況下，保險費應按日數比例退還。因為保險標的已經全損，無法繼續投保下去。

(八) **危險通知義務**：

1. 當事故發生時，被保險人應立即以電話或書面通知保險公司及警察機關處理，同時應於**5日內**將出險通知書送交給保險公司。

> **考點速攻**
>
> 保險實務裡所說的「出險」，就是通知保險公司事故發生，有需要理賠之可能。

要注意的是，汽車保險也並非什麼狀況都可以投保保險與理賠，保險公司也得在經營原則下計算險種商品的損失效益，所以像是在保險條款中，有些共同除外的部分是規劃汽車保險要特別注意的項目。

2. 若是針對保險契約內的危險增加，則要保人或被保險人應於**10日**內通知。

二、汽車保險不保事項

(一) 因敵人侵略、外敵行為、**戰爭或類似戰爭之行為**（不論宣戰與否）、叛亂、內戰、軍事訓練或演習或政府機關之徵用、充公、沒收、扣押或破壞所致者。

(二) 因**核子反應、核子能輻射或放射性污染**所致者。

(三) 被保險人或被保險汽車所有人、使用人、管理人或駕駛人之**故意**或唆使之行為所致者。

(四) 被保險汽車**因出租與人或作收受報酬載運乘客或貨物**等類似行為之使用所致者。

(五) **未經列名被保險人許可或違反道路交通管理處罰條例**第21條、21-1條規定，駕駛被保險汽車所致者。

(六) 被保險人**因吸毒、服用安非他命、大麻、海洛因、鴉片或服用、施打其他違禁藥物**，駕駛被保險汽車所致者。

(七) 駕駛被保險汽車**從事犯罪或唆使犯罪或逃避合法逮捕**之行為所致者。

(八) 與加害人串通，有不當獲利之行為。

(九) 因**罷工、暴動或民眾騷擾**所致者。

(十) 被保險汽車因供**教練開車者或參加競賽或為競賽開道或試驗效能或測驗速度**所致者。

(十一) 被保險人或駕駛人因受**酒類影響**駕駛被保險汽車所致者。

(十二) 因颱風、地震、海嘯、冰雹、洪水或因雨積水原因致使車輛損失者。

(十三) 被保險汽車因出租予人或作收受報酬載運乘客或貨物等類似行為之使用所致。

其中(九)～(十三)若是有事先與保險公司書面約定，且保險公司同意承保的情況下才可以理賠，否則一樣是保險契約裡的除外事項。

而汽車保險的內容和範圍非常廣，會依照車種的不同（軍用、警備、消防、垃圾車等等）、行車紀錄（酒駕、肇事等）、汽車使用資格……等不同的情況在各汽車保險計算的保險費用費率上會有所不同。

三、車輛的種類與定義

依照車輛的使用性質可分為自用車和營業用車，在這兩項分類裡面再依照汽車保險費率規章去詳細說明：

(一) **自用：**

1. 輕、重型機車（50c.c.以下為輕型，50～250c.c.為重型，251c.c.為超重型）。

2. 小客車、大客車（九人座以下為小客車）。

3. 小貨車、大貨車（3.5噸以下為小貨車）。

4. 特種車（有特種設備、供專門用途、經交通部核定）。

> **考點速攻**
>
> 依照汽車保險費率規章規定，軍用車比照自用車輛之費率辦理。此一概念很重要，務必熟記！

5. 小型特種車：電訊工程車、醫院救護車、警備車等。

6. 大型特種車：救火車、灑水車、油罐車等。

7. 一般貨運曳引車、聯結車。

8. 貨櫃貨運曳引車。

9. 電動車：指在道路上使用，且由可充電蓄電池、燃料電池、太陽光電組列或其他方式提供電力至電動機，作為主要動力之自動式車輛及電動機車。

10. 插電式油電混合動力車（PHEV）：指在道路上使用，具備可充電儲存系統，能儲存及使用車外之電能，且有其他種類動力來源之一種電動車輛。

(二) 營業用：

1. 小客車（一般或個人計程車、租賃客車、九人座以下用車）。
2. 大客車（縣市區公共汽車、客運汽車、遊覽車）。
3. 貨車（砂石車、石化原料、易爆炸物用車）。
4. 特種車。
5. 一般貨運曳引車、聯結車。
6. 貨櫃貨運曳引車。
7. 電動車（一般或個人計程車、租賃客車、九人座以下用車）

觀念補給站

1. 目前電動機車成為交通新選擇，時速在25公里的電動機車仍比照自行車規範，而時速超過25公里則依照馬力區分輕重型機車管理規範，例如：Gogoro屬於普通重型機車。
2. 113年7月1日新增電動車專屬附加條款，提供「車體險電池自燃附加條款」預計未來推出電動車專用保險。

牛刀小試

( ) **1** 軍用車輛投保汽車保險時，比照何者來辦理？ (A)營業用車輛 (B)自用車輛 (C)特種車輛 (D)專案費率。

( ) **2** 關於危險通知義務，下列何者正確？ (A)應於15日內通知保險公司 (B)應於25日內通知保險公司 (C)應於5日後通知保險公司 (D)應於10日內通知保險公司。

解答與解析

1 (B)。汽車保險費率規章第3條規定：「……軍用車輛投保者比照自用車輛辦理。」

2 (C)

☑ 重點2　汽車保險的種類　☆☆☆

在財產保險實務中，汽車保險當中可直接分為兩大類險種和其他附加條款，一是強制汽車保險；二是任意汽車保險，以下的內容就簡稱強制險和任意險，另外的附加條款則是必須投保強制險或任意險後才能附加。

一、強制險

可附加強制險之 **駕駛人傷害險**，一般強制險的受害者對象是乘客或者是與之發生事故的對方（因採取交叉理賠），所以被保險人單純投保強制險時，本身的汽車駕駛人是無保障的，所以可額外附加此附加條款，同時保障駕駛人，額度與一般強制險相同。

二、任意險

在汽車保險當中的任意險，就如同是人身保險的險種更加豐富多元，可以自行組合與搭配，要注意的是有些險種想要附加就得有主險，險種的更詳細的解釋會在後面任意險介紹的部分說明。

其中任意險可透過保險的賠償對象來分為兩大類，像是汽車損失保險的保障是屬於被保險人自身，自己的汽車受損、竊盜……等，當事故發生時，保險公司在審核、確認相關文件之後對被保險人負賠償責任。而汽車第三人責任保險的理賠對象，是除了被保險人車子內以外的第三人，是為了轉移被保險人在發生事故後的賠償責任。

例如：車禍發生後，被保險人須賠償對方財產損失和傷害醫療費用，便是使用汽車第三人責任保險來做賠償。

(一) 汽車損失保險（車體、竊盜）：

1. 車體損失保險。
2. 汽車竊盜險。
3. 汽車零件竊盜險。
4. 全損免折舊。

　　細部內容如下表：

主險/附加	車險項目	內容
主險	車體損失險 甲式	乙式內容＋第三方非善意之行為、不明損失造成的維修費用，又稱為「全險」。
	車體損失險 乙式	丙式內容＋碰撞、傾覆、火災、閃電、雷擊、爆炸、拋擲物、墜落物造成的維修費用。
	車體損失險 丙式	車子和車子互撞，賠償自己車的維修費用。
附加	代車費	發生車子與車子碰撞，導致車體毀損進廠修理的期間，其衍生出來的交通費用損失，保險人負賠償之責。
	全損免折舊	車體險理賠時可不計算扣除每個月的折舊費用。
主險	竊盜損失險	賠償車輛遭受竊盜、搶奪、強盜所致之毀損滅失，含失竊尋回之修復費用。竊盜險有自負額，依照自負額的不同，保險費用也不同。
附加	竊盜零件 損失險	車內原廠配件被竊但車體未失，最高以竊盜損失險保費的6倍為限。例如：保費1,000元，竊盜零件損失險最高賠償6,000元。
	代車費	汽車因失竊而無法尋回時，自向警方報案第3日起，依投保金額與約定給付日期天數，每日給付代車費。
	全損免折舊	竊盜險理賠時可不計算扣除每個月的折舊費用。

(二) 汽車第三人責任保險（傷害責任、財產損失責任）：

1. 第三人傷害責任保險。
2. 第三人財產損失責任保險。
3. 乘客體傷保險。
4. 超額責任保險。
5. 駕駛人傷害保險。
6. 失能增額保險。
7. 汽車財損單一保額責任保險（新推出二合一責任險）。

　　細部內容如下表：

主險／附加	項目	內容
主險	第三人傷害責任險	除被保險人車內駕駛、乘客外，因被保險汽車造成之事故致受傷、失能、死亡的第三人負賠償責任。
附加	第三人財損責任險	除被保險人車內駕駛、乘客外，因被保險汽車造成之事故致財產損失，負賠償責任。
附加	乘客體傷險	因為乘客對駕駛造成的事故同樣擁有賠償請求權，此險為保障被保險汽車駕駛人須負擔車內乘客受傷或死亡的賠償責任。
	超額責任險	保障因第三人傷害、財損責任額度不夠的情況下而啟動。例如：駕駛人撞上昂貴的車輛，需負擔龐大的財產損失，第三人財損責任險額度只有50萬，則超額責任險即可啟動理賠，通常超額責任險投保額度為1,000萬左右。
	失能增額保險	同樣保障因第三人傷害責任險因失能請求金額不足之情況而啟動理賠。
	駕駛人傷害險	只要發生事故導致駕駛人受傷就賠（不論是他人撞或者自撞），與強制險附加的駕駛人傷害險不同。
主險	汽車財損單一保額	將超額、失能增額與第三人責任合併，降低投保複雜度，體傷、失能、死亡、財損統一共用保額，費用比過去主險＋附加險種的方式較低些。

(三) 任意險附加條款：

在現有的汽車保險有些除外事項事不在保障範圍之內的，例如：颱風、地震、海嘯、冰雹、洪水或因雨積水等天災相關的原因。又或者雖然車子屬於被保險人，但駕駛非被保險人，那麼就需要在保險契約裡提前與保險公司約定增加使用車的對象。以上這些仍可在投保任意險之後，透過**書面**資料的提供進行附加，又稱為「附加條款」。

汽車保險計算保險費用有「從人」和「從車」的因素，故不同性別、年齡、肇事紀錄、理賠紀錄會有不同的保險費用，其中強制險與任意險的費率計算基礎不同，任意險當中車體與第三人責任險的費率又不同。

牛刀小試

( ) **1** 車體損失險甲式又稱為？ (A)超額責任險 (B)竊盜損失險 (C)全險 (D)半險。

( ) **2** 任意險的附加條款可以用什麼方式附加？ (A)電話 (B)口頭 (C)書面 (D)以上皆非。

解答與解析

　1 (C)　　**2 (C)**

☑ 重點3　強制險內容重點　　☆☆☆☆

在過去頻繁發生的車禍事故中，政府並沒有規定在路上行駛的汽機車須強制投保保險，等於說在駕駛人肇事後可能逃逸、無力負擔賠償責任等情況，使受害者得不到任何保障。而強制險的建立，是透過一位有勇氣又有毅力的媽媽進行的立法改革，在透過八年的抗爭，**汽車強制險正式在民國87年1月1日開辦，機車強制險則是88年1月1日開辦**。

一、保險特色

(一) **限額無過失責任：**

除非受害人有故意或犯罪的行為，否則在限額內無論加害人是否有過失，受害人都能直接向保險人申請強制險的賠償。

(二) **乘客也可以請求：**

除駕駛之外，在發生事故之車輛上的乘客，也屬於強制險賠償的受害者。

(三) 交通事故特別補償基金：

強制汽車責任保險法有設立特別補償基金，受害人在特殊情況下無法向
保險人申請，可先向基金申請賠償。

(四) 採單軌制：

政府立法所有車輛都須投保。

(五) 暫時性保險金：

死亡車禍的受益人可在文件備齊的情況下，先向保險人申請保險金的1/2。

二、保障的給付項目和上限金額

(一) 給付項目：

1. 急救費用
2. 診療費用（**病房費1,500元內／日、膳食費180元內／日**）
3. 接送費用（**2萬以內**）
4. 看護費用（**1,200元內／日，最高30日**）

(二) 給付上限：

1. 傷害醫療費用（**最高20萬**）
2. 失能給付（最高200萬，分15級給付）
3. 死亡給付（最高200萬）
4. 合計最高（傷害醫療費用、失能、死亡給付最高上限220萬）

強制險給付內容和上限			
項目	內容	每人最高額度	總計
死亡給付	每人200萬	200萬	220萬
失能給付	依照失能等級區分	200萬	

強制險給付內容和上限				
項目		內容	每人最高額度	總計
傷害醫療費用	急救費用	隨車救護人員、搜索、救護車費用	20萬	220萬
	病房費用	每日1,500元內		
	看護費用	每日1,200元內，最高30日		
	接送費用	2萬元以內		
	膳食費	每日180元內		
	義肢	每一肢5萬元內		
傷害醫療費用	義齒	每一齒1萬元內，最高5萬	20萬	220萬
	健保無給付之醫療材料	眼鏡、助聽器、輪椅、拐杖等非具積極性醫療裝具，最高2萬		

三、失能等級

經治療一段時間後仍未痊癒，同時經合格醫師確診為永久無法復原之狀態。
總共15級，15級為最輕，1級為最高失能等級。最低5萬，最高200萬。

失能等級	給付金額	失能等級	給付金額
1	200萬	9	47萬
2	167萬	10	37萬
3	140萬	11	27萬
4	123萬	12	17萬
5	107萬	13	10萬
6	90萬	14	7萬
7	73萬	15	5萬
8	60萬		

四、保險費率公式

因強制險除了從車因素以外，還採取了從人因素來計算保費，所以在被保險人要為汽車投保時，費用的計算便會參考被保險人的年齡、性別、肇事紀錄。

考點速攻

目前機車強制險仍是採取從車因素，詳細解釋在財產法規第三篇的第二章重點3「強制險法規」裡有說明。

(一) **年齡和性別的費率表：**

年齡性別係數	男	女
20歲（含）以下	2.50	1.66
＞20歲，≦25歲（含）	2.30	1.53
＞25歲，≦30歲（含）	1.47	1.06
＞30歲，≦60歲（含）	1	0.92
60歲以上	1.05	0.79

(二) **肇事紀錄：**

強制保險裡的肇事紀錄總共分十級，新保戶一開始為四級（係數為1，無增減），每一次違規加三級（保費加30%），若是投保一年後無事故可降一級（保費減18%）。參考以下肇事紀錄等級表：

違規肇事紀錄等級									
層級 1	2	3	4	5	6	7	8	9	10
% 0.70	0.74	0.82	1	1.10	1.20	1.30	1.40	1.50	1.60

(三) **酒駕加費（107年3月1日更新）：**

汽車如有違反酒駕之情事，依照違規次數加費，以固定金額來加倍，每一次是3,600元。 酒駕加費一次3,600元，無上限累加。

(四) **保險費計算說明：**

強制險的保險計算公式為：

> **調整後保費(年齡性別係數＋肇事等級係數－1)＋保險人的業務費用**
> **＋健全本保險的費用**
> ─────────────────────────────────────
> **(1－安定基金－特別補償基金提撥率)＋酒駕加費一次3,600元，**
> **無上限累加**

範例

一名35歲男性，肇事紀錄等級為2，酒駕次數1次。

解析

目前政府汽車強制險的基礎保費為965.15元，35歲男性係數為1，肇事紀錄係數為0.74，酒駕次數為1×3,600元。

$$總保費 = \frac{965.15 \times (1+0.74-1) + 381.94 + 5.86}{1-0.2\%-3\%} + 3,600 = 4,738元（四捨五入）$$

觀念補給站

1. 目前汽車強制險保險人的業務費用為381.94元，健全本保險費用（研究、傳輸等費用）為5.86元，安定基金率為0.2%，汽車特別補償基金提撥率為3%。
2. 機車強制險保險人的業務費用一年為177.47元、兩年為249.10元。

(五) **理賠作業：**

強制險與其他所有保險契約最大的不同，是理賠作業的流程採取交叉賠償，也就是說受害人應向加害人的保險人（保險公司）申請強制險的理賠。

> **考點速攻**
>
> 強制險最大的觀念要記得，強制險是賠給對方而非賠給自己，所以強制險採交叉理賠。

─── **牛刀小試** ───

( ) **1** 以下何者正確？ (A)酒駕加費一次為2,100元 (B)強制險傷害醫療費用上限為200萬 (C)汽車強制險開辦日為87.01.01 (D)強制險是為保障自己，自己保了理賠自己的損失。

（　　）**2** 關於強制險的給付與上限金額，何者有誤？　(A)病房費1,500／日　(B)看護費1,200／日　(C)膳食費180／日　(D)以上皆對。

解答與解析

1 (C)　　2 (D)

五、保險期間

(一) 強制險的責任保險期間，依不同車種有不同的保險期間規定：

　1. 汽車：保險期間為**1年**。

　2. 機車：保險期間為**1～2年**。

　3. 微型電動 輪 ：保險期間為**1～2年**。

(二) 但新車領牌者，可第一次投保強制險保險期間為**3年**。

　　若已使用年期未達1年者，可投保2年；但若使用年期1年以上或保險期間屆滿續保者，投保保險期間為1年。

(三) 領用臨時牌照或第一類試車牌照，或臨時通行證之動力機械，保險期間依其牌照或通用證之有效期間，最長為1年。第二類者最長為1個月。

☑ 重點4　任意險內容重點　　　☆☆☆

任意險的範圍裡，最大的類別就是車體險、竊盜險與第三責任險，所以這一重點也是為了讓讀者更能區分這類別裡的不同任意險種的細節重點和承保內容。同時任意險也是有從車與從人的因素，**從人因素的話所以費率同樣會受性別、年齡、肇事紀錄不同而影響，而從車因素則是因車種、發照年月、廠牌型式、重置價值來計算**。

一、車體險內容重點（從人＋從車因素）

車體險主要是承保被保險汽車因與其他車輛碰撞、其他原因導致財損事故，賠償的內容包含維修、拖吊、救護、修復費用……等。任意險當中的主要險種—車體

險，以汽車的殘值來計算保額，車體險又分為三種，甲、乙、丙，後來又出了一種丁式車險（限額丙式），是依照承保條件的多寡來區分等級，以甲式為最高等級車險，保費也依照等級而起算的費率不同，等級越高保費也就越高。

(一) 車體險甲式（全險）：

採列舉兼概括式的承保說明，以下：

1. **碰撞、傾覆**。
2. **火災**。
3. **閃電、雷擊**。
4. **爆炸**。
5. **拋擲物或墜落物**。
6. **第三者之非善意行為**。
7. **未於契約載明為不保事項之任何其他原因**。

其中光是第7項的承保範圍就非常大，幾乎概括了可能發生的事故，所以又**將甲式車險稱為全險**。通常高價的新車都會建議第一年投保甲式車險，又或者高價車雖然開了幾年，但停放區域治安較差或無停車位也建議投保車險全險，為愛車建立全方位的保障。

同時，如果被保險汽車發生碰撞，但是對方肇事車輛逃逸，只有甲式車險可以理賠，因為在甲式可以屬於不明擦撞來進行理賠，而其他車險的碰撞、擦撞條件需要警方來筆錄與研判肇事責任，這也是甲式車險保費高昂的原因之一。

(二) 車體險乙式：

乙式的承保條件為：

1. **碰撞、傾覆**。
2. **火災**。
3. **閃電、雷擊**。
4. **爆炸**。
5. **拋擲物或墜落物**。

乙式和甲式的差異就在與沒有第三者非善意行為與不明原因，跟丙式的差異則是如果撞到行人、動物導致被保險汽車受損，或者因為**翻覆、撞上護欄**的情況，乙式車險的部份可以理賠，但是丙式就是只有車輛與車輛的碰撞才有。

一般是五年內的汽車或者認為自己技術不佳來投保，尤其是如果有配偶，通常考慮配偶的駕駛情況，也會來投保乙式車險。

(三) **車體險丙式：**

被保險汽車與其他車輛的碰撞、擦撞事故，得理賠被保險汽車的財損部分。屬於車體險當中的基礎，相對的承保條件範圍較小，如果是被保險汽車與行人的碰撞事故，因此造成的車體損失是不符合理賠條件的，保障幅度較小。**若是發生事故一定要報警才符合理賠條件**，如果發生車輛與車輛的碰撞，卻沒有報警、警方紀錄聯，保險公司是不能承認、進而理賠的。

(四) **車體險丁式（限額丙式）：**

因應有些被保險人想要投保丙式車險，但額度又不想太高，或者車齡已高仍會捨不得碰撞需負擔的損失，後來推出的限額車體險。因為其他三種車體險都是以汽車的剩餘殘值來計算保額，此種車險可以依照被保險人需要多少額度，便**以多少額度來投保**。

車體險除了丁式以外，會依照車價、險種（甲乙丙）、車子的折舊來計算保額與保費，車價的計算也非被保險人實際購入的價格，而是依照同種車款在市場的原始價格來計算。折舊的部分則是每個月都會按照一定比例來計算，折舊越高、車體價值相對減少，保費也會相對較低。而在投保車體險的時候也可以附加全損免折舊此險種，當發生事故需要理賠時，保險公司不會計算折舊，而是依照契約簽訂時的價值來計算理賠。而理賠價值會因賠償率的差異有所不同，車體險的賠償率分為自用車和營業用車的不同，賠償率指得是車種在投保後經過的時間，賠償率降低（折舊率增加），導致理賠金額不同。

自用車賠償率表（投保後經過月數）		
經過月份	折舊率	賠償率
≦一個月	3	97
一個月至兩個月	5	95
兩個月至三個月	7	93

自用車賠償率表（投保後經過月數）		
經過月份	折舊率	賠償率
三個月至四個月	9	91
四個月至五個月	11	89
五個月至六個月	13	87
六個月至七個月	15	85
七個月至八個月	17	83
八個月至九個月	19	81
九個月至十個月	21	79
十個月至十一個月	23	77
十一個月至十二個月	25	75

營用車賠償率表（投保後經過月數）		
經過月份	折舊率	賠償率
≦一個月	8	92
一個月至兩個月	10	90
兩個月至三個月	12	88
三個月至四個月	14	86
四個月至五個月	16	84
五個月至六個月	18	82
六個月至七個月	20	80
七個月至八個月	22	78
八個月至九個月	24	76

營用車賠償率表（投保後經過月數）		
經過月份	折舊率	賠償率
九個月至十個月	26	74
十個月至十一個月	28	72
十一個月至十二個月	30	70

要注意的是，**以上所有的車體險都無附加颱風、淹水等天災情況下的承保條件，那是要另外進行書面申請附加**，同時得通過保險公司的核保同意，非固定可保項目。而被保險汽車的駕駛另有約定，非自己配偶或三等姻親、四等血親以內的家人，建議另外附加列名被保險人名冊（雇員、其他使用或管理汽車者），這樣才可使駕駛免於被保險公司追償賠償費用。

車體險會因賠款或無賠款的次數而以點為記錄，例如：

無賠款年度	點數	賠款次數（過去三年累積）	點數
3	−3	1次	0
2	−2	2次	1
1	−1	3次	2
0	0	4次	3

四次以上的賠款次數，點數以每次增加一點，無賠款的點數與賠款次數的點數互相抵扣，計算下來的點數，再對照下表（賠款係數）：

賠款紀錄點數	賠款記錄係數
−3	−0.6
−2	−0.4
−1	−0.2
0	0

賠款紀錄點數	賠款記錄係數
1	0.2
2	0.4
3	0.6
3次以上就每次增加0.2的係數	

賠款記錄係數的數字就是影響保費高低的因素，例如：如果賠款紀錄點數為1，那麼係數就是0.2，也就是投保車體險的原始報價保費需再加乘兩成的保費。所以雖然有了車險的保障，各位駕駛還是得注意行車安全，以免保費越增越高，同時要注意的是，**個人投保車體險是將賠款紀錄累加**，所以當擁有的汽車增加，被保險人更要注意個人的賠款紀錄。

二、第三責任險內容重點（從人＋從車因素）

很多交通事故的發生，自家汽車、人受損還屬於自理的部分，但是一般最為嚴重的就是需要賠償他人的情況，撞傷了人、撞壞了對方的高價車款，都有可能讓大半輩子的努力付諸流水，又或者從此背上龐大的壓力。第三責任便是為被保險人轉移一部分風險的存在。

而第三責任險也確實要當受害人為「第三人」，而且被保險人有賠償責任時才啟動，並非用來理賠自己的損失。而第三人責任險的從人因素，有以下性別、年齡的係數表：

年齡	男	女
20歲（含）以下	1.89	1.70
＞20歲，≦25歲（含）	1.74	1.57
＞25歲，≦30歲（含）	1.15	1.04
＞30歲，＜60歲（含）	1.00	0.90
＞60歲，≦70歲（含）	1.07	0.96
≧70歲	1.07	0.96

第三責任險的肇事紀錄則分為19種等級，每一個等級又有不同的係數：

等級	係數	等級	係數
1	−0.30	11	0.70
2	−0.20	12	0.80
3	−0.10	13	0.90
4	0.00	14	1.00
5	0.10	15	1.10
6	0.20	16	1.20
7	0.30	17	1.30
8	0.40	18	1.40
9	0.50	19	1.50
10	0.60		

每肇事一次，**肇事等級就會加三級（增加三成保費），若是一年內無事故則可以降一級（降低一成保費），係數是跟著被保險人的**，所以不管被保險人名下有幾台車，計算保費的係數都是統一變動，如果被保險汽車是家人或朋友借出發生事故，肇事紀錄仍算在被保險人名下。

三、竊盜險（從車因素）

竊盜險同樣為任意險的主險之一，常聽到的零件失竊（車內原廠配備或其他設備）是屬於附加的險種，需先投保竊盜險才能投保。**竊盜險主險指得是因被保險汽車遭受搶奪、偷竊、強盜所致之損失**。要注意的是竊盜險並非即丟即賠，而是有以下的條件：

(一) 尋車期間**30日**。

(二) 若是被保險汽車尋回，須將賠款扣除修復損失後還回。

(三) 需報警處理且**5日內將出險通知書交給保險公司**。

以上第二點說明的是尋車期間30日過後，保險公司理賠給付後，失竊的被保險汽車被找回，被保險人需在知悉的7日內去將車領回，同時扣除損失費用後剩餘返還，否則保險公司有權利將被保險汽車法拍或進行其他處理；如果不留車想選擇留下保險賠款，也可將車交給保險公司處理。

有附加零件竊盜險種的話，不同車款有不同的零件竊盜險種費率，如下列：

(一) **進口車：**按**保險金額的0.22%**來計算保險費，最低不小於2,000元。

(二) **國產車：**按**保險金額的0.13%**來計算保險費，最低不小於1,000元。

四、短期費率的計算

與強制險不同的是，任意險屬於可自行決定是否要投保，所以若是投保到中途不想投保了、或者想要延長短期時間、另外附加其他險種（因需和主契約同日期結束，所以另外附加的險種要按剩餘日期天數），則保險公司應按照短期費率計算保費，計算的短期費率參考下表：

考點速攻

同一個被保險人投保多輛台車也有費率的優惠（集體投保），又稱為隊車保險，如要保車輛在100~200者，優待5%；要保車輛在201以上者，優待10%。

期間	全年保險費百分比
≦一個月	15
一個月至兩個月	25
兩個月至三個月	35
三個月至四個月	45
四個月至五個月	55
五個月至六個月	65
六個月至七個月	75
七個月至八個月	80
八個月至九個月	85

期間	全年保險費百分比
九個月至十個月	90
十個月至十一個月	95
十一個月以上	100

牛刀小試

(　　) **1** 關於車體險的保費計算因素，下列何者正確？　(A)從車＋從人因素　(B)從人因素　(C)從車因素　(D)以上皆非。

(　　) **2** 關於竊盜險的保費計算因素，下列何者正確？　(A)從車＋從人因素　(B)從人因素　(C)從車因素　(D)以上皆非。

(　　) **3** 第三人責任險內容的敘述，下列何者不正確？　(A)每肇事一次加一級肇事等級　(B)第三人責任的受害人為駕駛者本人　(C)被保險人的肇事紀錄為分車計算，不同台車不同紀錄　(D)以上皆是。

[解答與解析]

　1 (A)　　**2 (C)**

　3 (D)。(A)每肇事一次加三級肇事等級。(B)第三人責任的受害人為第三人。(C)被保險人的肇事紀錄為累計計算，被保險人名下車以相同費率計算。

精選試題

(　) **1** 被保險汽車申請出險時，被保險人應立即請當地憲兵或警察機關處理，以及用電話或書面的方式通知保險公司，且應於多久內將出險申請書交至保險公司？
(A)24小時
(B)48小時
(C)三日
(D)五日。

(　) **2** 由汽車保險契約所產生的權利，若被保險人自得請求之日開始起，經過多久不行使而此權利消滅？
(A)一年
(B)二年
(C)三年
(D)五年。

(　) **3** 現行汽車保險的損失保險費率，預期損失率約為多少？
(A)60%
(B)65%
(C)75%
(D)80%。

(　) **4** 當被保險汽車失竊後沒多久被警方尋獲，但內部音響已被人取走，這屬於何種損失的承保範圍？
(A)車體損失險
(B)竊盜損失險
(C)零件、配件被竊損失險
(D)以上皆非。

( ) **5** 危險事故發生後，被保險汽車遭受毀損，則在保險公司派人查勘前，可以進行下列何者行為？
(A)交由修理廠商修理
(B)不得逕行修理
(C)由肇事方修理
(D)以上皆非。

( ) **6** 以財產保險的發展時間過程來說，下列何種類別的產險發展較晚？
(A)汽車保險
(B)火災保險
(C)海上貨物保險
(D)船體保險。

( ) **7** 強制汽車責任保險的賠償基礎是採取下列何者方式來計算？
(A)過失責任
(B)限額無過失責任
(C)推定過失責任
(D)以上皆非。

( ) **8** 下列何者是汽車保險的除外不保事項？
(A)戰爭
(B)罷工、暴動
(C)颱風、地震
(D)以上皆是。

( ) **9** 若被保險汽車的所有權已向保險公司申請保單權益移轉，但行車執照尚未過戶完成者，發生事故需出險時，則保險公司？
(A)不予賠償
(B)部份賠償
(C)待完成行車執照過戶後，即予賠償
(D)以上皆非。

（　　）**10** 根據保單條款的規定，若是被保險汽車有重複保險，但自負額不同時，該如何處理？
(A)以較高的自負額計算
(B)以較低的自負額計算
(C)採兩者相加平均方式後的金額計算
(D)以上皆非。

（　　）**11** 若被保險人想終止汽車保險契約時，可以？
(A)隨時辦理
(B)經保險公司同意始可辦理
(C)一但出險過即不可辦理
(D)以上皆非。

（　　）**12** 以自用小客車來說，假設被保險人為35歲女性，其年齡性別係數為多少？
(A)0.9
(B)1.50
(C)1.3
(D)0.5。

（　　）**13** 現行的任意汽車險費率，從人因素的年齡分類為幾個類別？
(A)2個
(B)4個
(C)5個
(D)8個。

（　　）**14** 當交通事故的發生，肇事者可能觸犯哪些責任？
(A)行政責任
(B)刑事責任
(C)民事責任
(D)以上皆是。

(　　) **15** 關於車體險的保費計算因素，下列何者正確？
(A)從車＋從人因素
(B)從人因素
(C)從車因素
(D)以上皆非。

(　　) **16** 強制汽車責任保險的給付項目為下列何者？
(A)傷害醫療給付
(B)失能給付
(C)死亡給付
(D)以上皆有。

(　　) **17** 強制汽車責任保險每次事故中，每人的傷害醫療給付最高金額為？
(A)10萬元
(B)20萬元
(C)30萬元
(D)50萬。

(　　) **18** 汽車保險若保險期間為一個月者，保險費應按全年保費的多少比例收取？
(A)5%
(B)10%
(C)15%
(D)20%。

(　　) **19** 自用小客車的車體損失險，若投保乙式車險，其基本保費約為甲式車險的多少？
(A)80%
(B)70%
(C)55%
(D)50%。

(　　) **20** 自小客、貨車以外的其他車種，其竊盜損失險的保費該如何計算？
(A)重置價值×費率
(B)重置價值
(C)保險金額×費率
(D)重置價格×基本純保費費率×(廠牌減加費係數)。

(　　) **21** 汽車車體損失險、竊盜損失險及汽車第三人責任險的多輛車投保優惠最高為？
(A)5%
(B)10%
(C)20%
(D)30%。

(　　) **22** 在自用汽車保險契約中，自用小客貨兩用車的保險費率是採下列何者計算？
(A)自用小客車
(B)自用小貨車
(C)客車及貨車的平均
(D)客車或貨車之費率較高者。

(　　) **23** 租賃小客車在投保強制汽車責任險時，比照下列何者的費率計算？
(A)自用小客車
(B)營業小客車
(C)特種車
(D)專案費率。

(　　) **24** 下列何者不屬於乙式車體損失險的承保範圍？
(A)碰撞、傾覆
(B)火災、雷擊
(C)爆炸
(D)第三者之非善意行為。

(   ) **25** 強制汽車責任保險每次事故的每人死亡給付金額為？

　　(A)20萬元

　　(B)60萬元

　　(C)140萬元

　　(D)200萬元。

(   ) **26** 同一個被保險人若是一次投保100輛車，其多輛車投保優待率為？

　　(A)5%

　　(B)10%

　　(C)15%

　　(D)20%。

(   ) **27** 下列何者險種，不適用多輛車投保優待的規定？

　　(A)車體損失險

　　(B)竊盜損失險

　　(C)第三人責任險

　　(D)特約保險。

(   ) **28** 汽車第三人責任險的自負額為多少？

　　(A)無自負額

　　(B)3%

　　(C)10%

　　(D)20%。

(   ) **29** 若被保險人在過去二年來均無賠款紀錄時，投保車體損失險則其保費可減收多少？

　　(A)20%

　　(B)30%

　　(C)40%

　　(D)60%。

(   ) **30** 下列選項哪個險種的保險費計算，不適用從人因素規定？

　　(A)汽車車體損失險

(B)汽車竊盜損失險

(C)汽車第三人責任險

(D)以上皆是。

( ) **31** 被保險汽車投保車體損失險的第一年無賠款，第二年續保時僅投保汽車第三人責任險無投保車體險，當第三年又要重新投保車體損失險時，則其賠款紀錄係數為多少？

(A)0.2

(B)0

(C)−0.2

(D)−0.4。

( ) **32** 在承保範圍內，保險汽車發生了車體損失，且可完全歸責於他方肇事者。若保險公司取得代位求償權之後，被保險人還須要負擔多少自負額？

(A)須負擔全部

(B)負擔一半

(C)一律負擔2,000元

(D)看當初約定的負擔額度。

( ) **33** 同一被保險人要投保汽車輛數至少多少輛，才可享受多輛優待？

(A)21輛

(B)50輛

(C)71輛

(D)100輛。

( ) **34** 營業車發生全損理賠時，若是保險單生效日至保險事故發生的時候，已經過了11個月以上，則該車的折舊率多少？

(A)10%

(B)15%

(C)25%

(D)30%。

( ) **35** 一男性被保險人，其年齡、性別係數為1時，其年齡應落在哪
個區間？
(A)＜20歲
(B)≧20歲，＜25歲
(C)≧25歲，＜30歲
(D)≧30歲，＜60歲。

( ) **36** 某被保險人因計畫須出國，要投保半年的汽車任意保險，其保險費
該如何計算？
(A)按投保天數計算
(B)按短期費率計算
(C)收一年之保費
(D)以上皆非。

( ) **37** 營業車在投保車體損失險後，未滿一個月就全損，其賠償率應為多少？
(A)96%
(B)94%
(C)93%
(D)92%。

( ) **38** 保險汽車的車齡越老，其汽車第三人責任險的保險費會？
(A)越貴
(B)越便宜
(C)與車齡無關
(D)以上皆非。

( ) **39** 營業車的折舊率會比自用車來的？
(A)高
(B)低
(C)一樣
(D)視車況而定。

( ) **40** 下列哪個選項不屬於汽車保險裡的從人因素？
(A)婚姻
(B)性別
(C)年齡
(D)賠款紀錄。

( ) **41** 依現行規定，強制汽車責任險若是無賠款紀錄，最高可減收多少保費？
(A)10%
(B)20%
(C)30%
(D)40%。

( ) **42** 汽車第三人責任險內容的敘述，下列何者不正確？
(A)每肇事一次加一級肇事等級
(B)第三人責任的受害人為駕駛者本人
(C)被保險人的肇事紀錄為分車計算，不同台車不同紀錄
(D)以上皆是。

( ) **43** 關於汽車保險，以下何者正確？
(A)酒駕加費一次為2,100元
(B)強制險傷害醫療費用上限為200萬
(C)汽車強制險開辦日為87.01.01
(D)強制險是為保障自己，自己保了理賠自己的損失。

( ) **44** 任意險的附加條款可以用什麼方式附加？
(A)電話
(B)口頭
(C)書面
(D)以上皆非。

(　　) **45** 軍用車輛投保汽車保險時，比照何者來辦理？
(A)營業用車輛
(B)自用車輛
(C)特種車輛
(D)專案費率。

(　　) **46** 保險公司要終止保險契約時，必須在距離契約終止失效日多久前，以書面通知送達被保險人所留之住址？
(A)五日
(B)十日
(C)十五日
(D)二十日。

(　　) **47** 我國汽車保險在保險費的計算當中，納入從人因素來計算是從何時開始？
(A)83年4月
(B)84年7月
(C)84年11月
(D)85年7月。

(　　) **48** 強制汽車責任險的違規肇事紀錄，最高可加費至多少？
(A)500%
(B)100%
(C)150%
(D)200%。

(　　) **49** 被保險人甲投保了車體損失險甲式，在保險期間內總共出險二次，第二次事故導致車輛嚴重受損無法修復，所以按照全損的方式來理賠，則被保險人須負擔自負額多少？
(A)3,000元
(B)9,000元
(C)12,000元
(D)無須負擔。

( ) **50** 依現行汽車竊盜損失險條款的規定，失竊尋車的期間訂為多少天？

(A)20天

(B)30天

(C)45天

(D)60天。

解答與解析

1 (D) **2 (B)**

3 (B)。汽車保險，其附加費用率不得高於總保費31.7%，特別準備金提存率定為3%，所以100%－（31.7%＋3%）＝65.3%，故答案為(B)。

4 (B)

5 (B)。當發生汽車事故時，若被保險汽車遭受損毀，需待保險公司確認損害情況後，始得進行修理，此為釐清損害程度，避免理賠的道德風險。（此題為實務內容，可多加注意！）

6 (A)。(B)(C)(D)三種險種皆發源於英國，除火災險之外，海上與船體從工業革命後就開始發展。

7 (B)。(B)強制險僅能以限定金額的內容來賠償過失責任。

8 (A) **9 (C)**

10 (A)。「自負額」係指當每一意外事故發生時，被保險人必須自行負擔的理賠金額。保險公司僅對超過自負額的部分負賠償責任，故當重複投保時保險公司會以自負額較高者計算。

11 (A) **12 (A)** **13 (C)** **14 (D)**

15 (A) **16 (D)** **17 (B)** **18 (C)**

19 (C)。(C)乙式車險的保費為甲式車險一半左右，故選55%。

20 (D)

21 (B)。(B)汽車保險投保201輛以上優惠10%，為最高優惠。

22 (B)。(B)雖為兩用車，但仍屬於貨車性質，則保費費率以貨車為計算基礎。

23 (B)。(B)租賃小客車為營業用車，故以營業小客車費率計算。

24 (D) **25 (D)**

26 (A)。(A)投保100~200輛車，優待5%。

27 (D)。(D)特約情況可能不適用於每台車輛，故無多輛車投保優惠。

28 (A)

29 (C)。(C)過去二年無賠款紀錄，賠款點數為-2，賠款係數為-40，所以可以減掉40%的保費為優惠。

30 (B)

31 (C)。(C)中斷車體險後便不紀錄，
　　所以以第一年無賠款紀錄，賠款係
　　數為－0.2。

32 (A)。(A)自負額為被保險人與保險
　　人的契約約定，當發生車體損失需
　　自行負擔的金額，與肇事對象是誰
　　無關。

33 (D)　　**34 (D)**　　**35 (D)**　　**36 (B)**

37 (D)　　**38 (C)**

39 (A)。(A)因為營業車比自用車使用
　　的更加頻繁，使車輛折舊速度加快
　　的因素更多。

40 (A)　　**41 (C)**

42 (D)。(A)每肇事一次加三級肇事等
　　級。(B)第三人責任的受害人為第三
　　人。(C)被保險人的肇事紀錄為累計
　　計算，被保險人名下車以相同費率
　　計算。

43 (C)　　**44 (C)**　　**45 (B)**　　**46 (C)**

47 (D)　　**48 (C)**

49 (D)。(D)因車體已達到全損無法修
　　復，故保險公司理賠金額會直接扣
　　除折舊，無須負擔自負額。

50 (B)

（　　）**51** 被保險人丁投保了車體損失險丙式，遇到了車碰車事故需要理賠，
　　　　則正常依負擔多少自負額？
　　　　(A)1,000元
　　　　(B)2,000元
　　　　(C)無須負擔
　　　　(D)依契約載明是否需要負擔。

（　　）**52** 假設汽車竊盜損失險的保險金額為40萬元、自負額為20%，投保半
　　　　個月即失竊，保險公司依契約約定應理賠多少金額？
　　　　(A)32萬
　　　　(B)31.04萬
　　　　(C)36萬
　　　　(D)32.8萬。

（　　）**53** 下列那一項不屬於車體損失險的承保範圍？
　　　　(A)碰撞

(B)偷竊

(C)火災

(D)閃電。

( ) **54** 有關汽車車體險的全損理賠規定,若被保險汽車(自小客車)投保未滿一個月,折舊率為下列何者?

(A)2%

(B)3%

(C)5%

(D)7%。

( ) **55** 被保險汽車失竊經保險公司理賠後,則竊盜損失險的未滿期保費應如何處理?

(A)按天數退還

(B)按短期費率計算退還

(C)不予退還

(D)以上皆非。

( ) **56** 現行的汽車險費率規章中,有規定車體損失險的基本自負額為多少?

(A)第一次3,000元

(B)第二次5,000元

(C)第三次以後7,000元

(D)以上皆是。

( ) **57** 保險汽車遭竊盜導致損失,經保險公司理賠後被尋獲者,被保險人必須在知悉的幾日內領回被保險汽車,並退還賠償金額給保險公司?

(A)5日

(B)7日

(C)12日

(D)15日。

( ) **58** 被保險汽車因為毀損導致需要修理,則費用超過保險金額扣掉折舊後的多少推定為全損?

(A)1／2

(B)2／3

(C)3／4

(D)4／5。

(　) **59** 收齊汽車車體損失險的理賠申請文件，完整的交予保險公司後，保險公司應於幾日內給付？

(A)10日

(B)15日

(C)20日

(D)30日。

(　) **60** 依汽車竊盜損失險條款的規定，若被保險人於保險期間內，發生竊盜損失時，每一次損失應負擔多少的自負額？

(A)5%

(B)15%

(C)10%或20%（依約定可免自負額）

(D)25%。

(　) **61** 當被保險汽車遇有毀損，因而必須更換零件時，則保險公司怎麼理賠？

(A)重置新品

(B)二手中古品替換

(C)依照車齡決定

(D)以上皆非。

(　) **62** 某甲投保車體損失險，保險金額40萬元，無須負擔自負額，投保不到十天即發生車禍，經保險公司審查後，以推定全損的方式理賠，某甲可領取多少理賠金？

(A)39.2萬

(B)38.8萬

(C)36萬

(D)32萬。

( ) **63** 若被保險汽車失竊後超過尋車期，則被保險人辦理牌照註銷，將該車一切權益保險公司，那麼保險公司應於幾日內理賠？
(A)10日
(B)15日
(C)20日
(D)30日。

( ) **64** 下列那些項目是汽車車體損失險的除外不保事項？
(A)自然耗損
(B)未經被保險人許可或無照駕駛所致之損失
(C)被保險汽車因偷竊、搶奪、強盜所致之損失
(D)以上皆屬不保範圍。

( ) **65** 強制汽車責任險的承保範圍，不包含下列哪種第三人的何種損失？
(A)體傷
(B)死亡
(C)財物損失
(D)以上皆是。

( ) **66** 下列哪個選項對汽車第三人責任險的保險費有影響？
(A)賠款紀錄
(B)車輛出廠年份
(C)車輛廠牌、款式
(D)駕駛人的駕駛年資。

( ) **67** 關於汽車乘客責任險而言，下列敘述何者不正確？
(A)承保對象包括駕駛人和乘坐、上下被保險汽車之人
(B)不管駕駛人有無肇責，都須理賠
(C)本保險之承保人數，以行車執照所記載人數為限
(D)保險公司賠付後，可以向侵權行為的第三人行使代位求償。

( ) **68** 被保險汽車若是自己停車不當，被他人惡意刺破輪胎，保險公司對該項損失會依哪種方式理賠？

(A)依竊盜損失險理賠

(B)依車體損失險理賠

(C)依零件被竊損失險理賠

(D)不予理賠。

(　　　) **69** 汽車竊盜損失險的基本自負額為多少？

(A)扣除折舊後的10%或20%

(B)自負額6,000元

(C)基本自負額5%

(D)有車庫者免自負額。

(　　　) **70** 被保險汽車於行駛途中，因路面崎嶇撞擊路上凹洞，使輪胎被刺破、鋼圈受損，該損失部分應依下列何種方式進行理賠？

(A)依車體損失險理賠

(B)依零件、配件被竊損失險理賠

(C)不予理賠

(D)以上皆非。

(　　　) **71** 被保險汽車失竊後，該車又被尋獲，但是保險公司已經理賠給被保險人，後來該車經保險公司標售，售出十萬元，此筆金額該如何處理？

(A)屬於保險公司

(B)分50%給被保險人

(C)依契約上約定之自負額比例返還

(D)以上皆非。

(　　　) **72** 被保險汽車投保竊盜損失險，在失竊數日後立即尋回，但是被保險汽車已有些損壞，修復費用需為一萬元，保險公司應賠付多少理賠金？

(A)5,500元

(B)6,500元

(C)7,500元

(D)扣除竊盜險自負額後之金額。

( ) **73** 被保險人有投保汽車車體損失險,當被保險汽車發生全損或推定全損時,被保險人應依規定向下列何者辦理報廢繳銷牌照後,保險公司才能進行理賠?
(A)公路監理機關
(B)財政部
(C)金管會
(D)行政院。

( ) **74** 強制汽車責任保險的失能給付等級總共分為?
(A)8級
(B)10級
(C)11級
(D)15級。

( ) **75** 關於強制汽車責任保險,每次的交通事故累計賠償金額為多少?
(A)50萬元
(B)150萬元
(C)200萬元
(D)無上限。

( ) **76** 下列哪種情況為強制汽車責任保險法中,保險人對受害人不負給付保險金責任的情況?
(A)加害人為無照駕駛者
(B)加害人為酒醉駕車者
(C)受害人或受益人的故意行為
(D)以上皆是。

( ) **77** 強制汽車責任險的多輛優待率最高為幾%?
(A)無優待
(B)5%
(C)10%
(D)20%。

(　　) **78** 被保險人為自然人，投保強制汽車責任險者，其保費計算因素採下
列何者？
(A)從人因素
(B)從車因素
(C)從人兼從車因素
(D)以上皆非。

(　　) **79** 第三人汽車責任險的賠款紀錄係數表有分為幾個等級？
(A)6等級
(B)15等級
(C)19等級
(D)24等級。

(　　) **80** 強制汽車責任險的保險期間；機車（新車）最高可投保幾年？
(A)一年
(B)二年
(C)三年
(D)以上皆可。

(　　) **81** 依照強制汽車責任保險法的規定，因為汽車交通事故死亡者的受益
人，得在契約規定保險金額的多少範圍內，請求保險人給付暫時性
保險金？
(A)1／2
(B)1／3
(C)1／4
(D)1／5。

(　　) **82** 依照強制汽車責任保險單條款的規定，保險業應於被保險汽車保險
期間屆滿前多少天，以書面通知被保險人辦理續保？
(A)15日
(B)30日
(C)45日
(D)60日。

( ) **83** 汽車交通事故的受害者為駕駛被保險汽車之人，承保該被保險汽車之強制汽車責任險的保險公司，是否有賠償責任？
(A)有
(B)沒有
(C)視責任而定
(D)以上皆非。

( ) **84** 強制汽車責任險對每一個人的死亡給付，保險金額是如何計算而給付？
(A)定額
(B)非定額
(C)視事故損害大小
(D)視被害人經濟狀況。

( ) **85** 在未投保強制汽車責任險的情況下肇事，則肇事者由公路主管機關處罰鍰新臺幣多少？
(A)5,000元以上～10,000元以下
(B)6,000元以上～12,000元以下
(C)6,000元以上～30,000元以下
(D)12,000元以上～60,000元以下。

( ) **86** 被保險人依法應負賠償責任，則損害賠償請求權人是否可直接向被保險人的保險公司請求支付賠償？
(A)可以
(B)不可以
(C)須經被保險人同意
(D)須經保險公司同意。

( ) **87** 老王在A保險公司投保強制汽車責任險，又在B保險公司投保第三人責任險，保險金額為每一人死亡100萬。若老王駕車不慎撞擊路人致死，經保險公司參與和解後，和解金額為260萬，請問B保險公司須負擔的理賠金額為多少？
(A)60萬

(B)50萬

(C)100萬

(D)260萬元。

(　) **88** 任意汽車保險的第三人責任險中，保險公司所負擔之責任是被保險
人的何種責任？

(A)法律賠償責任

(B)道義責任

(C)違約責任

(D)以上皆是。

(　) **89** 依現行汽車保險費率規章的規定，汽車乘客責任險的承保人數
為幾人？

(A)四人

(B)五人

(C)六人

(D)以行車執照所記載之人數為限。

(　) **90** 依強制汽車責任保險法的規定，強制險的主管機關為下列何者？

(A)交通部

(B)財政部

(C)二部共管

(D)以上皆非。

(　) **91** 汽車乘客責任險的承保對象為下列何者？

甲、駕駛人　　　　　　　乙、乘客

丙、上、下被保險汽車之人　丁、要保人

(A)甲乙

(B)乙丙

(C)丙丁

(D)以上皆是。

（　）**92** 強制汽車責任險的承保對象範圍是否包括被保險汽車內的乘客？

(A)是

(B)否

(C)視契約而定

(D)以上皆非。

（　）**93** 若加害人肇事時為無照駕駛者，則其受害人依規定向強制保險的承保保險公司請求賠償給付時，保險公司應如何處理？

(A)不必賠償

(B)應賠償後向加害人追償

(C)依和解書判定

(D)以上皆非。

（　）**94** 下列何種情況下，要保人不得提出終止強制汽車責任保險契約？

(A)被保險汽車的牌照繳銷

(B)被保險汽車報廢

(C)被保險汽車出售他人

(D)被保險汽車重複投保。

（　）**95** 依強制汽車責任保險之規定，保險公司應於汽車交通事故的受益人提出理賠申請後，在幾日內確定賠償金額？

(A)5日

(B)10日

(C)15日

(D)30日。

（　）**96** 依強制汽車責任保險之規定，保險人應於汽車交通事故受益人提出理賠申請案後，當確定賠償金額後，應於幾日內給付？

(A)5日

(B)10日

(C)15日

(D)30日。

( ) **97** 某甲不幸遭汽車撞死,經查證後,肇事汽車未投保強制汽車責任保險,則某甲的受益人應向何者請求強制汽車責任保險給付?
(A)交通部
(B)法院
(C)特別補償基金
(D)以上皆非。

( ) **98** 教練車的汽車車體損失險保費,應按一般汽車車體損失險的保費多少比例加收?
(A)10%
(B)20%
(C)30%
(D)40%。

( ) **99** 國產車的零件、配件被竊損失險的保費,是按國產汽車竊盜險的保險金額0.15%計算,但不得低於多少金額?
(A)500元
(B)1,000元
(C)1,500元
(D)2,000元。

( ) **100** 汽車零件、配件被竊損失險的累計賠款金額,最高以實收保費的幾倍為限?
(A)一倍
(B)二倍
(C)三倍
(D)六倍。

解答與解析

51 (D)。(D)丙式車險依契約約定,可負擔、可不負擔自負額,進而影響保費的高低。

52 (B)。(B)竊盜損失險第一個月即失竊須先扣除3%(後續再依折舊率計算),理賠金額=保險金額×(1-

自負額）×（1－第一個月失竊扣除
率）→40萬×0.8×0.97＝31.04。

53 (B)。(B)偷竊屬於竊盜損失險而非
車體險的承保範圍。

54 (B) **55 (C)** **56 (D)** **57 (B)**

58 (C) **59 (B)** **60 (C)** **61 (A)**

62 (B)。(B)40萬×0.97（投保第一個月
就損失須先扣除3%）＝38.8萬。

63 (B) **64 (D)**

65 (C)。(C)強制險僅給付體傷與死亡，
並無財產損失。

66 (A)

67 (A)。(A)承保對象僅有乘客、上下
被保險汽車之人，無承保駕駛人。

68 (D) **69 (A)** **70 (A)**

71 (C)。(C)因被保險人已得保險公司
的理賠，被保險汽車之權益屬於保
險公司，除非被保險人將理賠金額
全數還給保險公司才可領回被保險
汽車。若被保險汽車權益交給保險
公司，則保險公司可逕行拍賣，售
款按照被保險人當初的自負額比例
返還。

72 (D) **73 (A)** **74 (D)**

75 (D)。(D)強制險汽車責任保險無限
制賠償人數，故每次交通事故的累
計金額無上限。

76 (C) **77 (A)** **78 (C)** **79 (C)**

80 (B) **81 (A)** **82 (B)**

83 (B)。(B)因為強制險為交叉理賠，
故承保該被保險汽車的保險公司對
駕駛被保險汽車之人無賠償責任，
但若為車碰車事故，則對方的保險公
司須負擔己方駕駛人的賠償責任。

84 (A) **85 (C)** **86 (A)**

87 (A)。(A)保險公司的強制險死亡給
付額度為200萬，則和解金額扣除
200萬之後，剩餘才是B保險公司的
責任，260－200萬＝60萬。

88 (A) **89 (D)**

90 (D)。(D)強制險的主管機關，在93
年7月1日起已從財政部轉為金管會。

91 (B) **92 (A)** **93 (B)**

94 (C)。(C)強制險應計算至新行照辦
理完成後，由新要保人決定要過戶
保險契約還是重新另行投保。

95 (A) **96 (C)** **97 (C)** **98 (B)**

99 (B) **100 (D)**

( ) **101** 下列那一選項的性質，屬於汽車車體損失險的附加險？
(A)颱風險
(B)零件、配件被竊損失險

(C)受害者醫藥費用

(D)汽車僱主責任險。

(　) **102** 下列那一選項的性質，不屬於汽車第三人責任險的附加險？

　　　(A)酗酒駕車責任險

　　　(B)乘客責任險

　　　(C)罷工、暴動險

　　　(D)任意險之駕駛人傷害險。

(　) **103** 汽車車體損失險若想附加之颱風險，其自負額應負擔多少？

　　　(A)與主約相同

　　　(B)與竊盜損失險相同

　　　(C)無自負額

　　　(D)每一次事故自負額2,000元。

(　) **104** 強制汽車責任保險失能給付第一級之給付金額為？

　　　(A)15萬元

　　　(B)30萬元

　　　(C)60萬

　　　(D)200萬。

(　) **105** 汽車任意險當中附加「醫藥費用」的特約保險，則每一個人的最高保險金額為新臺幣多少？

　　　(A)1萬

　　　(B)5萬

　　　(C)10萬

　　　(D)20萬。

(　) **106** 關於汽車保險中可附加的颱風險，下列何項敘述不正確？

　　　(A)颱風險與汽車車體損失險同時起保、退保

　　　(B)颱風險的自負額與汽車車體損失險相同

　　　(C)颱風險如在中途單獨退保者，不予退費

　　　(D)颱風險的保險費按保險金額0.9%來計算。

( ) **107** 汽車保險另外附加罷工、暴動、民眾騷擾險的保險費，是按保險
金額的多少來計算？
(A)0.1%
(B)0.2%
(C)0.5%
(D)1%。

( ) **108** 進口汽車零件、配件被竊損失險的保險費，是按進口汽車竊盜損
失險保險金額的0.25%計算，但不得低於新臺幣多少？
(A)1,000元
(B)1,500元
(C)2,000元
(D)2,500元。

( ) **109** 投保汽車乘客責任險，當車內人員傷亡卻有超載的情形時，保險
公司該如何負賠償責任？
(A)不予理賠
(B)以比例分攤方式理賠
(C)就行車執照所記載人數範圍內理賠
(D)全部予以理賠。

( ) **110** 颱風、地震、海嘯、冰雹、洪水或因雨積水所導致被保險汽車毀
損，此承保範圍是屬於下列何者？
(A)汽車車體損失險
(B)汽車竊盜損失險
(C)汽車第三人責任險
(D)特約保險。

( ) **111** 被保險汽車若要投保「罷工、暴動、民眾騷擾險」，必須先投保
下列何者險種始得投保？
(A)汽車車體損失險
(B)汽車竊盜損失險

(C)汽車第三人責任險

(D)乘客責任險。

(　) **112** 被保險汽車若要投保「零件、配件被竊損失險」，必須先投保下列何者險種後始得加保？

(A)汽車車體損失險

(B)汽車竊盜損失險

(C)汽車第三人責任險

(D)以上皆非。

(　) **113** 被保險汽車想加保零件、配件被竊損失險，保險費為1,500元，倘若車內音響被竊時，保險公司的賠償金額最高多少？

(A)5,500元

(B)6,000元

(C)8,000元

(D)9,000元。

(　) **114** 下列何種性質的車輛，不得另外附加「酗酒駕車責任險」？

(A)自用小客車

(B)自用小貨車

(C)營業用汽車

(D)沒有限制。

(　) **115** 汽車貨物運送人責任險於保險期間內，其累計最高賠償金額為每一意外事故最高賠償額的幾倍？

(A)三倍

(B)二倍

(C)一倍

(D)無限制。

(　) **116** 下列哪個選項與竊盜損失險的保險費無影響？

(A)車種

(B)廠牌

(C)車價

(D)有無車庫。

( ) **117** 若被保險人酒醉開車導致被保險汽車撞及路樹,使得該車嚴重毀損,則保險公司對該車的損失負怎樣的賠償責任?

(A)負全部賠償責任

(B)不負賠償責任

(C)若有附加酗酒駕車第三人責任險時,予以理賠

(D)視情況而定。

( ) **118** 汽車貨物運送人責任險於每一次意外事故的發生,被保險人須對損失負擔最低自負額為新臺幣多少?

(A)5,000元

(B)1萬

(C)2萬

(D)3萬。

( ) **119** 因感情糾紛一時想不開,駕駛人駕車衝入河中遭溺斃,則駕駛人是否可獲得強制汽車責任保險的保障?

(A)是

(B)否

(C)不一定

(D)以上皆可。

( ) **120** 關於強制險的給付與上限金額,何者有誤?

(A)病房費1,500元/日

(B)看護費1,200元/日

(C)膳食費180元/日

(D)以上皆對。

( ) **121** 下列哪個選項是屬於強制險中「醫藥費用」的賠償範圍?

(A)實支醫藥費

(B)工作損失

(C)精神慰藉金

(D)交通費。

(　　) **122** 當被保險汽車失竊,經過保險公司理賠後,下列哪個險種的保險
費不予返還?

(A)車體損失險

(B)汽車單一保額責任險

(C)汽車第三人責任險

(D)竊盜損失險之未滿期保費不予返還。

(　　) **123** 強制汽車責任險的適用區域包括下列何者?

(A)馬祖

(B)臺北市、高雄市

(C)金門

(D)以上皆是。

(　　) **124** 下列何者不是汽車竊盜損失險的承保範圍?

(A)侵占

(B)搶奪

(C)強盜

(D)偷竊。

(　　) **125** 以汽車第三人責任險來說,被保險汽車因為其本身或及其裝載的
重量、震動,導致下列何者受有損害、負有賠償責任,則保險公
司不負賠償責任?

(A)橋樑

(B)道路

(C)計量台

(D)柵欄。

(　　) **126** 下列何者不屬於汽車車體損失險的承保範圍?

(A)鏽垢

(B)擦撞

(C)碰撞

(D)傾覆。

(　　) **127** 下列何者可以在保單契約中，列為車體損失險的「附加被保險人」？

(A)列名被保險人之配偶、同居家屬

(B)列名被保險人僱用之駕駛人及所屬業務使用之人

(C)列名被保險人四親等血親及三親等姻親

(D)以上皆是。

(　　) **128** 被保險汽車若因暫停使用或進廠駐修的期間，被保險人是否可以進行下列選項的行為？

(A)可以申請減免保費

(B)不可以申請減免保費

(C)可以延長保險期間

(D)以上皆非。

解答與解析

101 (A)。(B)為竊盜損失險的附加險種。(C)為第三人責任險的附加險。(D)為第三人責任險的附加險。

102 (C)

103 (C)。(C)颱風險無自負額之規定。

104 (D)　　105 (D)

106 (B)。(B)颱風險無自負額之規定。

107 (B)　　108 (C)

109 (B)。(C)若按照行車執照記載人數來理賠，則不能確認該給付給哪些對象（乘客），故是以比例分攤方式來理賠。

110 (D)　111 (A)　112 (B)　113 (D)

114 (C)。(C)因營業用車若酒駕影響、造成的損失範圍更大，故不得承保酗酒駕車責任保險。

115 (A)　116 (D)

117 (B)。(C)附加酗酒駕車責任險承保範圍為對第三人負法律賠償責任，而非車體損失。

118 (B)　119 (B)　120 (D)　121 (A)

122 (D)　123 (D)　124 (A)

125 (D)。(D)非為附著於建築物或土地上之項目，不在承保範圍內。

126 (A)　127 (D)　128 (B)

第二章 火災與地震保險

本章依據出題頻率區分，屬：**A** 頻率高

課前導讀

房地產，是每個人辛苦打拼後的財產結果，所以火災保險是除了汽車保險外，同列為財產保險中的重要章節內容。因為火災無法預測、不可掌控，且具有高度的毀滅性，災害造成的損失是不可設想的，此一結果在財產保險上就成了實務上，有許多爭議與說法不一的情況，所以本章節特別從概論、起源與分類來說明，建議考生按照重點順序來熟悉內容。

☑ 重點1　概論與定義　☆☆☆

火災險是屬於**不定值保險**，因為無法預估災害後損失範圍與金額，而火災險的生成，也是秉持著**最大誠信**和**填補損害原則**，讓要保人可以避免財產因火災或地震造成之損害影響生活，讓要保人可以對具有保險利益之財產進行投保。

一、火的定義

火災保險當中，對於火的定義有非常明確的說明：

(一) **必須具備「燃燒、灼熱、火焰」**。

(二) **惡意之火，屬於獨立燃燒、延燒的狀態，必須以消防設施或等同效果的設備撲滅**。例如：窗簾上的著火。

> **考點速攻**
>
> 關於火災保險的定義，需特別熟記喔！

二、火災的定義

(一) **實質的燃燒**。

(二) **火力超過一定範圍**。

(三) **屬於意外且有不可抗力之因素**。

而國內現行的火災保險主要依承保標的性質不同又分為住宅火災及地震險、商業火險兩大領域，其他則是火災保險的附加條款或特殊標的投保。

三、住宅火災及地震險

要保人為個人，投保自用住宅或其他擁有、非商業營業用之不動產、動產，**承保的範圍包含火災、爆炸、閃電雷擊、航空器墜落、機動車輛碰撞、意外事故所致之煙燻**。住宅火險結合地震險是因應臺灣地區地震頻傳，所以後來將住宅火險的承保內容裡結合**地震保險（強制購買）**，以提供住家共同保障。

尤其是在申請房貸的時候，銀行為保障放貸收益，會要求申請貸款者必須投保住宅火險，避免因房屋受到災害而擴大損失。**地震險採取全國單一費率，則火災險是依照建築物的造價（樓層、構造、裝潢成本）來計算保險金額，進而計算保費**。

要注意的是，住宅火災保險雖然有承保房屋內的動產項目（床、沙發等等），是依照實際價值進行理賠，所以**不包含一些無法鑑價的動產，像是珠寶、古董、畫作、股票、停放在屋內的車輛**等等。同時如果被保險人將不動產的性質改變，從住宅轉為辦公大樓或商業店面，則不符合住宅火災保險，須告知保險公司，且另外投保商業火險，否則事故發生將不予理賠。

四、商業火險

適用於辦公大樓、商店、倉庫、公共場所……等營業用空間，不動產的部分為建築物與營業裝修，動產則是營業生財工具、機器設備、貨物等。因為商業使用的空間，屬於公共且接觸人群眾多，所以**承保範圍與住宅火險有些微差異，僅承保一般火災、爆炸引起之火災、閃電雷擊**。

五、火災保險費率

除了「住宅」、「公共宿舍」、「連棟住宅」以外，皆屬於商業火險的承保標的，費率主要考量建築結構的等級、使用性質。建築結構的等級分為特一等、特二等、頭等、二等、三等，結構的判定基準則是看建築房屋外牆的厚度，然後再以屋頂、門窗、樓板、樓梯、樑柱之構造來區分。

> **考點速攻**
>
> 若使用性質為住宅，其中同層或他層有營業行為者，此樓房的住宅火險按其本身基本費率，但須另加營業加費。

商業火險除了考量建築結構外，**還有看空間的使用性質**，依照用途、原物料存放、製造、商品危險性等來計算保險費用，必須依個別情況不同以專案處

理，有可量化與不可量化的風險係數加減費計算。像是商用高樓須加費計算，是屬於可量化風險；消防設備數目、損害防阻措施……等則屬於無法量化之風險。

高樓加費比率	
15F～24F	加費10%
25F以上	加費15%

但若是保險的標的物是為二棟以上的連接建築物，兩棟中間無防火牆隔離，算直接連通的建築物，火險費率是以同險計算，依兩者間火災險使用性質費率較高的來計算總保費。

商業火險針對適用的對象不同，也有不同的費率計算，若是巨大保額或跨國外資更需要注意有不同的加減費規則。

若是因被保險人或要保人提前終止火災保險契約，則按照短期費率來計算保費，保險公司應返還剩於保費：

保險費用×(1－短期費率)

但若是由要、被保險人因危險增加申請降低保費被保險公司拒絕因而終止保險契約；或者由保險公司主動提出終止保險契約，則計算返還之保費的方式為：

保險費用×(未到期保費／365)

火災保險短期費率表：

火災保險短期費率表（住宅、商業火險適用）	
期間	按年繳保費（％）
一個月以下者	15%
一個月以上或二個月以下者	25%
二個月以上或三個月以下者	35%
三個月以上或四個月以下者	45%

火災保險短期費率表（住宅、商業火險適用）	
期間	按年繳保費（％）
四個月以上或五個月以下者	55%
五個月以上或六個月以下者	65%
六個月以上或七個月以下者	75%
七個月以上或八個月以下者	80%
八個月以上或九個月以下者	85%
九個月以上或十個月以下者	90%
十個月以上或十一個月以下者	95%
十一個月以上者	100%

(一) 巨大保額：

1. 法人投保的商業火險保額在50億元（含）以上者。
2. 單一地址投保金額在30億元（含）以上者。
3. 同一個法人集團投保100億元（含）以上者。

(二) 跨國外資（取得在臺外資證明者）：

1. 外資股份、股東出資額佔50%以上者。
2. 外資股份、股東出資額未達50%，但超過25%以上，且由外資公司派員擔任董事長、副董事長、總經理等直接經營管理者。
3. 在我國以外，還有二個（含）以上國家或地區的投資設廠者。

--- 牛刀小試 ---

(　　) **1** 對於火災的定義，以下何者正確？ (A)實質燃燒 (B)需使用消防設備或相同效果之設備撲滅 (C)具備燃燒、延燒之性質 (D)以上皆是

( )　**2** 商業火險承保範圍包含下列那些？

甲、火災　乙、閃電　丙、爆炸　丁、航空器墜落

戊、意外事故

(A)甲丁戊　(B)甲乙丙　(C)丙丁戊　(D)甲乙戊

解答與解析

1 (A)。(B)、(C)為火的定義。

2 (B)

✅ 重點2　契約承保的內容　⭐⭐⭐⭐⭐

現行的火災險主分為住宅火災及地震險、商業火險，兩者針對的承保性質完全不同，理賠條件也不一樣，而且國內為了保障房屋造成的損害，特別將住宅火險與地震險強制合併，使一般的住宅火險擁有基本的地震險保額（全國單一費率，可另外增加保額），這便是與商業火險很大的不同，商業地震險得另外附加。

一、住宅火災及地震險

在住宅火險裡又主要有兩類險種，分別是住宅火災險、住宅第三責任，另一者合併的險種是地震險。

(一) 住宅火險：

1. 承保範圍：火災、爆炸、閃電雷擊、航空器墜落、意外事故、竊盜、機動車輛撞擊、罷工或民眾騷擾所致、因前項事故的救護行動所致之損失。

2. 保險標的：**為「住宅性質」的建築物與建築物內的動產（不包含不可實鑑價值的動產），可單獨只投保建築物內之動產。**

3. 理賠內容：**臨時住宿費用、清除（火災現場）費用、建築物的重置成本、建築物內動產的實際損失價值。**

> **考點速攻**
>
> 109年政府為增加住宅火險保障，不提高保費的情況下，提高了動產保額為80萬。還增加颱風洪水損害賠償，依照地區理賠7,000～9,000元。

住宅火險理賠內容	
臨時住宿費用	每日最高5,000元,最高賠償上限為新臺幣20萬元,僅投保動產火險者無此項理賠。
清除費用	依比例分攤之原則,若是超過保險約定金額,仍以保險金額為理賠上限。
建築物重置成本	依照建築物本體的造價總額+裝潢費用總額的重置成本為保險金額(參考臺灣地區住宅類建築造價參考表重置),但理賠實際金額是以保險金額的60%,若是建築物重置成本高於保險金額的60%,保險公司僅依保險金額與重置成本的60%來做比例分攤。(註1)
建築物內之動產	依實際價值為基礎,按保險金額的30%為動產保險金額,最高上限為新臺幣80萬元。(註2)
實支實付給付	金融卡、證件重置費用、租屋仲介費用,最高上限為5,000元,另外理賠搬遷費用,上限10萬元。
日額給付	生活不便補助金3,000元／日,上限為30日。
颱風洪水補償	全臺依照颱風侵害的嚴重程度分為三區,給付金額7,000元～9,000元。

註 1. 例如A先生投保100萬保險金額的住宅火險,火災後損失為60萬,但重置成本計算後為200萬,保險公司則按照:

$$\frac{60萬 \times 100萬}{200萬 \times 60\%} = 50萬(理賠金額)$$

2. 建築物內的動產是指被保險人及其配偶、家屬、受僱人或同居人所有、租用、借用之物品。

觀念補給站

房屋有建築的使用年限,裝潢也是,則在計算保險理賠金額時,應算上房屋折舊率(1-折舊率),折舊率為:

$$\frac{已使用年份}{可使用年份+1}$$

$$理賠金額公式 = \frac{保險金額}{重置成本 \times 60\%}$$

$$火災理賠金額公式 = 損失金額 \times \frac{保險金額}{重置成本} - 自負額 = 應理賠金額$$

(二) **住宅第三人責任險：**

是指被保險人的房屋（保險標的）造成第三人傷亡、財物損失，被保險人需負擔賠償責任時，為轉嫁責任風險的責任保險。

1. 承保範圍：保險期間內的保險標的物（建築物或建築物內之動產），因火災、閃電雷擊、爆炸或意外事故所致之煙燻，導致第三人遭受體傷、死亡或財物損害，被保險人應負賠償責任而受賠償請求時，保險公司負賠償責任。

> **考點速攻**
>
> 現今的住宅火險有些會包含住宅玻璃險，主要為承保住宅玻璃因意外所致的損失，這部分可以了解一下。

2. **第三人之定義：除了被保險人及其配偶、家屬、同居人、受僱人以外的第三人。**

3. 理賠內容：

單位	事故	理賠金額	最高上限
每一個人	體傷	100萬	保險期間內最高理賠2,000萬元
	死亡	200萬	
每一個事故	體傷	1,000萬	
	死亡	200萬	

(三) **住宅地震險：**

為了使民眾在地震災後可以立刻獲得經濟保障，自91年4月1日起，現在每一住宅火險都自動合併基本保額150萬的住宅地震險，為全國單一費率1,350元，但要注意的是基礎地震險需得建築物全損才會理賠，並非一般因地震搖晃造成些微損失就可理賠，若是想要因地震造成的輕微損失也承保，需另外加保其他地震險。

1. 住宅基本地震險
   (1) 承保範圍：地震震動、地震引起的火災與爆炸、地震引起之地層下陷／滑動／開裂／決口、地震引起之海嘯／海潮高漲／洪水。
   (2) 理賠內容：
      A. 臨時住宿費－最高新臺幣20萬元。
      B. 建築物理賠－以重置成本為基礎，最高新臺幣150萬元。建築物需全部毀損，部分損失不在承保範圍內。
   (3) 全損定義：
      A. 經政府機關確認通知、命令或逕行拆除之建築物。
      B. 經財產保險理賠人員或保險公證人評定；或經建築師公會或結構、土木、大地等技師公會鑑定，受災建築物已經不堪居住必須拆除重建、經修建不能居住且修復費用為重置成本50%以上。
   (4) 基本地震險的短期費率：
      若是要、被保險人提前終止地震保險契約，則按基本地震險的短期費率來計算剩餘返還之保險費用。
      地震險短期費率表：

基本地震險費率表	
期間	按年繳保費
＜一個月	19%
≧一個月，＜兩個月	26%
≧兩個月，＜三個月	34%
≧三個月，＜四個月	42%
≧四個月，＜五個月	49%
≧五個月，＜六個月	56%
≧六個月，＜七個月	64%
≧七個月，＜八個月	71%
≧八個月，＜九個月	78%
≧九個月，＜十個月	86%
≧十個月，＜十一個月	93%
≧十一個月	100%

2. 超額地震險（提高基本地震險的額度，仍要全損才有賠，附加在基本地震險之下）

將基本地震險150萬的保額提高至300萬，與基本地震保險一樣，只針對全損才理賠，且理賠不包含房屋龜裂損毀、裝潢或屋內動產損失。

3. 輕損地震險（不全損也可以賠，附加在基本地震險之下）

有時地震造成的家具毀損、管線破裂、牆壁龜裂等等，修復費用加總下來也很可觀，但基本地震險只賠全損，這時候就可以附加輕損地震險，保障房屋裡其他可能因地震產生受損的部分。保險標的：裝潢、建物、動產

4. 擴大地震險（附加在基本地震險之下）

結合輕損地震險與超額地震險的優點，理賠條件不受建築物半倒或全倒的限制，且動產與不動產皆有理賠。相對來說保費也較高昂。

(1) 承保費率：因建物結構、地區、樓層、耐震度影響保費

(2) 擴大地震險因在地區、結構、樓層的不同，會有不同的費率係數來作為保險費率的計算，擴大地震險的基本費率為：

基本費率			
地區	結構等級		
	A	B	C
第一區	1.05	1.67	2.60
第二區	1.61	2.56	3.98
第三區	2.59	4.12	6.41
第四區	4.73	7.53	11.72

A. 結構等級A：

a. 鋼架、外牆為金屬板或石棉板造之建築物；但牆腳若以鋼筋水泥造或磚造者，應自地面起以不超過一公尺為限。

b. 鋼骨水泥造或鋼筋水泥造，外牆為玻璃帷幕、無磚或石牆之建築物。

c. 木造平房。

B. 結構等級B：

　鋼骨水泥造或鋼筋水泥造，外牆全部或部分為磚、空心磚或石造之建築物。

C. 結構等級C：

　上列A、B級以外其他之建築物。

而除了結構有區分等級之外，不同的地區也有影響，擴大地震險的地區分為以下：

地區分類	縣市
第一區	基隆市、彰化縣、雲林縣、澎湖縣、金門馬祖地區
第二區	桃園縣、新竹縣、新竹市、臺北市、新北市、嘉義縣、苗栗縣、苗栗市
第三區	南投縣、臺中市、臺南市、屏東縣、高雄市
第四區	臺東縣、宜蘭縣、花蓮縣

擴大地震險中還有樓層係數會影響費率，樓層係數為下列：

A. 建築物的樓層數在5樓層（含）以下者，係數為1.0。

B. 建築物的樓層數在6～12樓層者，係數為1.1。

C. 建築物的樓層數在13樓層（含）以上者，係數為1.2。

※動產費率係數為0.5

考點速攻

房客非房屋所有人，所以法規允許房客單買住宅火險，沒有自動加入基本地震險，需要者另行附加輕損地震險。

5. 中華民國產物保險商業同業公會臺灣地區住宅類建築造價參考表（單位：新臺幣元/坪）

地區別　　總樓層數	臺北市	桃園市 新北市 基隆市	苗栗、新竹 臺中、雲林 彰化、南投 嘉義	宜蘭、臺南 高雄、屏東	花蓮 臺東
1	69,900	65,900	59,200	57,800	61,800
2	74,000	69,900	63,200	61,800	65,900
3	79,300	75,200	68,500	67,300	71,300
4~5	83,300	80,700	71,300	67,300	71,300
6~8	99,500	92,800	82,000	80,700	83,300
9~10	104,900	96,800	86,100	83,300	87,400
11~12	113,000	104,900	92,800	91,400	95,400
13~14	115,600	107,600	96,800	95,400	98,200
15~16	129,000	121,100	108,900	107,600	111,600
17~18	145,200	137,100	123,700	122,300	126,400
19~20	160,100	150,600	138,500	137,100	139,900
21以上	177,500	160,100	148,000	145,200	149,200

(1) 建築物本體造價總額

建築物本體造價總額＝上述各類建築物構造每坪單價×各類建築物使用面積（含公共設施）

說明：

A. 上表每坪單價僅適用於一般加強磚造或鋼筋混凝土造之建築物，鋼骨造建築依上表每坪單價另加百分之十六計算；磚、木、石及金屬構造每坪單價新臺幣34,000元；特殊或其他構造之建築物另行約定。

B. 外島地區造價比照新北市造價標準計算。

C. 交通運輸不便地區應酌增單價。

D. 上表造價不含土地價格。

(2) 建築物裝潢總價

建築物裝潢總價＝每坪裝潢單價×各類建築物使用面積（不含公共設施）

說明：

A. 一般裝潢每坪加新臺幣10,000元至100,000元。

B. 豪華型裝潢另行約定。

(3) 建築物之重置成本＝建築物本體造價總額＋建築物裝潢總價。

(4) 製表單位：中華民國產物保險商業同業公會製定

(5) 實施日期：中華民國114年1月1日

二、商業火險

(一) 保險標的：

商業火險的不動產部分為建築物、及營業裝修的部分，動產的部分除了另外約定者，一般為營業生財工具、機器設備還有貨物。

(二) 商業火險內相關定義：

1. 建築物：定著於土地、供被保險人經營業務或從事生產的建築物及公共設施，包含定著於此建築物裡的中央冷暖系統、電梯、電扶梯及水電衛生設備等。

2. **營業裝修**：因營業、業務的需要，在建築物內外必要的裝潢修飾。

3. **營業生財**：經營業務所需要的器具、用品、辦公設備以及廣告招牌。

4. **機器設備**：生產用途所必需的機器設備。

5. **貨物**：原物料、製品、半成品、成品及商品等貨物。

(三) **承保範圍**：火災、閃電雷擊、爆炸引起火災、因前項各款危險事故之發生，為救護保險標的物，致保險標的物發生損失者。

牛刀小試

(　　) **1** 關於基本地震險，下列何者正確？　(A)單一費率　(B)保額500萬　(C)臨時住宿費最高2萬　(D)輕微損失即可理賠。

(　　) **2** 商業火險裡的保險標的包含以下何者？　(A)原物料　(B)辦公室印表機　(C)大樓裡的電扶梯　(D)以上皆是。

解答與解析

1 (A)。(B)基本地震險保額為150萬。(C)臨時住宿費最高20萬。(D)要全損才理賠。

2 (D)

✅ 重點3　其他附加條款　☆☆☆

除了基本的住宅火險及地震險、商業火險之外，火災財產保險裡投還有許多可以附加的險種或者火險條款，另外也有部分特約條款，可依照被保險人的情況進行附加。同時住宅火險與商業火險可附加的險種各自不同，有些附加條款是無法適用於兩者，要保人在規劃的時候還需要特別注意。

一、火險附加條款

一般火險當中有幾項特別的附加條款，需在要保書詳細記載，以下分為幾類：

(一) **爆炸險：**

承保範圍為保險期間內，額外繳付保費附加爆炸險，保險標的因爆炸為直接原因造成的損失。但如果是水管爆炸、水衝、電弧驟發、震動（爆炸引起則不在限制裡）、音爆等原因，是屬於爆炸險裡的除外責任。

(二) **地震險：**

除了基本地震險之外，要保人可另外投保其他地震險種來增加保障，有擴大地震、超額地震、輕損地震險可供選擇。

(三) **超額竊盜：**

當保險標的受到被保險人或其配偶、家屬、受僱人、同居人以外的人毀損、破壞，企圖獲取不法利益，以強盜或竊取建築物內的動產，使被保險人損失，保險公司負賠償責任。（2020.10.01起，**理賠金額上限增加為15萬元**）

若是保險標的的存放是露天或者存於未關閉的空間，此保險標的是不在保障範圍裡的。事故發生後須立即報警，且在24小時內通知保險公司、7日內送出賠償申請書跟損失清單。

(四) **颱風洪水險：**

承保範圍為保險期間內，額外繳付保費附加颱風洪水險，保險標的因颱風、洪水為直接原因造成的損失。而颱風洪水險在臺灣分為三大地區與三種等級來計算費率。

1. **颱風：指中央氣象局就臺灣地區發布之陸上警報者。**

當陸上警報解除，又發布下一次的陸上警報時，視為新一次的危險事故。

2. **洪水：由海水倒灌、河川氾濫、水壩潰堤、豪雨、雷雨的積水，導致地面遭水迅速淹沒之現象。**

當洪水事故發生的72小時之後，如又再度發生洪水淹沒情況，視為新一次的危險事故。

因此種天災會造成嚴重損害的樓層通常為一樓，所以當住宅樓層為二樓以上時，保費費率由基本費率的50%起計算，且此風險會以模型評估風險後來計算費率。

若要、被保險人須提前終止火災保險中的颱風及洪水附加險，則按年繳保險費的費率去計算剩餘返還之保費，**須注意的是，颱風及洪水險依照投保的季節不同，會有不同的計算費率。**

颱風及洪水險費率表

保險期間於每年11月1日至隔年4月30日，以下列費率計算。

期間	按年繳保費
未滿三個月	5%
≧三個月，＜四個月	10%
≧四個月，＜五個月	15%
五個月以上	20%

若是保險期間為5月1日至隔年10月31日，則按全年保費的100%計算。

保險期間跨越上述期間者，最高按全年保費的100%計算。

在火災保險中，除了颱風及洪水險的短期費率表特殊之外，其他附加險種的短期費率適用共同費率表，以下為補充其他火災保險附加險種之短期費率：

火災保險其他附加險種費率表

期間	按年繳保費
≦一個月	35%
≧一個月，＜兩個月	45%
≧兩個月，＜三個月	55%
≧三個月，＜四個月	65%
≧四個月，＜五個月	75%
≧五個月，＜六個月	80%
≧六個月，＜七個月	85%
≧七個月，＜八個月	90%
≧八個月，＜九個月	95%
≧九個月，＜十個月	100%
≧十個月，＜十一個月	100%
≧十一個月	100%

(五) 租金損失險：

承保對象須為租賃標的物且已先有投保住宅火險的主險才可附加，在保險期間如因發生事故，導致承保的財產、標的遭受損失，引起租金的實際損失，此風險由保險公司負賠償之責。

二、商業火險附加條款

除了上述一些住宅火險可以附加的條款外，在商業火險中還包含了一些只有商業火險可附加的條款與險種，以及一些專屬的特約條款，所謂特約條款便是除了基本條款規定外，<u>要保人與保險公司雙方約定須履行的特別義務</u>。

(一) 一般可附加條款：

1. 被保險人員工所有動產附加條款：

   此附加條款用意為擴大員工動產的保障，將所有員工的動產都列為保險標的。

2. 專業費用附加條款：

   是以當保險標的受到毀損要鑑定和計算重置價值時，需要專業人士來評定，則聘請專業人士（建築師費、鑑定費、法定費用、工程師費）的費用，若附加此條款，可得向保險公司申請賠償。

   > **考點速攻**
   >
   > 一般理賠流程都得等全部計算完成後才會一次理賠，預付賠款可以先確保被保險人資金靈活。

3. 預付賠款附加條款：

   因財產的損失有些需依照重置成本計算、有些需依照實際價值或扣除折舊來計算理賠金額，此附加條款則是為了讓被保險人可以提早得到已確立損失的賠償金額，等核算完成後再從總額裡扣除。

4. 保險金額自動增加條款：

   有些商業空間裡的貨品增加、貨物價值上升，此附加條款將自動提高承保因實際價值而增加的保險金額，但增加幅度不可超過保險金額的10%。

5. 其他商業火災附加條款：

附加條款名稱	內容	賠償金額上限
錄影、錄音帶	保險契約所承保之錄影帶、錄音帶,因保險事故發生損失時。	空白錄影、錄音帶的成本與拷貝費用,不包括任何租賃、抵押等權利金。
書籍	保險契約所承保之書籍,因保險事故而發生損失時,保險公司負理賠責任。	每本不超過新臺幣1,000元。
鐘錶	保險契約所承保之各種鐘錶,因保險事故而發生損失時,保險公司負理賠責任。	每件不超過新臺幣2,000元。
典當物	被保險人須同意對古玩及書畫皆不在保險標的物範圍內,且分為有置存於保險櫃與非置存於保險櫃裡的賠償辦法。同時,在賠償典當物品(珠寶、首飾、鐘錶等)時,必須依據標的物現場所清點之殘餘物為憑,否則一概不予承認。	1. 有置存於保險櫃:依照被保險人的檔帳或當票存根所載之金額為理賠基準。 2. 無置存於保險櫃:珠寶、首飾每件最高賠償金額以新臺幣5,000元為限;鐘錶每隻以新臺幣1,000元為限。
電影片	保險契約所承保之電影片,因保險事故而發生損失時,保險公司負理賠責任。	以電影片印製或拷貝的成本為理賠,如屬國外進口之電影片,進口稅捐、運費及保險費屬於理賠範圍,不包括任何租賃、抵押等權利金。
金銀珠寶	保險標的物內的金銀首飾、器皿及經鑲嵌珠寶玉石之首飾,但金銀條塊及未經鑲嵌之珠寶、玉石不在承保範圍內。	以首飾、器皿等其製造費用為限。

(二) **特約條款：**

要保人與保險公司約定須履行的義務，若違反則他方可解除保險契約。

1. 加油站特約條款：被保險人保證在契約所承保處所內之地面，不置存汽油。

2. 普通品行號商店鋪特約條款（有製造工作）：被保險人保證在承保處內，從事製造工作人員不得超過15人，且電力設備的電力使用不得超過12.5KW。

3. 工廠停工特約條款：被保險人保證在承保的工廠停工，應連續30天以上。停工是指全部的製造程序全部停止，不從事任何製造工作。而當工廠恢復開工時，被保險人應立即通知本公司保險公司仍可依未停工前的費用計算，但不得低於普通品倉庫費率的50%。

4. 不存放汽油特約條款：被保險人保證在承保處所內不置存汽油、液體燃料或空油桶，汽車蓄油缸裡的或者預備加用不超過200公升的話，不在此限。

5. 保險費延緩遲交特約條款：保險公司同意在要保人未交付保費之前，先行簽交保險單，保費的延緩期為契約生效的30天內。若未能在延緩期間內付清保費，保險公司得以書面通知要保人自延緩期滿日翌日起解除契約，其在有效期間之應收保費仍按短期保費計收。

6. 被保險人保證在本保險契約所承保處所或在距離木堆15.24公尺（50呎）範圍內，不從事動力鋸木工作。

7. 保險公司對於貨物預約條款最少應收全年保費的75%比例為原則。

三、其他火災保險說明

(一) 除了政策保險之外，在民國98年4月1日之後財產保險已實施自由費率，所以火災保險同樣改為依業者自行決定費率，但需要向財團法人保險事業發展中心繳交分析的數據。須從保險業務員、保險經紀人、保險代理人、直接業務、其他通路五大方向統計。而火災的危險保費部分隨由產險業自由訂定，但仍不可超過44.5%。且產險公司須在該公司的網際網路頁面上，詳細載明其公司所出之優惠與保險經紀人、保險代理人有何不同與內容差異。

每一次的火災保險契約成立，產險公司就得於次月，依照財團法人保險事業發展中心所訂的火災保險業務統計規程，將統計資料交出。而

保險事業發展中心也會提供整體業界之火災保險參考危險費率及費用率（IEE表），讓產險業者可參考。

雖然費率交給產險業者自由訂定，其核保調整係數仍有規定，火災保險不得超過正負20%、其他天災附加險不得超過正負15%。至於火災保險行銷的佣金支付，則不得超過各該險種的「預定附加費用率」減「非直接招攬費用率」。

(二) **自護減費辦法：**

為了鼓勵投保火災保險的事業單位（企業法人、財團等等），主動建立良好完善之安全衛生管理防災體制，預防及減少災害發生以降低損失，故成立自護減費的辦法。

自護單位減費標準如下：

1. 自護單位獲頒榮譽標誌有效期間一年者，給予4%減費優待。
2. 自護單位獲頒榮譽標誌有效期間二年者，給予6%減費優待。
3. 自護單位獲頒榮譽標誌有效期間三年者，給予8%減費優待。

若自護單位於保險期間內，全廠停工時或全部停業，其自護減費比率不再適用。

(三) **建築物使用、危險性質變更：**

由於建築物的使用性質與危險性質都將影響保險公司理賠的機率，故當建築物的使用性質或危險程度增加時，應在知道後的10日內通知保險公司。而若是將因被保險人的行動而造成變更，則應在行動事前告知保險公司。

(四) **發生損失通知時間：**

不論是住宅火險或者商業火險，當被保險人知悉發生損失後的5日內應通知保險公司，且在30日內提供賠償申請書與損失清單等相關文件。

───── **牛刀小試** ─────

(　　) **1** 一般火險有哪些附加條款可以附加？　(A)颱風洪水險　(B)工廠停工特約條款　(C)保險金額自動增加條款　(D)以上皆非。

(　) **2** 關於特約條款的敘述，以下何者正確？ 　(A)若未能在延緩期間內繳清保費，保險公司可書面通知30日後解除契約 　(B)普通品行號商店鋪特約條款，是約定承保處的製造工作者不得超過5人 (C)加油站特約條款，是指不得存放200公升以上的汽油 　(D)以上皆非。

解答與解析

1 (A)

2 (D)。(A)保險公司可書面通知自延緩期滿的翌日起解除契約。(B)是約定承保處的製造工作者不得超過15人。(C)加油站特約條款，是指在契約承保處的地面上，不存放汽油。

精選試題

(　) **1** 產險保險公司承辦火災保險是理賠什麼項目給被保險人？
(A)保險標的物的毀損滅失
(B)因救護保險標的物所致保險標的物之損失
(C)避免或減輕損失的必要費用
(D)以上皆是。

(　) **2** 被保險人將損失清單交給保險公司後，在多少時間過後，尚未完全估定完全者，被保險人可以請求先理賠應得之最低賠償金額？
(A)15日
(B)30日
(C)60日
(D)90日。

(　) **3** 若投保火災保險一年，不到一年要保人提前終止，則保險契約該如
何處理？
(A)保險契約效力終止，未到期的保險費應返還
(B)保險契約效力終止，未到期的保險費不返還
(C)保險契約視為到期，未到期之保險費不應返還
(D)保險人得解除契約，保險費需全部返還。

(　) **4** 當颱風來襲時，保險標的物的損失如果是下列哪一個原因造成的，
不屬於火災保險當中附加颱風及洪水險的承保範圍？
(A)地層陷落
(B)水壩崩潰造成水災
(C)河川氾濫
(D)以上皆非。

(　) **5** 當地震發生時，標的物的損失如果是下列哪一個原因造成的，非屬
火災保險當中附加地震險的承保範圍？
(A)地層下陷
(B)海潮高漲
(C)房屋倒塌、翻覆
(D)油槽倒塌引發火災。

(　) **6** 下列哪個選項不是規定為被保險人於保險期間內應履行的通知義務？
(A)保險標的物使用性質變更
(B)保險標的物另有外保之行為
(C)放置保險標的物的建築物業已改建
(D)保險標的物價值增加。

(　) **7** 下列哪個選項不為要保人於投保商業火災保險之前應履行的告知義務？
(A)另外投保的情形
(B)商品保存的危險性
(C)保險標的物的抵押情形
(D)過去損失經驗。

( ) **8** 依照商業火災保險中基本條款的規定，除了契約的特別約定載明之外，由下列何者原因造成的保險標的物毀損或滅失，保險人不須負賠償責任？
(A)地震
(B)罷工、暴動、民眾騷擾
(C)航空器墜落、機動車輛碰撞所致
(D)以上皆是。

( ) **9** 依照商業火災保險中基本條款的規定，除了契約的特別約定載明之外，保險公司對下列何者的毀損或滅失，負賠償責任？
(A)爆炸物
(B)圖畫、圖案
(C)名牌服飾
(D)股票、郵票。

( ) **10** 依照商業火災保險中基本條款的規定，保險公司對下列何種危險事故導致保險標的物的毀損或滅失，負賠償責任？
(A)第三人惡意縱火
(B)各種放射線之輻射及放射能之污染
(C)火山爆發
(D)政府命令之焚毀。

( ) **11** 若是保險標的物位於臺北市南港區，是一棟七層樓建築物，投保住宅火災保險的時候，保險公司會在釐訂費率時考慮？
(A)危險加費
(B)屋頂加費
(C)高樓加費
(D)地區加費。

( ) **12** 下列何種物品較適合投保火災定值保險單？
(A)精密儀器
(B)珠寶、古董

(C)家具、室內裝潢

(D)書籍、錄影帶。

(　　) **13** 商業火災保險中，對於「不動產」的保險標的物，是指下列何者？

(A)貨物、原物料

(B)營業生財

(C)機器設備

(D)營業裝修。

(　　) **14** 下列哪個選項，不屬於商業火災保險中「動產」的保險標的物？

(A)營業生財

(B)貨物

(C)機器設備

(D)營業裝修。

(　　) **15** 被保險人在知悉發生火災事故損失的時候，得以何種方式立即通知保險人？

(A)電話

(B)信件

(C)傳真資料

(D)以上皆是。

(　　) **16** 依照火災保險中颱風及洪水險的規定，因下列何種原因導致保險標的物毀損或滅失的話，保險人不負賠償責任？

(A)冰霜、暴風雪

(B)海水倒灌

(C)河川、湖泊水位高漲氾濫

(D)水庫、水壩崩潰或氾濫。

(　　) **17** 依照火災保險附加竊盜險的規定，若因要保人或被保險人的縱容、主謀、共謀、或串通所導致的竊盜損失，保險公司不負賠償責任，則包含對象有？

(A)代理人

(B)家屬

(C)受僱人

(D)債權人。

( ) **18** 依照火災保險附加第三人意外責任險的規定，保險公司對下列哪個與被保險人有關係之人的體傷、死亡或財物損害，不負賠償責任？

(A)管理員

(B)家屬

(C)鄰居

(D)訪客。

( ) **19** 依照商業火災保險基本條款的規定，下列與哪個選項有關之建築物，不在保險契約承保範圍內？

(A)營業

(B)辦公

(C)製造

(D)家庭手工副業。

( ) **20** 關於住宅火災保險的承保危險事故，下列何者有誤？

(A)爆炸

(B)航空器墜落、機動車輛碰撞

(C)颱風引起的意外所致之煙燻

(D)以上皆是。

( ) **21** 依照商業火災保險基本條款的規定，火災事故發生時，若因下列何者所造成的擴大損失，保險人不負賠償責任？

(A)施救導致標的物受損之費用

(B)防止損失不力導致之損失

(C)消防水漬損失

(D)以上皆。

（　　）**22** 下列何者不為被保險人申請火災保險時，可以有特別優待率的必備
　　　條件？
　　　(A)最近三年平均損失率在50%以下
　　　(B)在同一鄰接場所內之總保險金額在新臺幣壹億元以上
　　　(C)室內外消防栓設備需符合消防減費辦法之規定
　　　(D)適用於頭等建築之保險標的物，其保險金額不得少於總保險金額
　　　　50%。

（　　）**23** 下列何者不為商業火災保險可承保的危險事故？
　　　(A)爆炸
　　　(B)火災
　　　(C)爆炸引起之火災
　　　(D)閃電雷擊。

（　　）**24** 下列何者屬於火災保險中，可附加爆炸險裡所稱「爆炸」之範圍？
　　　(A)電弧驟發
　　　(B)塵爆
　　　(C)音爆
　　　(D)水管之爆炸或豁裂。

（　　）**25** 下列何者所引起之火災或其延燒導致的損失，屬於商業火災保險的
　　　基本承保範圍？
　　　(A)地震
　　　(B)颱風
　　　(C)爆炸
　　　(D)罷工暴動。

（　　）**26** 下列何者是屬於住宅火災及地震基本保險中定義的「建築物」？
　　　(A)游泳池
　　　(B)圍牆
　　　(C)門庭
　　　(D)以上皆是。

( ) **27** 商業火災可承保的保險標的物，屬於「貨物」項目者，是指下列何者？
(A)餐廳內的碗盤刀叉
(B)紡織工廠的棉紗
(C)早餐店的收銀機
(D)圖書館內的書籍、雜誌。

( ) **28** 下列何者是屬於住宅火災保險裡可投保的「動產」承保範圍？
(A)兒童玩具
(B)蘭花
(C)汽車
(D)皮草衣飾。

( ) **29** 在火災保險的附加險種之中，下列何者的承保對象為無形之保險標的物？
(A)附加竊盜險
(B)附加颱風及洪水險
(C)附加自動消防滲漏險
(D)以上皆非。

( ) **30** 依照火災保險附加颱風及洪水險的規定，保險公司對下列哪個選項所遭受的毀損或滅失負賠償責任？
(A)圍牆及其大門
(B)室外廣告設備及招牌
(C)露天貯槽
(D)金屬煙囪。

( ) **31** 企業於投保商業火災保險後，下列何者不是對於企業投保後的功效？
(A)維護企業經營利潤
(B)提高擔保信用
(C)減少損害防阻費用
(D)壯大企業發展實力。

( ) **32** 在訂立火災保險契約之前，保險公司應該要對要保人或被保險人的
什麼情況、條件加以考慮，避免被保險人對火災的預防及施救不
力，而造成嚴重損失？
(A)信用
(B)生活情形
(C)工廠管理、維護情形
(D)以上皆是。

( ) **33** 下列各項建築物，何種的使用性質應適用商業火災保險？
(A)靈骨塔
(B)辦公室
(C)學校
(D)以上皆是。

( ) **34** 保險公司在承保「住宅火災及地震基本保險」時，下列何者不屬於
業務員提供必要審閱之資料？
(A)保險公司的簡介
(B)臺灣地區住宅類建築造價參考表
(C)住宅火災及地震基本保險基本條款
(D)住宅火災保險要保書填寫說明。

( ) **35** 要保人投保「住宅火災及地震基本保險」時，在要保書上需填寫下
列何項目？
(A)建築物本體及樓層數
(B)建築物本體及裝潢已使用年數
(C)保險金額約定基礎
(D)以上皆是。

( ) **36** 依照住宅火災保險基本條款的約定，對於建築物之一年期保單的保
險金額，有下列何種基礎可供要保人選擇？
(A)賦稅價值基礎
(B)實際現金價值基礎

(C)買價基礎

(D)以上皆是。

( ) **37** 住宅火災保險的基本條款中，明定建築物的範圍不含下列何者？

(A)水電衛生設備

(B)裝潢

(C)圍牆

(D)以上皆非。

( ) **38** 下列哪個選項為住宅火災保險基本條款中載明的可承保標的物？

(A)爆炸物

(B)盆景

(C)受僱人之物

(D)股票。

( ) **39** 住宅火災保險的基本承保危險事故不包括下列何者？

(A)火山爆發

(B)爆炸

(C)航空器墜落

(D)第三人之惡意行為。

( ) **40** 商業火災保險的基本承保危險事故不包括下列何者？

(A)爆炸引起之火災

(B)爆炸

(C)火災

(D)雷擊。

( ) **41** 若要保人在投保住宅火災保險填寫要保書的時候，下列哪個選項不是有關建築物的應填寫事項？

(A)建商名稱

(B)建築物本體結構

(C)保險金額約定基礎

(D)已使用年數。

( ) **42** 下列那些建築物的用途性質是適用住宅火災保險？
(A)辦公室
(B)住家
(C)餐廳
(D)工廠。

( ) **43** 住宅火災保險對於被保險房屋因發生危險事故，導致建築不適合居
住，因此產生的臨時住宿費用會給予被保險人怎樣的補償？
(A)每一事故每日5,000元
(B)理賠上限最高以50日為限
(C)一年僅賠償兩次臨時住宿費用
(D)僅保動產亦可獲得補償。

( ) **44** 過去有一種火災保險為長期住宅火災保險，此險種在建築物的部份
以下何者正確？
(A)採取50%共保理賠
(B)以重置成本為保險金額約定基礎
(C)保險費需另加費8%
(D)以實際現金價值為保險金額約定基礎。

( ) **45** 商業火災保險的保險標的物不包括下列何者？
(A)營業裝潢
(B)貨物
(C)裝飾字畫
(D)機器設備。

( ) **46** 火災保險的基本費率的影響因素包括下列何者？
(A)建築物年份
(B)面積
(C)使用性質
(D)樓層數。

(　) **47** 火災保險中，對於清除費用的理賠敘述，下列何者不正確？
(A)只負責清除殘餘物
(B)需受不足額保險比例分攤之限制
(C)與賠償金額合計不得超過保險金額
(D)保險期間中僅限賠償一次。

(　) **48** 下列那些危險事故的選項，為住宅火災保險基本條款明定的承保事故？
(A)爆炸
(B)戰爭
(C)火山爆發
(D)壁爐通常產生之煙燻。

(　) **49** 下列哪個選項雖為商業火災保險基本條款中除外不保事項，但是可以特別約定另外加保？
(A)意外煙燻
(B)爆炸
(C)第三人之惡意破壞行為
(D)以上皆是。

(　) **50** 火災保險若是附加地震險的話，則影響費率的因素不包括下列何者？
(A)地區
(B)建築物結構
(C)面積
(D)樓層數。

解答與解析

1 (D) **2 (C)** **3 (A)** **4 (A)**

5 (B) **6 (D)** **7 (C)** **8 (D)**

9 (C)

10 (A)。(A)火災保險就是為了保障不能預期之風險，故第三人惡意縱火為不可預料之意外。(B)、(C)依據商業火災保險基本條款第4條規定：「……二、保險標的物自身之醱酵、自然發熱、自燃或烘焙。……」除經特別約定載明承保外，不負賠償責任。(D)必須為承保事故所導致的政府命令才屬於保險公司的賠償責任。

11 (C)

12 (B)。(B)因珠寶、古董的行情不固定，故事先訂下定值契約來決定發生事故後的保險金額。

13 (D) **14 (D)** **15 (D)** **16 (A)**

17 (D)。(D)債權人對被保險人有權要求特定的財產與服務，故道德危險過高不在火災保險的承保範圍內。

18 (B)。(B)家屬不屬於第三人之定義。

19 (D) **20 (C)** **21 (D)**

22 (C)。(C)消防減費辦法為另外獨立之優待，不屬於特別優待率之條件。

23 (A)。(A)爆炸引起之火災才是承保範圍，商業火險中關於爆炸導致之損害需另外書面申請附加才可承保。

24 (B) **25 (C)** **26 (D)** **27 (B)**

28 (A)。(B)住宅火險的承保範圍不包含動植物。(C)汽車不屬於房屋內的生活必需品。(D)皮草衣飾為主觀價值無法估價，不在承保範圍中。

29 (D)

30 (C)。(C)圍牆及其大門或其他置存於露天的保險標的物為除外，但是露天儲槽是建築物的延伸，而非另外在露天加建的設施。

31 (C)。(C)防阻損害費用與投保財產保險為兩者不同事件，雖然投保了保險，仍應按照正常比例去準備防阻損失的費用。

32 (D) **33 (D)** **34 (A)** **35 (D)**

36 (B)。(B)住宅火險的保險金額以實際現金價值、重置成本為主要約定基礎。

37 (D) **38 (C)** **39 (A)** **40 (B)**

41 (A) **42 (B)** **43 (A)** **44 (A)**

45 (C) **46 (C)** **47 (D)** **48 (A)**

49 (D) **50 (C)**

(　　) **51** 火災保險若是附加颱風及洪水險的話，則影響費率的因素包括下列
何者？
(A)使用面積
(B)建築物結構
(C)使用性質
(D)以上皆是。

(　　) **52** 關於火災保險中的貨物預約條款，下列敘述何者不正確？
(A)適用於工廠內之原料、成品
(B)預收保費為全年保險費之80%
(C)最低保費為全年保險費之50%
(D)被保險人應按月通知保險人貨物之實際價值。

(　　) **53** 下列那些財物不適用火災的定值保險單？
(A)古玩
(B)藝術品
(C)股票
(D)畫。

(　　) **54** 依火災保險基本條款之規定被保險人通知義務包括？
(A)危險變更通知
(B)危險特別通知
(C)其他保險通知
(D)保險金額變更通知。

(　　) **55** 商業火災保險不可以另外附加下列何種附加條款？
(A)食物中毒條款
(B)80%的共保條款
(C)保險金額自動增加條款
(D)暫時外移條款。

(　　) **56** 住宅火災保險中，不可加保的動產是指下列何者？
　　　　(A)加工用的機器
　　　　(B)寵物
　　　　(C)執行業務之器材
　　　　(D)皮草衣飾。

(　　) **57** 商業火災保險中，可另外加保的動產包含下列何者？
　　　　(A)非依法持有之違禁品
　　　　(B)各種非商品之動植物
　　　　(C)圖畫、古董
　　　　(D)以上皆非。

(　　) **58** 火災保險契約載明，當保險事故發生時，被保險人應採取下列哪些
　　　　行動？
　　　　(A)知悉災害發生後的五日內通知保險公司
　　　　(B)立刻清理現場
　　　　(C)60日內提供損失清單及賠償申請書向保險公司索賠
　　　　(D)以上皆非。

(　　) **59** 住宅及商業火災保險當中，絕對不可加保的危險事故是指下列何
　　　　者？
　　　　(A)幅射污染
　　　　(B)森林大火
　　　　(C)戰爭
　　　　(D)以上皆是。

(　　) **60** 火災保險的「臺灣地區住宅類建築造價參考表」當中，其訂定的建
　　　　築物實際現金價值之估算因素不包括下列何者？
　　　　(A)面積
　　　　(B)地區
　　　　(C)被保險人年紀
　　　　(D)樓層數。

（　）**61** 老李的工廠機器設備，經查詢後重置成本為5,000萬元，他向甲公司
投保商業火險2,000萬元，另外附加重置成本條款，自負額為10萬
元；另外又向乙公司投保商業火險2,000萬元，同樣另外附加重置成
本條款，無自負額。
若是真的發生火災，造成損失為600萬元，則保險公司賠償老李的
結果，下列何者不正確？
(A)甲公司應賠付230萬元
(B)乙公司應賠付240萬元
(C)甲和乙公司應各自賠付200萬元
(D)老李的自己承擔的部分為130萬元。

（　）**62** 不論是住宅火災保險還是商業火災保險，都無法以特別約定加保的
危險事故有哪些？
(A)竊盜
(B)罷工、暴動、民眾騷擾
(C)洪水
(D)火山爆發。

（　）**63** 火災保險契約的特性有哪些？
(A)視為定額保險
(B)是一種對物契約
(C)具有地域性
(D)以上皆非。

（　）**64** 火災保險契約在什麼樣的情況下，會依照短期費率來計算保險費？
(A)當受害人提出終止契約時
(B)當保險人提出終止契約時
(C)當被保險人提出終止契約時
(D)當保險契約所約定終止之情事發生時。

（　）**65** 在火災保險中，對於火災的定義下列何者錯誤？
(A)應為善火
(B)屬於實質燃燒

(C)是因為意外且不可抗力的

(D)超出一定範圍。

(　　) **66** 我國現行的火災財產保險裡，可以附加的險種有哪些？

(A)租金損失險

(B)營業中斷險

(C)煙燻險

(D)以上皆是。

(　　) **67** 關於火災保險裡的自負額規定，下列敘述何者不正確？

(A)爆炸險的基本自負額為新臺幣3萬元

(B)地震險的基本自負額為保額的10%，最高新臺幣為400萬元

(C)颱風及洪水險的基本自負額，住宅為賠償金額的5%，非住宅則為賠償金額的10%，但不得低於新臺幣3萬元

(D)自動消防裝置滲漏險無基本自負額的規定。

(　　) **68** 我國現行的火災保險費率，若有減費規則的話，不包括下列何者？

(A)消防設備減費

(B)自護減費

(C)自負額減費

(D)地區減費。

(　　) **69** 關於火災保險附加險中的「一次事故」，下列何者敘述不正確？

(A)連續72小時內發生的地震及餘震視為第一次事故

(B)陸上颱風警報解除後，再度發佈之海上颱風警報視為另一次事故

(C)洪水退去72小時後，再度發生洪水，視為另一次事故

(D)連續24小時發生的地震視為一次事故。

(　　) **70** 火災保險附加水漬險承保的事故不包括？

(A)水槽設備破損

(B)冷暖氣設備之水蒸氣意外滲漏

(C)雨水由已破損之屋頂進入屋內

(D)下水道之溢流。

( ) **71** 火災保險費率的計算考量因素不包括下列哪個選項？
(A)使用性質
(B)消防設備
(C)建築等級
(D)被保險人年齡。

( ) **72** 若是保險標的物因為地震引起的火災而遭受毀損，則要保人或被保
險人需投保下列何者險種，才能獲得賠償？
(A)火災保險
(B)爆炸保險
(C)火險附加地震險
(D)火險附加第三人意外責任險。

( ) **73** 下列何者情況，即使被保險人有投保火災保險且附加竊盜險條款，
對於保險標的物遭受竊盜之損失仍無法獲得保險公司的賠償？
(A)標的物未存放於保險箱內
(B)保險標的物置放於露天
(C)未能於24小時內發現被竊
(D)建築物未裝置警鈴或保全措施設備。

( ) **74** 在住宅火災保險的規定當中，若保險標的物遭受下列哪種情況造成
損失，保險公司可以不用賠償？
(A)閃電及雷擊
(B)爆炸
(C)意外事故所致之煙燻
(D)恐怖份子之惡意破壞行為。

( ) **75** 為了要轉嫁保險標的物因颱風引起火災而遭致毀損，要保人或被保
險人可以投保何種險種？
(A)火災保險
(B)水漬保險
(C)火險附加颱風及洪水險
(D)火險附加第三人意外責任險，方可獲得賠償。

（　　）**76** 商業火災保險除了承保因火災事故造成的損失之外，還包括下列何者造成的損失？
(A)地震
(B)閃電雷擊
(C)颱風
(D)罷工、暴動、民眾騷擾。

（　　）**77** 火災保險中對於「火」的定義，下列何者正確？
(A)高溫與燃燒
(B)燃燒與濃煙
(C)燃燒、灼熱與火焰
(D)燃燒、濃煙與強光。

（　　）**78** 火災保險中承保的範圍包含「惡意之火」，下列何者為正確舉例之情況？
(A)火把上的火焰
(B)瓦斯爐上的火焰
(C)燃燒稻草堆的火焰
(D)地毯上的火焰。

（　　）**79** 依照住宅火災保險基本條款的規定，保險標的物因為轉讓而被移轉，則該保險契約在多少時間內，繼續有效？
(A)90日內
(B)80日內
(C)70日內
(D)60日內。

（　　）**80** 依商業火災保險基本條款的規定，下列何種情況的發生，則被保險人無法獲得理賠？
(A)仇家惡意縱火
(B)森林大火
(C)機器使用過熱起火
(D)唆使員工縱火。

（　　）**81** 小劉在一次的火災意外事故損失了90萬元，若當時的保險標的物實際現金價值為500萬元，假設一開始就有投保火災保險，則保險金額應訂為多少才能賠償到90萬的損失？
(A)90萬元
(B)500萬元
(C)410萬元
(D)590萬元。

（　　）**82** 小王為自己的機器設備投保商業火災保險，保險金額為500萬元，某天遭遇了火災事故導致45萬元的損失，其機器設備的實際現金價值為750萬元，小王可以得到多少賠償？
(A)45萬元
(B)30萬元
(C)205萬元
(D)500萬元。

（　　）**83** 一般火險有哪些附加條款可以附加？
(A)颱風洪水險
(B)工廠停工特約條款
(C)保險金額自動增加條款
(D)以上皆非。

（　　）**84** 某工廠之廠房價值800萬元，向保險公司投保商業火災保險500萬元，自負額5萬元。倘該廠房遭遇火災損失100萬元，則被保險人可獲得？
(A)95萬元
(B)75萬元
(C)62.5萬元
(D)57.5萬元
之保險賠償。

( ) **85** 李君自國外以1,000萬元的價格購得一幅名貴油畫,想要向保險公司
為這幅畫投保商業火災保險,請問保險公司通常會選擇什麼行動?
(A)拒絕承保
(B)以保險金額1,000萬元的不定值保單承保
(C)以保險金額1,000萬元的定值保單承保
(D)經專家鑑定後,與李君約定保險金額後才承保。

( ) **86** 關於一年期的住宅火災保險,被保險人可以對其建築物依照需求,
選擇用什麼樣的基礎來約定保險金額?
(A)實際價值基礎或現金基礎
(B)重置價值基礎或現金基礎
(C)實際現金價值基礎或重置成本基礎
(D)重置成本基礎或實際價值基礎。

( ) **87** 如果要保人或被保險人提出延遲繳費的要求,保險公司可以同意在
未交付保險費之前先行簽交保險單,但保險費最晚應於保險責任開
始後多久內繳清?
(A)15日
(B)30日
(C)45日
(D)60日。

( ) **88** 要保人要為自己的建築物投保「住宅火災保險」時,不必填寫下列
哪個選項?
(A)通訊處及電話
(B)保險標的物所在地址
(C)建築物本體已使用年數
(D)建築物等級。

( ) **89** 關於火災保險附加地震險的動產費率係數規定,住宅係數為多少?
(A)0.5
(B)0.7

(C)0.8

(D)1.0。

( ) **90** 下列哪種保險標的物適合投保商業火災保險的貨物預約保險？

(A)住家之動產

(B)工廠之機器設備及零件

(C)餐廳之營業生財及器具

(D)倉庫之原料及成品。

( ) **91** 因為颱風引起山崩，導致了保險標的物的毀損，是屬於下列何者的承保範圍？

(A)住宅火災保險

(B)附加颱風及洪水險

(C)附加地層下陷、滑動或山崩險

(D)商業火災保險。

( ) **92** 如果要保人想投保地層下陷、滑動或山崩險的時候，除了需先投保火災保險以外，還必須先附加下列何種險種？

(A)地震險

(B)水漬險

(C)爆炸險

(D)颱風及洪水險。

( ) **93** 被保險人因承保危險事故發生後，建築物毀損導致不適合居住，或者因標的物於修復或重建期間，使被保險人必須暫住旅社或租賃房屋，則此臨時住宿費用由保險公司負責補償，每一事故之補償限額最高為多少？

(A)每日3,000元，以60日為限

(B)每日5,000元，以60日為限

(C)每日1,000元，以30日為限

(D)每日2,000元，以30日為限。

( ) **94** 重置成本為250萬元之住宅建築物，投保200萬元之住宅火災保險，
當發生火災事故損失60萬元時，保險人依照比例原則應該賠償多少？
(A)50萬元
(B)45萬元
(C)48萬元
(D)60萬元。

( ) **95** J建築物的實際現金價值200萬元，其機器設備的實際現金價值300萬
元，J老闆向保險公司投保建築物50萬元及機器設備200萬元的火災
保險。某天發生火災意外，導致建築物損失40萬元、機器設備損失
300萬元，請問J老闆可獲得多少賠償金？
(A)300萬元
(B)228萬元
(C)210萬元
(D)255萬元。

( ) **96** 依照商業火災保險基本條款之規定，當保險標的物因轉讓而移轉
時，則該保險契約的效力應該如何？
(A)經被保險人聲明後，持續有效
(B)需經保險公司簽發批單同意繼續承保後，契約繼續有效
(C)契約自動有效
(D)經受讓人發出書面通知後，繼續有效。

( ) **97** 現行火災保險的暫保險單有效期間為多長？
(A)二個月
(B)一個半月
(C)一個月
(D)半個月。

( ) **98** 下列何者不為火災保險契約上，必須記載的事項？
(A)訂約日期
(B)保險費

(C)當事人之姓名及住所

(D)保險標的物取得的日期。

(　　) **99** 若保險標的物的火災保險費率無法及時確定，保險公司會先行簽發
何種文件以表示保險契約已成立？

(A)批單

(B)保險單

(C)暫保單

(D)保險費收據。

(　　) **100** 下列何者所導致的損失是屬於商業火災保險的基本承保範圍？

(A)地震引起之火災

(B)爆炸引起之火災

(C)颱風引起之火災

(D)罷工、暴動引起之火災。

解答與解析

51 (B)

52 (B)。(B)預收保費為全年保險費的75%。

53 (C)　　**54 (A)**　　**55 (A)**　　**56 (B)**

57 (C)　　**58 (A)**　　**59 (D)**　　**60 (C)**

61 (C)。損失金額×[保險金額／重置成本]－自負額＝應理賠金額，故A公司應理賠金額為230萬，B公司應理賠金額為240萬，所以總損失600萬－230萬（A公司理賠）－240萬（B公司理賠）＝130萬，故選項(C)錯誤。

62 (D)　　**63 (C)**　　**64 (C)**　　**65 (A)**

66 (D)

67 (B)。(B)基本地震險無自負額之規定。

68 (D)。(B)主動做好保護管理措施、設備安裝，可以獲得自護減費的優待。

69 (B)　　**70 (D)**　　**71 (D)**

72 (C)。(A)由地震引起的火災，在一般火災保險當中是屬於除外責任。(B)爆炸保險是承保因爆炸引起之火災損害，不包含地震引起之火災。(D)火災附加第三人意外責任險是承保因火災造成第三人受損害且被保險人有賠償責任的事故，與地震引起之火災無關。

73 (B)　　**74 (D)**　**75 (C)**　**76 (B)**

77 (C)　　**78 (D)**

79 (A)。(A)自保險標的物轉讓或被保
險人破產日起至90日止為契約終止
日，以短期費率計算保費。

80 (D)

81 (B)。想要理賠金額為90萬，則90
萬＝損失金額×[保險金額／重置成
本]，所以90萬×重置成本＝90萬
（損失金額）×保險金額，90萬
×500萬＝90萬×保險金額，保險
金額＝500萬。

82 (B)　　**83 (A)**　**84 (D)**　**85 (C)**

86 (C)　　**87 (B)**

88 (D)。(D)建築等級為商業火災保險
要保書須填寫之項目。

89 (A)　　**90 (D)**　**91 (C)**　**92 (D)**

93 (A)

94 (C)。(C)[200萬保險金額／250萬重
置成本]×60萬損失＝48萬理賠金
額。

95 (C)。(C)建築物的理賠金額：[50萬
／200萬]×40萬＝10萬；機器設備
的理賠金額：[200萬／300萬]×300
萬＝200萬，10萬（建築物）＋200
萬（機器設備）＝210萬。

96 (B)　　**97 (C)**　**98 (D)**　**99 (C)**

100 (B)

（　）**101** 下列何者所導致的損失不屬於商業火災保險的基本承保範圍？
(A)爆炸引起之火災
(B)閃電及雷擊
(C)鄰屋延燒
(D)爆炸。

（　）**102** 依照住宅火災保險基本條款的規定，若建築物連續幾天以上無人看
管或使用時，除了經過保險公司同意並簽發批單的情況之外，保險
契約的效力應立即停止？
(A)30日
(B)45日
(C)60日
(D)90日。

( ) **103** 下列何種資料不屬於保險公司必須提供給消費者審閱並詳加解
說，以便訂立火災保險契約？
(A)臺灣地區住宅類建築造價的參考表
(B)火災保險的保單條款
(C)保險公司的財務狀況表
(D)住宅火災保險要保書填寫說明。

( ) **104** 按商業及住宅火災保險基本條款的規定，被保險人在發生事故當
時，應有哪些義務？
(A)立即通知要保人
(B)請求警方處理現場
(C)防止損失擴大
(D)迅速離開現場。

( ) **105** 按商業及住宅火災保險基本條款的規定，被保險人應於知悉發生
損失後的幾日內提供賠償申請書及損失清單等相關文件？
(A)15日
(B)30日
(C)45日
(D)60日。

( ) **106** 火災保險的附加爆炸險，其保險費率的危險等級分為幾級？
(A)五級
(B)四級
(C)六級
(D)三級。

( ) **107** 按商業及住宅火災保險基本條款的規定，被保險人在知悉發生損
失後，多久的時間內通知保險人？
(A)當天
(B)3日內
(C)5日內
(D)10日內。

( ) **108** 依火災保險特約條款中「木材特約條款」之規定，被保險人必須
在保險契約的承保處所或在範圍內，距離木堆多少公尺不從事動
力鋸木工作？
(A)10公尺
(B)12.45公尺
(C)15.24公尺
(D)17.36公尺。

( ) **109** 建築物的使用性質或保險標的物本身的危險性質有所變更，容易
使火災發生危險程度增加時，若是因被保險人的行為造成，應在
多少時間內通知保險人？
(A)事先
(B)知悉後5日內
(C)變更後10日內
(D)知悉後15日內。

( ) **110** 建築物的使用性質或保險標的物本身的危險性質有所變更，容易
使火災發生危險程度增加時，若不是因被保險人的行為造成，則
應在多少時間內通知保險人？
(A)變更後5日內
(B)知悉後5日內
(C)變更後10日內
(D)知悉後10日內。

( ) **111** 謝先生投保住宅火災保險，保險金額為200萬元，經過三年後發生
火災損失，損失金額為30萬元，該建築物實際現金價值為300萬
元，保險公司應賠償多少給謝先生？
(A)20萬元
(B)25萬元
(C)30萬元
(D)24萬元。

( ) **112** 依火災保險「普通品行號店鋪（有製造工作）特約條款」的規
定，其電力設備的使用，合計不得超過多少千瓦（KW）？
(A)7.5KW
(B)10KW
(C)12.5KW
(D)15KW。

( ) **113** 依火災保險「普通品行號店鋪（有製造工作）特約條款」的規
定，其從事製造的工作人員，不得超過幾人？
(A)10人
(B)15人
(C)20人
(D)25人。

( ) **114** 依火災保險「書籍條款」的規定，若承保之書籍因保險事故而發
生損失時，其賠償金額每本不超過新臺幣多少？
(A)300元
(B)500元
(C)1,000元
(D)2,000元。

( ) **115** 依火災保險「鐘錶條款」的規定，若承保之鐘錶因保險事故而發
生損失時，其賠償金額每件不超過新臺幣多少？
(A)300元
(B)500元
(C)1,000元
(D)2,000元。

( ) **116** 現行的火災保險是按保險標的物或置存保險標的物之位置的何種
情況作為計算火災保險基本費率的依據？
(A)建築物構造等級及消防設施
(B)建築物構造等級及自負額高低

(C)使用性質及自負額高低

(D)建築物構造等級及使用性質。

( ) **117** 依火災保險費率規章的規定，若建築物的高度在多少樓層以上，須另訂高樓加費？

(A)四層樓（不含）

(B)五層樓（不含）

(C)六層樓（不含）

(D)七層樓（不含）。

( ) **118** 被保險人若申請「事業單位安全衛生自護制度」並經評鑑認可獲頒榮譽標誌者，可獲得多少火險減費的優惠？

(A)4%、6%、8%

(B)5%、10%、15%

(C)10%、20%、30%

(D)3%、5%、7%。

( ) **119** 貨物預約保險在條款中載明，保險公司應收的最低保費為全年保險費多少比例為原則？

(A)75%

(B)50%

(C)40%

(D)30%。

( ) **120** 依火災保險費率規章的規定，三等建築物的外牆，若是一半以上是以劣等的建築材料來建造時，保險人將按基本費率加收多少的保費？

(A)10%

(B)20%

(C)30%

(D)40%。

（　）**121** 投保火災保險的工廠，若是符合條款中停工條件者，保險公司可依該工廠進行製造工作時的費率計算，但不得低於普通品倉庫費率的多少？

(A)30%

(B)50%

(C)70%

(D)75%。

（　）**122** 若被保險人將火災保險的自負額提高至多少以上時，保險公司可給予4%～30%不等之減費？

(A)5萬元

(B)10萬元

(C)15萬元

(D)20萬元。

（　）**123** 韓星的房屋座落於臺北市，是一棟七層樓的鋼筋混凝土大廈，已使用10年，約有40坪。若是依臺灣地區住宅類建築造價參考表所訂，該建築物本體每坪造價為65,000元，耐用年數為50；而韓星曾於一年前重新裝潢，費用每坪3萬元，裝潢的耐用年數為10年。則韓星投保住宅火災保險，並約定採實際現金價值基礎，保額為200萬元，設發生火災，損失金額為20萬元時，韓星可獲得多少理賠？

(A)約為20萬元

(B)約為6萬5千元

(C)約為10萬元

(D)約為13萬元。

（　）**124** 在火災保險短期係數的規定中，保險期間六個月之保險契約是以一年期保險費的多少比例來計算保費

(A)50%

(B)60%

(C)65%

(D)70%。

( ) **125** 火災保險附加颱風及洪水險的費率，依照地區的不同分為幾個區域？
(A)二區
(B)三區
(C)四區
(D)五區。

( ) **126** 火災保險附加颱風及洪水險的費率，依照建築結構的不同分為幾級？
(A)二級
(B)三級
(C)四級
(D)五級。

( ) **127** 若被保險人投保在同一連接的場所內，其保險標的物的總保險金額未達新臺幣多少以上者，不得申請火險特別優待率？
(A)五仟萬元
(B)一億元
(C)二億元
(D)三億元。

( ) **128** 小李已經投保了住宅火災保險，若想附加其他附加險種，可加保以下何者？
(A)附加地震險
(B)附加爆炸險
(C)附加煙燻險
(D)附加航空器墜落、機動車輛碰撞險。

( ) **129** 依照火災保險特別優待率辦法之規定，投保的保險標的物必須在最近三年平均損失率在多少以下者，才符合申請優待的條件？
(A)50%
(B)60%
(C)70%
(D)80%。

( ) **130** B工廠想將同一個地址的廠房、機器及貨物足額投保火災保險，總保額應在新臺幣多少以上屬於巨大保額的火災保險業務？
(A)十億元
(B)二十億元
(C)三十億元
(D)以上皆非。

( ) **131** 依照火災保險附加地震險之規定，地震險的自負額為保險標的物所在地址的總保險金額多少比例？
(A)1%
(B)2%
(C)3%
(D)5%。

( ) **132** 保險公司在簽發貨物預約火災保險單時，被保險人應先預付全年保險費的多少，保險公司始得簽發？
(A)35%
(B)50%
(C)75%
(D)80%。

( ) **133** 火災定值保險的費率是按照火災保險的基本費率加收多少？
(A)30%
(B)50%
(C)75%
(D)100%。

( ) **134** 關於現行的長期住宅火災保險，下列敘述何者正確？
(A)最長可保10年
(B)最長可保20年
(C)最長可保30年
(D)以上皆非。

( ) **135** 過去辦公大樓建築物欲投保長期商業火災保險時，最長的保險期
間為多少？
(A)5年
(B)10年
(C)20年
(D)30年。

( ) **136** 依照火災保險附加地震險的規定，地震事故在連續多少時間內發
生一次以上時，仍視同一次辦理？
(A)36小時
(B)48小時
(C)72小時
(D)以上皆非。

( ) **137** 小王欲將其廠房、機器及貨物個別單獨投保颱風及洪水險，保險
公司會進行何種處理？
(A)不予承保
(B)視其危險性決定是否承保
(C)送請公會核定費率後承保
(D)按規章現行費率加收50%後承保。

( ) **138** 商業火災保險附加爆炸險的基本自負額，應為新臺幣多少元？
(A)1萬元
(B)2萬元
(C)3萬元
(D)以上皆非。

( ) **139** 火災保險附加颱風及洪水險，住宅的自負額為賠償金額的多少比
例來計算？
(A)1%
(B)2%
(C)3%
(D)5%。

(　) **140** 火災保險中的颱風及洪水險,其中所稱之「颱風」是指中央氣象
局就臺灣地區發佈的何種報導為其颱風之定義?
(A)陸上颱風警報者
(B)海上颱風警報者
(C)豪雨特報者
(D)強風特報者。

(　) **141** 商業火災保險若需要附加80%的共保條款,則其保險契約的保費需
加費多少?
(A)5%
(B)6%
(C)7%
(D)10%。

(　) **142** 依火災保險附加竊盜險之規定,被保險人在發現保險標的物被竊
盜之後,多久時間內應立即通知保險人?
(A)12小時
(B)24小時
(C)36小時
(D)48小時。

(　) **143** 火災保險附加颱風及洪水險,非住宅的自負額為賠償金額的多少
比例來計算?
(A)5%
(B)10%
(C)15%
(D)20%。

(　) **144** 火災保險附加下列何者險種,是屬於非針對被保險人本身的保險
標的物作為賠償對象?
(A)颱風及洪水險
(B)竊盜險

(C)自動消防裝置滲漏險

(D)第三人意外責任險。

(　　) **145** 火災保險附加地震險的費率考慮高樓因素,當樓層數為8樓時,則係數應為多少?

(A)1.0

(B)1.05

(C)1.10

(D)1.15。

(　　) **146** 住宅火災保險的基本承保危險事故,不包括下列何者?

(A)航空器墜落

(B)機動車輛碰撞

(C)水漬

(D)意外事故所致之煙燻。

(　　) **147** 當保險標的物遇有火災事故發生時,被保險人有防止損失擴大的義務,若因事故導致其他延伸之必要費用,應由何者負擔?

(A)保險公司於其必要合理範圍內負償還之責

(B)保險公司視實際情況補償

(C)被保險人自行負擔

(D)被保險人與保險公司平均分擔。

(　　) **148** 依商業火災保險附加條款中「專業費用條款」的規定,每一事故的賠償金額應以建築物、營業裝修或機器設備的分項賠償金額中,百分之多少為上限?

(A)5%

(B)10%

(C)15%

(D)20%。

（　　）149 劉叔投保了住宅火災保險一年期的保單，保險費為2,000元，若劉叔於保險期間滿六個月時要求終止契約，保險公司須返還多少保險費？
(A)500元
(B)600元
(C)700元
(D)800元。

（　　）150 劉叔投保了商業火災保險一年期的保單，保險費為3,000元，若在保險期間滿六個月時，由保險公司終止該契約，保險公司須返還多少保險費？
(A)1,400元
(B)1,450元
(C)1,480元
(D)以上皆非。

（　　）151 依商業火災保險附加條款中「保險金額自動增加條款」的規定，保險公司對於保險標的物的變動、增加或改良導致實際現金價值增加者，均會自動承保，但若是超過保險標的物金額的多少比例，則不在承保範圍內？
(A)10%
(B)15%
(C)20%
(D)25%。

（　　）152 依照商業火災保險的定義，辦公大樓內的電梯或電扶梯是屬於保險標的物中的哪種項目？
(A)建築物
(B)營業裝修
(C)營業生財
(D)機器設備項目。

(　　) **153** 依照商業火災保險的定義，放在在牆外的廣告招牌是屬於保險標
的物中的哪個項目？
(A)建築物
(B)營業裝修
(C)貨物
(D)營業生財項目。

(　　) **154** 除了有特別載明於住宅火災保險契約上，下列何者不屬於保險標
的物中所指之「建築物內動產」？
(A)鋼琴
(B)電視機
(C)汽車
(D)個人電腦。

(　　) **155** 除了有特別約定載明於住宅火災保險契約上，與被保險人有關之
對象的動產不包括在保險標的物中所指「建築內動產」？
(A)配偶家屬
(B)父母或兄弟姊妹
(C)承租人
(D)受僱人。

(　　) **156** 住宅火災保險契約所承保之「建築物內動產」，其中並不包括被
保險人家中的什麼項目？
(A)魚缸
(B)兒童玩具
(C)飼養寵物
(D)書籍。

(　　) **157** 依商業火災保險的定義，所謂「營業生財」的項目是指因營業需
要所使用之一切器具品，所以下列何者屬於此項目的保險標的物？
(A)餐廳廚房內之蔬菜、肉類
(B)辦公室內之傳真機

(C)百貨公司之電扶梯

(D)工廠之變壓器。

( ) **158** 關於住宅火災保險的清除費用，保險公司對每一事故的賠償責任最高上限為保險金額的多少？

(A)各項保險標的物賠償金額的15%

(B)各項保險標的物賠償金額的20%

(C)各項保險標的物賠償金額的30%

(D)無上限。

( ) **159** 關於火災保險所承保的「火」之定義，其形成原因須為下列何者所致？

(A)故意

(B)不可抗力

(C)意外與不可抗力

(D)可以預期的。

( ) **160** 下列何者之敘述，不屬於火災保險中所指「火災」的形成原因？

(A)實質的燃燒

(B)重大之財務損失

(C)火力超出一定的範圍

(D)意外與不可抗力的原因。

( ) **161** 下列哪個選項是指被保險人保證在保險契約所承保處所的地面，不置存石油？

(A)汽油條款

(B)加油站條款

(C)石油條款

(D)以上皆非。

（　　）**162** 依照保險費延緩交付特約條款的規定，要保人或被保險人若未能在保險責任開始之日後30日內付清保險費時，保險公司將以書面通知要保人自延緩期滿的多少天後解除契約？
(A)翌日起
(B)7日後
(C)15日後
(D)30日後。

（　　）**163** 位於臺北市士林區之一棟六層樓公寓住宅，如果要投保住宅火災保險，保險公司在計算應收費率時，會考慮基本費率與下列何者做計算？
(A)地區加費
(B)高樓加費
(C)地區與高樓加費
(D)地區與屋頂加費。

解答與解析

101 (D)　　**102 (C)**　　**103 (C)**　　**104 (C)**

105 (B)　　**106 (C)**　　**107 (C)**

108 (C)。(C)木材特約條款中説明須距離50呎，約為15.24公尺。

109 (A)　　**110 (D)**　　**111 (A)**　　**112 (C)**

113 (B)　　**114 (C)**　　**115 (D)**　　**116 (D)**

117 (B)　　**118 (A)**　　**119 (B)**　　**120 (C)**

121 (B)　　**122 (B)**

123 (D)。建築物的重置成本：65,000元×40坪×（1－折舊率）＝65,000×40×[1－（10（已使用年份）／1＝51（可使用年份＋

1）)]＝2,090,400；裝潢重置成本：30,000元×40坪×（1－折舊率）＝30000×40×[1－（1／11）]＝1,090,920，2,090,400＋1,090,920＝3,181,320，重置成本為3,181,320元，200萬保險金額／3,181,320重置成本×20萬損失金額＝125734元，故約為13萬元。

124 (C)　　**125 (B)**　　**126 (B)**　　**127 (B)**

128 (A)　　**129 (A)**

130 (C)。(C)同一承保範圍內的所有財產保險金額達30億元以上者，屬於巨額火災保險業務。

131 (A)　**132 (C)**　**133 (B)**

134 (D)。(D)依照現行火災保險的規劃,長期火災保險已經停辦。

135 (C)　**136 (C)**

137 (A)。(A)保險標的物不得個別單獨投保颱風及洪水險。

138 (C)　**139 (D)**　**140 (A)**　**141 (D)**

142 (B)　**143 (B)**　**144 (D)**　**145 (C)**

146 (C)　**147 (A)**　**148 (A)**

149 (C)。(C)火災保險六個月的短期費率計算為65%,所以保險費2,000元×65%=1,300元,故2,000-1,300=700元。

150 (C)。(C)因保險公司終止契約者,以保險費×(未到期天數/365日),故以未到期天數為180天,保險費3,000元×(180天/365)=1479,約為1480元。

151 (A)　**152 (A)**　**153 (D)**　**154 (C)**

155 (C)　**156 (C)**　**157 (B)**　**158 (D)**

159 (C)　**160 (B)**　**161 (B)**　**162 (A)**

163 (B)

NOTE

....

....

....

....

....

....

....

....

第三章 海上運輸保險

本章依據出題頻率區分，屬：**A** 頻率高

課前導讀

本章節是為海上運輸保險（水險）的說明與介紹，從過去工業時代開始就是重要的財產保險重點，雖然現今財產保險的重心漸漸轉移，但在財產保險中仍佔多數，因為世界的貿易大多還是透過海運來進行，所以海上運輸保險最常使用的範圍便是貨物的交易，其中分為買家或賣家負責，這一重點觀念需要考生熟記與分辨清楚，如果原理沒有詳讀，容易將責任混淆。

☑ 重點1 概論與定義 ✿✿✿

海上保險又稱為「水險」，與火險、車險並列為財產保險裡重要的三大險種，最早源於十三世紀的義大利，因為在海上冒險所以有彼此借貸的關係，因出海需要大筆金錢的支持行為，流傳至英國後便發展成一種保險制度。

從歷史的故事中可以看到，每出海一趟要面臨的風險全是未知，不只是財務上的損失，還包含船員們

> **考點速攻**
>
> 海上運輸保險為國際間進出口貿易，所以水險的適用條款，為倫敦保險協會貨物運輸條款，簡稱I.C.C. (INSTITUTE CARGO CLAUSES)。

的生命安全都存在著巨大的風險，而海上保險的形成，一開始主要是保障船隻運送的貨物、商品，可以不因氣候、運輸航線、保存等因素造成損失使要保人生計受到影響，雖然在船運送的過程遇到損失，也能保障這一趟運送旅途並非白跑一趟。

而臺灣的進出口貿易為國內的重要產業之一，幾個重要的港口承載著巨大的經濟效益，而大海、天氣皆是進出口貨物時無法掌控的損害因素之一，甚至還有可能面臨其他人為疏失。所以海上運輸保險主要在承保貨物在海上運輸的風險，後來因為一艘船的價值高昂，海上保險也延伸出保障船隻受損的承保範圍，使要保人較不容易因海上或其他運輸期間的變化影響，使財產遭受

巨大的損失，是一種損失分擔、風險分散的原則來獲得補償，保單型態為時間性或航程性保單。

過去的海上保險依照標的物的不同可分為：

一、海上貨物運輸保險

保險標的物經由海運運送，被保險人為避免貨物於運送途中遭遇危險事故以致損失，投保此險種保障運輸的風險。以保險適用條款的不同分為三種型態：I.C.C.(A)承保最廣範圍、I.C.C.(B)承保範圍居中、I.C.C.(C)承保範圍較小。

二、船體保險

保險標的為船體，目的為被保險人須保障船舶的經營，以及船隻的財產價值，除承保船體外部的船殼之外，還包含船上的機械設備、鍋爐及屬具等。

三、漁船保險

一般若是向銀行貸款購入漁船，銀行也會要求投保漁船保險，保障漁船若遇到全損或半損之損害，導致重置成本和其他延伸的費用可以理賠。

目的也是為了避免被保險人因漁船的經營和運作遭受損失時，連帶牽連銀行所進行的風險規避，同時保障被保險人仍有賠償金可以負擔損失。

四、責任保險

因海上事業的經營可能會延伸出許多責任，所以水險當中的責任保險項目也非常多，以下就幾項主要責任險做說明：

(一) **營運責任險：**
　　此責任險是保障當被保險人營運的船舶發生事故時，可能會造成海洋汙染，須負起清除的責任費用；又或者是此船舶造成第三人死亡、傷害，與他人財產、船舶損失的情況，需負擔賠償的責任。

(二) **娛樂漁船意外責任險：**
　　取得證照的娛樂漁船在進行休閒娛樂、觀光等行程，因發生事故造成船員、乘客及第三人遭受生命或財產的損失，負賠償責任。

(三) **遊艇意外責任險：**

自用遊艇才可投保，是依照船舶法及遊艇管理規則規定，承保保險標的的遊艇所進行的娛樂活動，為保障使用或搭乘遊艇者的權益。

(四) **船員雇主責任險：**

因員工對雇主有賠償請求權，所以雇主須投保此責任險來保障船上僱員們的生命安全，由船東或船舶公司進行投保，為僱員的體傷、死亡負賠償責任。

(五) **承攬運送人責任險：**

保障貨品運輸過程中，接收、託管、運送者的目的地交送和其他運輸行為，於過程中因未盡義務，導致被保險人需負擔賠償責任，則轉嫁與保險公司賠償。

後來因為科技的進步與土地的開墾，運輸的型態增加了空中與陸上的方式，所以從海上運輸保險當中，延伸出了其他運輸保險和貿易的型態，其他險種雖非海上但仍屬於海上運輸保險此一大類。

五、航空貨物運輸保險

保險標的物經由空運運送，被保險人為避免貨物於運送途中遭遇危險事故以致損失，投保此險種保障運輸的風險。

六、陸上貨物運輸保險

保險標的物經由內陸上交通工具（卡車、貨車、火車）運送，被保險人為避免貨物於運送途中遭遇危險事故以致損失，投保此險種保障運輸的風險。

七、郵包運輸保險

承保的貨物是以郵封、包裹的方式寄送，於運輸期間遭遇損害事故，導致郵包的毀損、滅失，其補償費用由保險公司承擔。郵包當中有保價郵寄的選擇，但並非各國間皆有保價郵寄可選，故可以投保郵包運輸保險來降低風險。

── 牛刀小試 ──

( ) **1** 海上運輸保險若是想要承保範圍最大，應選擇何者？ (A)I. C.C.(C) (B)I.C.C.(A) (C)I.C.C.(B) (D)以上皆非。

( ) **2** 關於營運責任險，下列何者敘述正確？ (A)保險標的物是由海運運送 (B)因員工對雇主有賠償請求權，所以雇主須投保此責任險來負責 (C)在進行娛樂活動時導致乘客、船員發生意外，負賠償責任 (D)若投保船舶發生事故導致海洋汙染，須負起清除之責任。

解答與解析

1 (B) **2 (D)**

☑ 重點2 貿易條件與流程 ☆☆☆☆

在海上運輸保險中，最重要的就是貿易的條件與流程，承保標的物的出發、抵達、海上、陸上等動線與安排，包含中途運送人的責任，都會影響海上運輸保險的承保範圍與保險費用。而在貿易的運送流程裡，空運和海運相似，有相同的運送模式，以下用圖示說明整個貿易運送中會經手的地點與流程，這在運輸保險中屬於宏觀的概念。

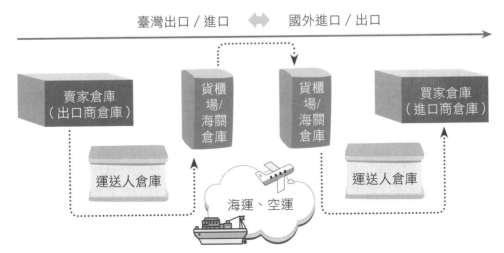

貿易是一種跨國際的商品交易行為，不管是從哪一國出發，又或者是出口還是進口，貿易的流程都一定是有買賣，而海上運輸保險的保障範圍包含從賣家的倉庫（出口商），經過內陸的運送，可能會先放置在運送人的倉庫中，然後再前往出口國的港口貨櫃場、海關倉庫；接著貨品會經過海運或空運，來抵達交易國的貨櫃場、海關倉庫，下一步就是透過當地的運送人，將貨物商品載往買家的倉庫（進口商）。路線的涵蓋、保險責任的範圍，是影響海上運輸保險的費用最大原因，所以說，海上運輸保單又可以視為「倉庫至倉庫」的保險，被保險需視個人運輸之情況來選擇投保範圍。

國際間的貿易行為有幾種固定模式，以下說明為各種貿易的條件和型態，這些條件也會影響保險的承保，也建議被保險人可以爭取以國際慣用的貿易條件，讓投保範圍與效益最大化。

一、EXW（Ex works）

(一) 貿易定義：

賣方將預備售出的貨物放在賣方倉庫，由買方自行來取。

(二) 雙方義務：

買方：在賣方指定工廠、倉庫取貨，自行負擔一切運輸費用和風險，自己決定船班的時間與出國簽證和其他一切相關費用。

賣方：在約定好的工廠地點交貨、提供必要的交貨檢查費用。

(三) 其他說明：

EXW的貿易條件對賣方來說是最為輕鬆的，但相對來說買方就必須負擔高風險，所以雖然有這樣的貿易條件，國際間很少採用。

二、FOB（Free on board）

(一) 貿易定義：

當約定貿易之貨物運至出口港的船上時，賣方對貨物所需負擔的責任即結束。

(二) 雙方義務：

買方：支付出口國的產地證明費、領事發票、其他文件費用，通知賣方與安排運送的船隻（與船隻簽訂契約），付清貸款與交貨後的海運運費和風險轉移費用（保險費）。

賣方：提供貿易約定的包裝貨物，負擔運送至買家（進口商）指定的船
隻，支付出國簽證、報關、檢驗、搬運上船的費用。
「貨物一旦完成打包上船後，即立刻通知買家」。

(三) **其他說明：**

在FOB的條件下，賣方負擔從賣方倉庫至買方指定船隻的這段路程運送
風險；出港後的海上風險與進口國的內陸運送，由買家自行負責。

這種條件的貿易型態也是國際間常用的貿易條件，只不過因為賣家較常
有固定配合的定期船隻，合作的運送費率也會較為便宜，故雖然FOB的
貿易條件是以買家自行安排船隻，但實務上買家通常會委託賣家代理。

三、CFR（Cost and Freight）

(一) **貿易條件：**

是以FOB貿易條件為基礎，賣家要另外加上海上運輸的運費，以及變成
是由賣方來負責找船，洽定船班與支付海運運費，但賣家的交貨地點不
變，一樣是出口港的船隻上。

(二) **雙方義務：**

買方：如與契約記載相同，買家須接受賣家提供的裝船單，並依照契約
支付貸款；另外還得支付賣家取得產地的證明書與領事發票、其
他相關文件、保險等費用。

賣方：提供包裝貨物、安排運輸船隻和航程（與船隻簽訂契約）、負
責<u>支付海上運輸的運費</u>以及出口簽證、報關、必要檢查等手續
費用。

(三) **其他說明：**

與FOB的不同，簡單來說就是運費變為賣家來負擔，但保險費仍是由買
家負責，而在實務上因為是由賣家來安排船班，所以採取此貿易條件需
特別註明目的港口名稱，如此以來這樣的貿易條件變得有些複雜，所以
反而不是那麼實用。[FOB＋海運費＝CFR]

四、CIF（Cost，Insurance and Freight）

(一) 貿易定義：

是指將運費、海上運輸費用與保險費含在貿易條件裡，也就是以CFR為基礎，賣家除了須負擔運費外，連同海上運輸時的保險費用也一併負擔。

(二) 雙方義務：

買方：如與契約記載相同，買家須接受賣家提供的裝船單，並依照契約支付貸款；另外還得支付賣家取得產地的證明書，與領事發票、其他相關文件費用。

賣方：提供包裝貨物、安排運輸船隻和航程（與船隻簽訂契約）、負責支付海上運輸的運費以及出口簽證、報關、必要檢查、**保險費**費用。

(三) 其他說明：

是在國際貿易中最為常用的貿易條件，由於是由賣家與船隻簽訂契約，同樣得註明目的港口的名稱，而CIF涵蓋的範圍已經不僅僅是貨物本身，是連同整段航程至抵達目的地前的風險都由賣家負擔，所以又可以視為CIF是貨運單證的交易，而非貨品本身。

> **考點速攻**
>
> 賣家與買家的責任有點複雜，需多花點時間去理解運費和風險（保險）承擔的關係。

FOB＋海運費＋保險費＝CIF

五、CPT（Carriage Paid to）

(一) 貿易定義：

賣家從賣家倉庫將貨物運送至買家約定之目的地這段路程所有的運費由賣家支付，但是從賣家交託給第一個負責運送人開始，往後的所有風險與其他費用由買家支付。

(二) **雙方義務**：

買方：於目的地接收貨物依約支付貸款，且支付從第一運送人之後**運費以外**的所有費用、保險費。

賣方：自行洽定運送契約（選擇運送人），但在交給第一運送人之後得立即通知買家，在交給第一運送人之前須負責全部的風險（部分保險費），負擔全程運輸的運費以及得向買家提供產地證明、運輸單證、商業發票。

(三) **其他說明**：

與CFR的貿易條件類似，賣家負擔貨品交到買家手中的全程運費，只不過賣家的責任只到第一運送人這段而已，往後的風險與其他費用由買家承擔，此貿易條件適合任何運送方式（內陸、空運、海運）交貨的交易。

六、CIP（Carriage and Insurance Paid to）

(一) **貿易定義**：

以CPT貿易條件為基礎，除了全程的運費以外，賣家還須承擔全程運送的風險，也就是負責支付貨品運輸保險的費用。

(二) **雙方義務**：

買方：於目的地接收貨物依約支付貸款，且支付從第一運送人之後**運費、保險費**以外的所有費用。

賣方：自行洽定運送契約（選擇運送人），但在交給第一運送人之後得立即通知買家，須負責運輸旅程中全部的運費和保險費（需由賣家先投保貨物運輸險），以及得向買家提供產地證明、運輸單證、商業發票。

(三) **其他說明**：

是以CPT的貿易條件，由賣家在加上保險費的負擔，同樣適合各種運送方式的貨物交易。

CPT＋保險費＝CIP

牛刀小試

( ) **1** 關於CIF的貿易條件，下列哪個選項正確？ (A)CIF＝FOB＋CFR (B)CPT＝FOB＋CIF (C)賣家的責任，在貨物抵達約定之出口港的船隻後結束 (D)賣家只需負擔保險費用。

( ) **2** 哪一種貿易條件之下，賣家需在交付貨物給第一運送人後，立即通知買家？ (A)CIF (B)CFR (C)CIP (D)FOB。

解答與解析

1 C　　**2.** C

☑ 重點3　運輸的損失型態　☆☆☆

關於海上運輸保險所保障的運輸旅途中，可能會面臨標的物的存亡、運輸船體受損等影響貿易內容的因素，同時光是全損就有因為造成的原因不同、受損的部位，又分成好幾種型態的損失。

一、實際全損（Actual Total Loss）

當保險標的物因承保的事故發生毀損、滅失，導致標的物失去原來使用用途者，稱為實際全損。例如：麵粉碰上水變成麵團，失去原來的用途且無法恢復。

二、推定全損（Constructive Total Loss）

分為兩種情況，一是實際全損的情形是進行式且不可避免；另一種情形是指標的物受損但還能修復，但是如果施救、整理、修複、續運至目的地的費用總計超過原本的價值時，保險公司會推定為全損。

三、協議全損（Compromised Total Loss）

當保險標的遭受事故，但是受到的損害並未造成實際全損，卻也沒有達到推定全損的條件，處於兩者全損門檻之間的情形。這時，保險公司為了維持與

被保險人的良好業務關係使客源穩定，雙方都同意按全部損失進行賠償，稱為協議全損。

四、共同海損（General Average）

在船隻的運送途中，可能因遭受的事故進行合理的犧牲、損失分配導致標的物受損，是為了保障共同財產所需負擔的損失。例如：當船隻失火需引水撲滅，此時引水導致貨物損失是屬於共同損失（犧牲）。

但是若是貨物單獨起火，則屬於下列說明的單獨海損，而非共同海損。

五、單獨海損（Particular Loss）

在船隻的運送途中，保險標的獨自遭受到損害。例如：貨物起火燃燒、被大浪捲落海中。

六、施救費用（Salvage Expense）

船隻和保險標的貨物因遭遇事故，須由第三者前來救助、協助才能脫離困境，而給付施救者的合理報酬由保險公司負擔。

七、損害防止費用（Sue and Labour Charges）

被保險人在保險標的貨物到達目的地之前，為了要降低風險發生之機率與損害擴大等所做的合理防範措施，因此產生的費用可由保險公司承擔。例如：擔心浪大捲走貨物，加強購買韌性強的繩子等用品費用。

八、額外費用（Extra Charges）

當保險標的發生損害，被保險人須開立證明與列出損失所需花費的費用，像是查勘費用、公證費用、理算費用，或者是因為需要理賠流程而延伸出來的費用、如卸貨、倉儲、續運、清算費等。

九、單獨費用／部分損失（Particular Charges）

除了共同海損、施救費用之外，被保險人為保險標的安全性所作的保全行為延伸之費用。

─── 牛刀小試 ───

( ) **1** 關於海上貨物運輸保險之損失型態中，有以下哪種？ (A)部分損失 (B)全損 (C)施救費用 (D)以上皆是。

( ) **2** 被保險人為了降低貨物損失風險，進行防範措施所產生的費用稱為 (A)單獨海損 (B)部分損失 (C)損害防止費用 (D)額外費用。

解答與解析

1 (D) **2 (C)**

☑ 重點4　海上運輸保險的其他說明 ☆☆☆☆

前一篇重點所討論的運輸損失型態，皆是指在運輸期間遭受不可抗且無法預知事故的風險，但若是損失的發生原因是因為他人故意或過失所導致，海上運輸保險又是否可以理賠呢？以下將針對海上保險的其他細節補充來做說明。

一、過失或故意對理賠的影響

被保險人如果因為他人故意或過失的行為導致損失，如果在運輸保險的承保範圍裡，可以向保險公司申請理賠，但保險公司便取得對導致過失的「他人」有代位求償權。

二、運輸保險保單的性質

(一) 時間性保單：

在約定的特定時段為保險標的的保險有效期間，保險金額以保險責任開始的時間起算。

例如：協會船舶時間保單（INSTITUTE TIME CLAUSE，簡稱I.T.C.）。

(二) 航程性保單：

海上運輸保險的保險單效力只有在某一段航程期間。

舉例：出口貨物的運輸保險單、船體貨航空機體保障保單。

考點速攻

海上保險皆屬於定值保險的一種。

三、英國協會貨物保險條款介紹

協會貨物保險條款是由英國倫敦的核保人協會來訂定，現為（INSTITUTE CARGO CLAUSES，簡稱I.C.C.），專用於海上貨物運輸險承保範圍的條款說明。

承保範圍	新制條款名稱（1982年）	舊制條款名稱（1963年）
全險	INSTITUTE CARGO CLAUSES (A)	INSTITUTE CARGO CLAUSES(ALL RISKS)
水漬險	INSTITUTE CARGO CLAUSES (B)	INSTITUTE CARGO CLAUSES (W.A.)註1
平安險	INSTITUTE CARGO CLAUSES (C)	INSTITUTE CARGO CLAUSES (F.P.A.)註2
空運全險	INSTITUTE CARGO CLAUSES (AIR)	INSTITUTE AIR CARGO CLAUSES (ALL RISKS)

另外可附加之協會條款

兵險	INSTITUTE WAR CLAUSE (CARGO)	INSTITUTE WAR CLAUSE (CARGO)
罷工險	INSTITUTE STRIKES CLAUSES(CARGO)/ (AIR CARGO)	INSTITUTE STRIKES RIOTS AND CIVIL COMMOTIONS CLAUSES (S.R.C.C.)

註 1. W.A.為（WITH PARTICULAR AVERAGE）舊條款水漬險的英文縮寫。

2. F.P.A.為（FREE FROM PARTICUL ARAVERAGE）舊條款平安險的英文縮寫。

四、協會條款的內容

(一) 列舉式：

1. I.C.C.(C)：承保範圍最小
   (1) 火災或爆炸。
   (2) 船隻翻覆、擱淺、觸礁。
   (3) 陸上交通工具翻覆、出軌。
   (4) 運輸工具與水以外的物體碰撞。
   (5) 於避難港卸貨時造成的損失。
   (6) 投棄（指貨物或船舶之屬具被投棄於船隻之外）。
   (7) 共同海損之犧牲。

2. I.C.C.(B)：承保範圍居中
   在I.C.C.(C)的承保範圍中，再加上下列範圍：
   (1) 海水、湖水、河水滲入貨艙。
   (2) 裝卸貨物時掉落海中。
   (3) 地震、火山爆發、雷擊。
   (4) 海浪掃落。

> **考點速攻**
> 1. 兵險：保障因戰爭、革命等因武力交戰所導致的扣押等損失。
> 2. 罷工險：是承保因罷工或其他恐怖主義活動導致的損失。

(二) 概括式：

1. I.C.C.(A)：承保範圍最廣
   承保除外責任以外的所有範圍，承保責任為下列：
   (1) 被保險人故意之行為。
   (2) 保險標的正常的失重或失量。
   (3) 保險標的物的固有瑕疵。
   (4) 保險標的物包裝不當所造成。
   (5) 因延遲所造成的損失。
   (6) 因船隻營運者破產或欠債引起的損失。
   (7) 因原子、核子武器所造成。
   (8) 不適合航運、不適合運送的全部除外條款。
   (9) 兵險的除外條款。
   (10) 罷工險的除外條款。

承保範圍整理一覽表：

項目	承保範圍	新式條款 A	B	C
	共同承保內容			
1	雙方過失碰撞	✓	✓	✓
2	火災或爆炸	✓	✓	✓
3	共同海損及施救費	✓	✓	✓
	共同除外責任			
1	標的物包裝不當	✗	✗	✗
2	遲延所致市場跌價損失	✗	✗	✗
3	因遲延造成保險標的物腐爛	✗	✗	✗
4	標的物設計不良	✗	✗	✗
5	原子核所引起損失	✗	✗	✗
6	固有瑕疵	✗	✗	✗
7	因財務糾紛造成貨物損失	✗	✗	✗
	其他承保內容			
1	海盜危險	✓	✗	✗
2	火山爆發	✓	✓	✗
3	海浪掃落	✓	✓	✗
4	偷竊所致損失	✓	✗	✗
5	內陸運送綑綁不牢導致貨物摔落	✓	✗	✗

五、海上運輸保險的其他重要名詞

(一) **偷竊，未送達T.P.N.D.（THEFT, PILFERAGE, NON-DELIVERY）：**
保險標的貨物實際已裝運，但在運送或儲存的過程中遭偷竊，導致一部份或全部短少，稱為T.P.N.D.。

(二) **免計百分比I.O.P.（IRRESPECTIVE OF PERCENTAGE）：**
若被保險人有免計百分比的規定，就表示保險公司不能以百分比來計算的自負額方式來理賠，當保險標的發生承保危險時遭受損害時，須依損失的金額全額賠付。

(三) **免責責任比率（FRANCHISE）：**
保險人與被保險人雙方事先同意並約定，對於保險標的損失的某一個固定比率，在這比率以下是由被保險人自行負擔，但當損失超過該固定比率時，則保險公司即負擔全部之損失。
例如：保險金額NTD100萬，免責比率4%，損失金額為10萬，則
100萬×4%＝4萬
10萬＞4萬，超過免責比率，故保險公司須負擔10萬損失金額。

(四) **超過自負額比率（EXCESS）：**
保險人與被保險人約定在某一固定定額或固定比率以上，保險公司對**超過的部分**負賠償責任，沒有超過的部份，被保險人仍須自行負責約定部分之損失。
例如：保險金額NTD100萬，免責比率4%，損失金額為10萬，則
免賠額＝100萬×4%＝4萬
損失金額10萬－免賠額4萬＝6萬
故保險公司只須賠償6萬的損失

(五) **季節因素：**
若是貨運運送時間在颱風期間或區域，其保險費率會高於平常的期間。

(六) **包裝因素：**
若是貨物的包裝越穩固，則損失機率降低則保險費較便宜。

(七) **再保險因素：**
如果同樣的保險累積金額太高，或者再保合約有除外不保項目，需先通知再保單位安排臨時分配。

(八) **客戶損失機率：**
高損失率的被保險人會使保險人將逐步提高保費、甚至拒保，相反情況則降低保費。

(九) 船舶因素：

依照保險條款的規定，運載貨物的船隻須具備適合航運的能力、經國際認可合格的船。

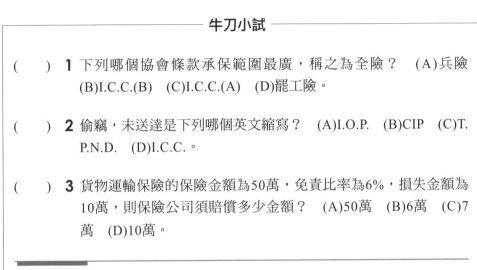

───── **牛刀小試** ─────

( ) **1** 下列哪個協會條款承保範圍最廣，稱之為全險？ (A)兵險 (B)I.C.C.(B) (C)I.C.C.(A) (D)罷工險。

( ) **2** 偷竊，未送達是下列哪個英文縮寫？ (A)I.O.P. (B)CIP (C)T. P.N.D. (D)I.C.C.。

( ) **3** 貨物運輸保險的保險金額為50萬，免責比率為6%，損失金額為10萬，則保險公司須賠償多少金額？ (A)50萬 (B)6萬 (C)7萬 (D)10萬。

解答與解析

1 (C) **2 (C)**

3 (D)。保險金額50萬×免責比率6%＝3萬，損失金額10萬大於免責額度3萬，故保險公司須負擔全部損失，賠償10萬。

精選試題

( ) **1** 保險法第17條的規定中，要保人或被保險人對於保險標的物無保險利益者，則保險契約可以進行什麼樣的動作？
(A)可撤銷
(B)失其效力
(C)終止
(D)可解除契約。

(　　)　**2** 保險補償是為了使被保險標的物回復成未受損前的狀況，或是為了補償被保險人損失的經濟利益，稱之為什麼原則？

(A)最大誠信原則

(B)損害補償原則

(C)保險利益原則

(D)代位求償原則。

(　　)　**3** FOB的貿易條件對於賣方來說，在貨物裝船前是否有投保運輸保險的必要？

(A)有

(B)沒有

(C)不一定

(D)以上皆是。

(　　)　**4** 在CIF的出口貿易條件情況下，海上運輸保險是由何者來訂立保險契約？

(A)買方

(B)賣方

(C)船方

(D)銀行。

(　　)　**5** 在CFR的出口貿易條件情況下，海上運輸保險是由何者來訂立保險契約？

(A)買方

(B)賣方

(C)船方

(D)銀行。

(　　)　**6** 被保險人在投保貨物運輸保險時，應確實告訴保險公司相關投保資料，不得隱瞞或告知不實是屬於哪種原則？

(A)損害補償原則

(B)主力近因原則

(C)最大誠信原則

(D)保險利益原則。

( ) **7** 在FOB貿易條件的條件下，海上貨物運輸保險的保險利益是屬於下列何者？

(A)賣方

(B)船方

(C)買方

(D)銀行。

( ) **8** 保險單中，保險公司最大的賠償責任限額又稱為？

(A)保險金額

(B)補償損失

(C)發票金額

(D)保險價額。

( ) **9** 海上運輸保險中的「低額保險」是指下列何者？

(A)保險金額大於保險價額

(B)保險價額大於保險金額

(C)保險價額小於發票金額

(D)發票金額小於保險金額。

( ) **10** 海上貨物運輸保險單是屬於哪種保單性質？

(A)不定值保單

(B)定值保單

(C)不可轉讓保單

(D)責任保單。

( ) **11** 因為運送遲延所導致的跌價損失，可由哪一種何種協會貨物保險條款來承保？

(A)A條款

(B)B條款

(C)C條款

(D)以上皆非。

(　) **12** 在海上貨物運輸保險中，若保險標的物損失不屬於「共同海損」的部份損失，又稱為下列何者？
(A)單獨成本
(B)單獨費用
(C)單獨海損
(D)協議海損。

(　) **13** 在船舶的航程期間，為求共同危險中全體財產的安全，對保險標的物所為故意及合理處分，直接造成其標的犧牲及延伸費用，又稱為下列何者？
(A)單獨海損
(B)協議全損
(C)共同海損
(D)損害防止。

(　) **14** 海上貨物運輸的保險單，是屬於下列哪一種保單性質？
(A)航程保單
(B)時間保單
(C)不定值保單
(D)以上皆非。

(　) **15** 保險單效力若是以其一特定期間為承保，其保險單性質又稱為何種保單？
(A)航程保單
(B)時間保單
(C)保險合約
(D)單程保單。

(　) **16** 若船舶因為載運的棉花貨物失火，船長在基於船貨與人員安全的考慮下，下令灌水施救，並宣佈共同海損，則棉花的失火毀損應列為何者費用？
(A)共同海損
(B)單獨海損

(C)施救費用

(D)其他費用。

( ) **17** 船體、航空的機體保險單，大部份是屬於下列何種保單？

(A)時間保單

(B)航程保單

(C)港口保單

(D)以上皆非。

( ) **18** 在海上運輸保險中的協會條款，是指下列那一個協會所訂定之條款？

(A)我國核保協會

(B)日本保險協會

(C)美國保險協會

(D)倫敦保險人協會。

( ) **19** 兵險是指在下列何種協會貨物保險條款中屬於除外內容，需要另外
申請加保？

(A)A條款

(B)B條款

(C)C條款

(D)以上皆是。

( ) **20** 新式的協會貨物保險條款，是指在西元幾年時訂定的？

(A)1779年

(B)1963年

(C)1980年

(D)1982年。

( ) **21** Marine Risks為貿易保險條件之一，它是指何種協會的貨物保險條款？

(A)A條款

(B)B條款

(C)C條款

(D)以上皆可。

( ) **22** 海浪掃落險（Washing Overboard），是指若保險標的物以貨櫃裝運
載送的條件下，下列何種協會貨物保險的條款可以理賠？
(A)罷工險條款
(B)兵險條款
(C)B條款
(D)C條款。

( ) **23** 我國海上貨物運輸保險的條款是採用下列何者作為依據？
(A)英國協會條款
(B)美國協會條款
(C)日本協會條款
(D)我國協會條款。

( ) **24** 下列協會貨物保險條款中，何種條款的承保內容有包括共同海損的費
用分攤部分？
(A)A條款
(B)B條款
(C)C條款
(D)以上皆有。

( ) **25** J.W.O.B此英文縮寫是指下列何者意思？
(A)偷竊損失
(B)倉庫損失
(C)投棄及海浪掃落
(D)海水險。

( ) **26** 海上貨物運輸保險的損失型態中，有幾種損失型態？
(A)部份損失
(B)全部損失
(C)救助費用
(D)以上皆是。

( ) **27** 由恐佈份子所引起保險標的滅失、毀損的行為，下列何者的承保範圍內有包含？

(A)A條款

(B)B條款

(C)C條款

(D)新式協會罷工險條款。

( ) **28** 因為船隻擁有者的財務糾紛所引起保險標的損失，於下列何種協會貨物保險條款當中屬於可承保範圍？

(A)A條款

(B)B條款

(C)C條款

(D)以上皆非。

( ) **29** 因為遺棄的水雷所導致的毀損是屬於哪一種貨物保險條款的承保範圍？

(A)A條款

(B)B條款

(C)新式協會貨物罷工險條款

(D)新式協會貨物兵險條款。

( ) **30** I.O.P.此英文縮寫是指下列何種意思？

(A)未送達

(B)短少險

(C)兵險除外

(D)不計損失之自負額百分比。

( ) **31** 在海上運輸保險中之理算費用屬於？

(A)單獨海損

(B)施救費用

(C)損害防止費用

(D)額外費用。

( ) **32** 貨物運輸保險的公證費是屬於保險契約當中的何種項目？
(A)共同海損
(B)單獨費用
(C)額外費用
(D)施救費用。

( ) **33** 船舶及貨物若因為在海上遇難，必須由第三者救助，因而延伸出支付報酬的義務，又稱為何種費用？
(A)共同海損費用
(B)施救費用
(C)額外費用
(D)卸貨費用。

( ) **34** 貨物運輸保險的保險費率報價，下列何者不屬於費率的考慮因素？
(A)再保因素
(B)成本因素
(C)包裝因素
(D)貨物本身品質因素。

( ) **35** 海上運輸保險中的協會貨物保險條款（Institute Cargo Clauses），又可以簡稱為下列何者？
(A)（I.T.C.）
(B)（I.W.C.）
(C)（I.C.C.）
(D)（I.S.C.）。

( ) **36** 舊式的協會條款，關於罷工、暴動和民眾騷擾的條款英文縮寫為下列何者？
(A)（S.R.D.D.）
(B)（S.R.C.C.）
(C)（M.R.S.C.）
(D)（S.R.C.D.）。

( ) **37** 新式的協會貨物保險條款中，A條款的承保範圍是採取何種承保原則？
(A)開放式
(B)列舉式
(C)概括性
(D)綜合式。

( ) **38** 在航海的海域中有可能會遇到海盜強盜或掠奪，而此危險在舊式的
協會貨物保險條款當中，是屬於何種條款的承保範圍？
(A)全險
(B)水漬險
(C)兵險
(D)平安險。

( ) **39** 若是保險標的物的尺寸不符合出貨規定，則此情況在下列何者險種
的條款中，可以進行理賠？
(A)全險
(B)兵險
(C)水漬險
(D)以上皆非。

( ) **40** 在新式的協會貨物保險條款當中，關於B條款的承保範圍下列何者正確？
(A)承保範圍大於A條款
(B)承保範圍大於C條款
(C)大於所有條款
(D)以上皆是。

( ) **41** 在新式的協會貨物保險條款當中，A、B、C三種條款，那一種條款
的承保範圍可視為最為侷限、狹窄？
(A)A條款
(B)B條款
(C)C條款
(D)採取方式不同，所以無法比較。

( ) **42** 被保險人及其受僱用之人若是惡意破壞保險標的物，則在下列那種
條款當中仍可以理賠？
(A)全險條款
(B)罷工險條款
(C)兵險條款
(D)以上皆非。

( ) **43** 新式的協會貨物保險條款當中，C條款的承保範圍是採下述何種承保
原則來訂立？
(A)開放式
(B)列舉式
(C)概括性
(D)綜合式。

( ) **44** 若是因為保險標的物，是因為本身設計不良導致損害發生，則此種
損失是屬於哪種險種的承保範圍？
(A)A條款之承保範圍
(B)B條款之承保範圍
(C)C條款之承保範圍
(D)以上皆非。

( ) **45** 在下列新式協會貨物保險條款中，列明承保「雙方過失碰撞條款」
者為？
(A)A條款
(B)B條款
(C)C條款
(D)以上皆非。

( ) **46** 在投保海上運輸保險的玻璃貨物裡，某片玻璃中發現有夾雜氣泡，
但外表並無任何擦撞之情況，此種損失屬於下列何者哪一種？
(A)標的物的固有瑕疵
(B)貨物的運送意外

(C)運途的天候因素

(D)包裝的不良原因。

( ) **47** 在海上貨物運輸保險中，舊條款W.A.（水漬險）是下列何者的英文縮寫？

(A)Water Average

(B)With Particular Average

(C)With Accident

(D)Water Accident。

( ) **48** 舊式的協會貨物保險條款中，平安險條款（F.P.A.）的承保範圍是採下述何種選項的承保原則？

(A)開放式

(B)列舉式

(C)概括性

(D)綜合式。

( ) **49** 關於新式的協會貨物條款，下列何者之敘述錯誤？

(A)新式協會貨物兵險條款不承保航程中止引起之損失

(B)新式協會貨物兵險條款承保偷竊引起之損失

(C)新式協會貨物兵險條款不保核子污染之損失

(D)新式協會貨物兵險條款承保戰爭引起之損失。

( ) **50** 在新式的協會貨物保險條款的A、B、C三種條款中，何者保費較高？

(A)A條款

(B)B條款

(C)C條款

(D)以上條款無費率之高低。

解答與解析

1 (B)　　　**2 (B)**

3 (A)。指賣方於起運地裝貨港由買方所指的大船交貨。
責任：賣方負責裝船以及貨物通關，至船上欄杆前的一切費用及風險，買方負責洽訂艙位及保險，並負擔海上運輸以及貨物通過大船欄杆後的風險。

4 (B)　　**5 (A)**　　**6 (C)**　　**7 (C)**

8 (A)　　**9 (B)**　　**10 (B)**　　**11 (D)**

12 (C)　　**13 (C)**　　**14 (A)**　　**15 (B)**

16 (A)

17 (A)。船體、航空的機體保險單是承保船體、航空在航行期間的保障，所以屬於時間保險單。

18 (D)　　**19 (D)**　　**20 (D)**　　**21 (D)**

22 (C)　　**23 (A)**　　**24 (D)**

25 (C)。(C)J.W.O.B.為（Jettison & Washing Overboard）的英文縮寫，是指貨物投棄以及遭海浪掃落的意思。

26 (D)　　**27 (D)**　　**28 (D)**　　**29 (D)**

30 (D)。I.O.P.英文縮寫是指承保的危險事故所致之損失，賠付金額不受自負額百分比之限制。

31 (D)　　**32 (C)**　　**33 (B)**

34 (D)。(D)貨物本身的品質不屬於承保範圍，故保險費率的考量也不包含貨物品質。

35 (C)　　**36 (B)**　　**37 (C)**

38 (C)。(C)海盜危險不只存在中古世紀，而是至今都有的運輸風險，而保險公司都會對特定的危險海域收取較高的費率，是屬於兵險的承保範圍。

39 (D)。保險標的物的尺寸與運送無關，故不在上述選項中各種海上運輸保險的承保範圍當中。

40 (B)

41 (C)。(C)從承保範圍的大小，可知道C條款的保障項目較少。

42 (D)。(D)惡意破壞、故意之行為不在海上運輸保險的承保範圍內。

43 (B)　　**44 (D)**

45 (C)。(C)在平安險（C條款）之中，有載明承保船舶、駁船或其他運輸工具與水以外的任何外界物體碰撞或接觸。

46 (A)　　**47 (B)**　　**48 (B)**　　**49 (B)**

50 (A)。(A)因為A條款為三種條款中範圍最高，故保費也相對較高。

( ) **51** 在舊式的海上貨物運輸保險條款中，F.P.A.（平安險）是指下列哪一個選項的英文縮寫？

(A)Fire Personal Accident

(B)Free From Particular Average

(C)Fresh Pure Accident

(D)Free Perticular Accident。

( ) **52** 關於舊式的協會貨物條款的敘述，下列何者正確？

(A)水漬險條款，承保火災引起之貨物損失

(B)兵險條款不承保罷工

(C)全險條款不能附加罷工險

(D)以上皆是。

( ) **53** 因為原子、核子武器所引起的損失，以下何者是不予承保的事故範圍？

(A)全險

(B)兵險

(C)平安險

(D)以上皆是。

( ) **54** 舊式的協會貨物全險條款中，其條款內的承保範圍是採取何種承保原則？

(A)開放式

(B)列舉式

(C)概括性

(D)條列式。

( ) **55** 在新式的協會貨物罷工險條款中，貨物抵達目的港之後，保險標的物存放於海關倉庫後的契約效力期間最長為多少天？

(A)15天

(B)30天

(C)60天

(D)90天。

( ) **56** 新式的協會貨物保險條款之相關規定，尤其法律及實務慣例的適用，是依照哪一國家的法律作為依據？
(A)法國的法律
(B)美國的法律
(C)德國的法律
(D)英國的法律。

( ) **57** 新式的協會貨物或船體保險條款，其條款內容的編排是按照下列何種方式？
(A)按固定順序
(B)沒有固定順序
(C)自由編排
(D)以上皆可。

( ) **58** 船舶的爆炸，導致船上的保險標的物遭受毀損，則此種損失符合下列何種協會貨物保險條款的承保範圍？
(A)全險
(B)兵險
(C)船體
(D)罷工險。

( ) **59** 保險標的物原為「電腦」，但在抵達目的地時發現不是電腦而是為「磚塊」，原因為出口商的惡意詐欺行為所造成，則在下列何者的承保範圍內可以理賠？
(A)全險條款
(B)A條款
(C)罷工險條款
(D)以上皆非。

( ) **60** 在新式協會貨物條款中的兵險承保範圍，關於海盜危險是載明為？
(A)保留承保
(B)列於不保危險中

(C)未明示承保

(D)明示排除不保。

(　) **61** 保險標的物因為內陸運送人的綑綁不牢，導致標的物掉落而毀損，則下列何種協會貨物保險條款的承保範圍有包括此種情況？

(A)全險條款

(B)水漬險條款

(C)兵險條款

(D)罷工條款。

(　) **62** 在考量貨物運輸保險的費率時，對於「客戶出險記錄」的因素會採取何種行為？

(A)列入保費考慮

(B)不必考慮

(C)不影響承保條件

(D)以上皆非。

(　) **63** 保險公證人在貨物運輸保險中，其為處理貨物的何種角色與用途？

(A)代為洽定保險契約

(B)公證或理算損失

(C)代為討論剩餘保險標的物的殘值處理行動

(D)代保險公司賠付律師費、其他專業費用。

(　) **64** 投保貨物運輸保險時，會以CIF貿易條件的發票金額附加多少為計算保險金？

(A)5%

(B)30%

(C)10%

(D)50%。

(　) **65** 我國的船體保險條款，是依據下列何者的條款？

(A)法國

(B)德國

(C)英國

(D)美國。

( ) **66** 使用紙袋裝的水泥原料與袋裝後再裝於全貨櫃封閉的運送情況比較，兩者的保險費用何者較高？

(A)紙袋裝

(B)全貨櫃

(C)沒有差別

(D)看貨物的多寡。

( ) **67** 貨物運輸保險的投保時間，應在下列何者時間較為恰當？

(A)危險開始後

(B)危險開始前

(C)船到時

(D)文件齊全時。

( ) **68** 當貨物發生損失，但損失額度未達到賠償門檻時，則鑑定損失的公證費用由何者支付？

(A)由被保險人支付

(B)由保險公司支付

(C)由進口商支付

(D)由出口商支付。

( ) **69** 新式的協會貨物保險條款有A、B、C三種因承保範圍不同的選擇，其內容分為幾大項？

(A)七項

(B)八項

(C)九項

(D)十項。

( ) **70** 貨物運輸保險的承保條件會對「小船」採取加費之結果，指船的噸位在多少重量以下者，稱為「小船」？
(A)50噸以下
(B)100噸以下
(C)500噸以下
(D)1,000噸以下。

( ) **71** 若保險標的物為鋼鐵製品，則其製品上的自然生銹、氧化損失，下列何者承保範圍有包含進去？
(A)全險條款之承保範圍
(B)水漬險條款之承保範圍
(C)平安險之承保範圍
(D)以上皆非。

( ) **72** 新式協會貨物條款中的兵險，其保險效力是始於下列哪個時間點？
(A)貨物裝載於海輪上起
(B)船舶泊岸時
(C)船舶開航時
(D)內陸運送開始起。

( ) **73** 高級鋼筆與普通鋼筆在海上運輸貨物保險的費率上，兩者有何差異？
(A)高級鋼筆保費較低
(B)高級鋼筆保費較高
(C)普通鋼筆保費較高
(D)兩者一樣。

( ) **74** 當保險標的物發生全損，則申請出險時應附上保險單的？
(A)正本
(B)影本
(C)正、副本均可
(D)一份正本、一份影本。

( ) **75** 若運送貨物的過程中，貨物在中途轉為別艘船運送，則對於此保險
契約的危險之估算有無影響？
(A)有影響
(B)沒有影響
(C)不相關
(D)事故發生後才能歸屬危險責任。

( ) **76** 在同樣條件的投保內容之下，相同的保險標的物則愈遠航程者，其
保險費應該如何計算？
(A)愈高
(B)愈低
(C)一樣
(D)沒關係。

( ) **77** 因為不良的包裝才導致保險標的物毀損，則下列何者可予以承保？
(A)A條款
(B)B條款
(C)C條款
(D)以上皆非。

( ) **78** 貨物運輸保險在進行保險費率報價時，應考慮「成本」因素，則
「成本」是指下列何者？
(A)公證費用
(B)出單費用
(C)處理費用
(D)以上皆是。

( ) **79** 當購買貨主或其代理人在海關提貨時，如發現包裝已經破損，應要
求運送人或海關出具下列何者來作為證明？
(A)清潔提單
(B)異常（破損）證明
(C)保險單
(D)清潔收據。

( ) **80** 船體保險的保險標的物對象為下列何者？
(A)船長及水手之財物
(B)船東之責任
(C)船上之貨物
(D)船體及其設備機件。

( ) **81** 高價花瓶和廉價花瓶，在投保A條款附加破損險的情況下，兩者費
率有何差異？
(A)高價花瓶保費較低
(B)高價花瓶保費較高
(C)廉價花瓶保費較高
(D)沒有區分。

( ) **82** 如果保險契約中，有訂明貨物於裝船時須作公證，並且在理賠時出
具公證報告作為依據時，此項貨物裝船的公證費用由何者支付？
(A)由被保險人支付
(B)由船方支付
(C)由保險公司支付
(D)由銀行支付。

( ) **83** 同樣的保險標的物，在其他承保條件與內容相同的情況下，其包裝
愈牢固者，則費率應該如何計算？
(A)愈低
(B)愈高
(C)不該區分
(D)一樣。

( ) **84** 關稅的利益在貨物運輸保險中，是否需要投保？
(A)自由選擇投保
(B)不得投保
(C)依銀行之要求而定
(D)以上皆非。

（　）85 新式協會的空運貨物保險條款，其內容與下列那種條款的內容比較相似？
(A)A條款
(B)B條款
(C)C條款
(D)以上皆非。

（　）86 在投保貨物運輸保險時，季節因素是否應列入保險公司的核保考慮當中？
(A)不用
(B)必須列入
(C)沒有任何關連
(D)不知道。

（　）87 保險標的物過去的損失記錄愈低，則保險費計算時的報價會？
(A)愈低
(B)愈高
(C)無所謂
(D)一樣。

（　）88 若貨物運輸保險的保險金額為不足額保險，則發生全損之事故後，保險公司的賠償金額應為？
(A)保險價值
(B)保險金額
(C)發票金額
(D)保費。

（　）89 若貨物運輸保險的保險標的物，在運輸的途中因沉船導致全損，則申請出險時須檢附提單（B／L）的？
(A)全套正本
(B)正副本均可
(C)影本亦可
(D)不需要提供。

( ) **90** 貨物在運輸過程如需轉船運送，則被保險人應該採取下列何種行動？
(A)通知保險公司轉船之情況
(B)出險再通知即可
(C)不必通知保險公司
(D)沒出險就不用通知保險公司。

( ) **91** 目前的國內進口五種大宗物資，像是「黃豆、玉米、大麥、高粱、小麥」，若是為同業共保接受者，則其承保的條件為何者決定？
(A)由出單公司決定
(B)單一條件
(C)由中再決定
(D)由客戶再決定。

( ) **92** 船體保險的投保應該選在下列何者時間？
(A)完成試航後
(B)危險開始後
(C)危險開始前
(D)颱風警報後。

( ) **93** 「營業中斷損失」在新式協會貨物保險條款中，由下列何者承保？
(A)A條款承保
(B)A、B、C條款均不予承保
(C)B條款可承保
(D)以上皆非。

( ) **94** 客戶過去的損失記錄相當高，則新投保海上運輸保險的費率報價會？
(A)提高
(B)不變
(C)無所謂
(D)降低。

( ) **95** 若將遊艇裝置於一般輪船的甲板上出口,則遊艇的所有人應投保何
種險種?
(A)船體保險
(B)P&I保險
(C)海上貨物運輸保險
(D)遊艇建造保險。

( ) **96** 船體保險的保險單是否有航程性質?
(A)以前有,現在沒有
(B)有
(C)沒有
(D)無法判定。

( ) **97** 船體保險的保險金額,是以何時的船價做為標準?
(A)保險公司的責任開始時
(B)損失發生時
(C)船體建造完成時
(D)前三年之平均值。

( ) **98** 若汽車是以海上運輸作為進口過程,則汽車所有人在海上運輸的過
程中應投保何種保險?
(A)汽車第三人保險
(B)汽車之海上貨物運輸保險
(C)汽車試車保險
(D)汽車綜合損失險。

( ) **99** 舊式的協會貨物條款中,水漬險在英文簡寫時,又可簡寫為下
列何者?
(A)(F.P.A.)
(B)(W.A.)
(C)(I.O.P.)
(D)(G.A.)。

( ) **100** 下列何種危險在海上貨物運輸保險中,應事先通知保險公司並加付保費?

(A)更改被保險人

(B)轉船

(C)更改賠款目的地

(D)以上皆是。

解答與解析

51 (B)

52 (B)。(A)水漬險是承保海上運輸的水災害引起貨物的損失。(B)(C)全險條款可以附加罷工險與兵險。

53 (D)　54 (C)

55 (C)。(C)貨物於海運時,罷工險的保障效力自海輪在最終卸貨港完全卸載後,起算屆滿60天為最長有效期。

56 (D)　57 (A)　58 (A)　59 (D)

60 (C)　61 (A)　62 (A)

63 (B)。(B)保險公證人的作用為站在第三方,公證或清算實際損失的確切數字。

64 (C)　65 (C)

66 (A)。(A)因紙袋裝的運載風險比全貨櫃裝運的風險還來得高,故保險費用也較高。

67 (B)

68 (A)。(A)因未達到賠償門檻,所以由被保險人負擔公證費用,而被保險人不一定為進口商或出口商,故以被保險人為準。

69 (C)　70 (D)

71 (D)。(D)保險標的物的固有瑕疵,為三種條款的除外責任。

72 (A)

73 (B)。(B)因高級鋼筆價格較為昂貴,則損失費用也會較高,故高級鋼筆的保險費用也較高。

74 (A)。(A)當海上運輸保險發生全損事故時,應附上保險單正本作為申請出險使用。

75 (A)　76 (A)

77 (D)。(D)因為包裝不良而造成之損失,無保險條款可承保。

78 (D)　79 (B)　80 (D)　81 (B)

82 (A)　83 (A)

84 (A)。(A)關稅的利益由被保險人自行決定是否要附加於貨物運輸保險當中投保。

85 (A)

86 (B)。(B)在特定的季節中,運送風

險會增加，故季節也為保險公司核保的考慮因素。

87 (A)

88 (B)。(B)即使貨物運輸保險的保險金額與實際發生之損失相比為不足額保險，但理賠時仍以保險契約上約定之保險金額為給付標準。

89 (A)　　90 (A)　　91 (B)　　92 (C)

93 (B)。(B)營業中斷損失不在新式協會貨物保險條款中任一條款的承保範圍內。

94 (A)　　95 (C)　　96 (B)　　97 (A)

98 (B)　　99 (B)　100 (B)

( ) **101** 在貨物運輸保險條款中，對於「貨物短少」之損失，何種條款的承保內容有包含？
(A)A條款
(B)B條款
(C)C條款
(D)F.P.A.條款。

( ) **102** 進口商在何種貿易條件之下，必須事先投保海上運輸保險？
(A)CFR
(B)EX
(C)CIP
(D)FOB。

( ) **103** 下列何種損失屬於協會貨物保險A條款中的承保範圍？
(A)自燃
(B)火燒
(C)品質不良
(D)以上皆是。

( ) **104** 下列何種協會貨物保險條款承保偷竊所致之損失？
(A)A條款
(B)B條款

(C)C條款

(D)以上皆非。

(　) **105** 貨物運輸保險除了海上貨物外，尚有下列何種運輸貨物的保險？

(A)房屋物

(B)倉庫營業設備

(C)辦公室儲存之貨物、原物料

(D)空、海運貨物。

(　) **106** 在下述何種貿易條件下，出口商須事先投保海上運輸保險？

(A)FOB

(B)CIF

(C)CFR

(D)以上皆是。

(　) **107** 下列何者條款屬於舊式協會的貨物保險條款？

(A)水漬險條款

(B)全險條款

(C)平安險條款

(D)以上皆是。

(　) **108** 海上貨物運輸保險費率在報價時，應把下列何種因素也列入考慮？

(A)在那一家銀行押匯

(B)被保險人的年齡

(C)包裝因素

(D)貿易糾紛因素。

(　) **109** 如果沒有特殊聲明且記載於保單上，下列何種條款對於破損損失不與承保？

(A)水漬險

(B)全險條款

(C)A條款

(D)All Risks條款。

( ) **110** 國內可承保漁船保險業務的單位為下列何者？
(A)臺北市政府
(B)地方政府
(C)中華民國產物保險公會漁船保險共保委員會
(D)中央再保險公司。

( ) **111** 現行的海上運輸保險，於貨物出口的保險單是採用下列何種條款？
(A)新式協會貨物保險條款
(B)德國保險條款
(C)美國保險條款
(D)日本保險條款。

( ) **112** 海盜危險在協會貨物保險條款中，是以何種保險條款來承保？
(A)平安險條款
(B)兵險條款
(C)海盜條款
(D)罷工險條款。

( ) **113** 下列何者為海上運輸保險對船舶的核保考慮因素？
(A)保險標的是否為老船
(B)保險標的是否為遊艇
(C)以是否為中華民國國籍
(D)船長是否為我國國籍。

( ) **114** 貨物運輸保險的保險費率報價，下列何者可不列入核保考慮因素？
(A)標的物大小
(B)標的物包裝
(C)是否須押匯
(D)以上皆需考慮。

( ) **115** 新式協會罷工險條款，承保範圍包含哪些？
(A)單獨損失
(B)海盜危險

(C)恐怖份子行動

(D)魚雷危險。

( ) **116** 下列何種損失不在協會貨物保險條款中之A條款的承保範圍內？

(A)因水而濕

(B)自然結塊

(C)破損

(D)以上皆是。

( ) **117** 在貨物運輸保險的損失型態中，下列何者不屬於「額外費用」之項目？

(A)理賠費用

(B)查勘費用

(C)施救費用

(D)以上皆非。

( ) **118** 若船舶在航行期間因河水、湖水浸入艙內，導致貨物濕損的事故，則下列何者的承保範圍可予以理賠？

(A)A條款

(B)颱風洪水條款

(C)平安險條款

(D)F.P.A.條款。

( ) **119** 若是由船東因財務糾紛所引起的保險損失，下列何種條款不予理賠：

(A)A條款

(B)罷工條款

(C)全險條款

(D)水漬險條款。

( ) **120** 如未能及時提貨使保險標的物存放於海關倉庫，最長期限以60天為限的承保範圍條款為下列何者？

(A)FOB條款

(B)航程保險
(C)全險條款
(D)以上皆非。

( ) **121** 下列何種損失不屬於全損的損失型態？
(A)推定全損
(B)實際全損
(C)共同損失
(D)以上皆是。

( ) **122** 船體保險的可承保對象有下列何者？
(A)客輪
(B)獨木舟
(C)航空器
(D)直昇機。

( ) **123** 新式協會貨物兵險條款的可承保範圍包含下列哪些？
(A)全險
(B)戰爭危險
(C)原子彈危險
(D)恐佈份子行動。

( ) **124** 一般押匯文件上要求列記T.P.N.D.，則此種承保範圍是屬於何者？
(A)A條款
(B)B條款
(C)C條款
(D)以上皆非。

( ) **125** 下列哪種承保資料如有變更，應立即通知海上運輸保險承保之保
險公司？
(A)貨櫃大小
(B)目的地
(C)氣溫
(D)以上皆是。

解答與解析

101 (A)

102 (C)。「CIP CARRIAGE AND INSURANCE PAID TO (...named place of destination)運費、保險費付至（……指定目的地）」：
(1)國際通用代號為CIP，屬出口地價，為國貿條規的貿易條件。
(2)賣方於出口地交貨地點交貨，並預付至目的地運費與保險費。
(3)此條件約相當於傳統的CIF條件，惟賣方風險於將貨物交付運送人看管為止。
而CIP的條件是，賣方風險僅止於運送人看管，剩下的風險須由進口商自己評估是否要另外投保、轉嫁風險。

103 (B)　104 (A)　105 (D)

106 (B)。(B)在CIF貿易條件之下，出口商負擔一切關於貨物通過大船欄杆前的風險。

107 (D)　108 (C)

109 (A)。(A)貨物破損的承保範圍僅有A條款有包含，全險、A條款、All Risks條款皆為相同條款。

110 (C)　111 (A)　112 (B)

113 (A)。(A)海上運輸保險因船舶的使用年限會影響運送風險，故核保時會列為考慮因素。

114 (C)。(C)是否押匯是被保險人與銀行的相關業務，與貨物運輸保險的費用考量無關。

115 (C)。(C)除了一般不保條款的規定之外，罷工險承保因任何恐怖主義份子或任何人的政治動機引起者。

116 (B)。(B)若是保險標的物因海水造成濕透結塊屬於承保範圍，但自然結塊則否。

117 (C)　118 (A)　119 (A)　120 (C)

121 (C)　122 (A)

123 (B)。(A)兵險為全險內的除外條款。(C)原子、核子危險為除外責任。(D)恐怖分子行動為罷工險條款之內容。

124 (A)。(A)T.P.N.D.為保險標的遭偷竊而未送達之事故，此危險屬於A條款的承保範圍。

125 (B)

第四章 工程保險

本章依據出題頻率區分，屬：**C** 頻率低

課前導讀

本章節為工程保險的介紹，雖然工程保險非財產保險的主要承做方向，但卻是財產保險裡不可或缺的項目，因為工程保險的承保，能夠大幅降低營造、建築等工程的過程中可能會產生的災害、損失。此章節包含工程險的分類與細項說明，以及實務上工程保險的投保重點，出題方向大多為區分不同工程險的作用，建議考生熟悉各種分類與險種說明。

☑ 重點1　概論與定義　　　☆☆

當社會繁榮起來，建設也會隨之增加，不只創立新的事業、也增加許多更加便利的建設，而工程保險便是以承保這些建設過程的工程、製造機械及設備可能會面臨的風險來進行保障，針對新建中的建築物、道路、橋樑、隧道，或新建中的廠房、安裝中的工廠機器設備等，這些工程都屬於在新建期間承包商要面臨損失、傷亡等風險的項目，所以工程保險就是提供被保險人經濟保障的一種保險，保障範圍包含財產風險及責任風險。

工程保險的種類非常廣，主險有營造綜合、安裝工程、營建機具、鍋爐及電子設備保險……等。範圍從土木、建築的建設工程本體，以及所有機械設備的安裝、運轉、使用的風險，甚至被保險人因工程施作所額外產生的法律賠償責任，也是工程保險的其中一種。

一、工程保險的特性

(一) **保險期間長**：尤其是營造和安裝工程險，要以工程師做的時間為保險期間，與一般財產保險一年一約效期不同。

舉例：一些大規模的建設工程，從建造至完成、包含保固和驗收期，有可能長達好幾年。

(二) **危險性高**：工程危險受天氣、人為、大型機械操作、高地等因素影響，是暴露在高風險環境當中。

舉例：建設的過程，將建設材料舉至高空結果因風大而不慎砸落。

(三) **查勘的重要性**：在工程險當中，「實地查勘」是核保非常重要的審核步驟之一，以獲得正確的投保資料。

(四) **核保專業技術**：工程保險的核保對於此類險種的專業要求特別高，須不斷累積經驗和增加工程險的專業知識與工作經驗。

(五) **無固定費率計算**：因每個工程的內容、細節、驗收流程都不同，所以在財產保險中工程險是沒有固定費率的，依每件工程去報價計算。

二、工程險範圍分類

在工程險當中可以依照很多角度、性質來區分種類，以下便以條列式的區分，可以增加對工程險的認識。

(一) **依照承保範圍分類**：

工程險從承保的範圍裡，分為概括式與列舉式：

1. 概括式：營造綜合、安裝工程、電子設備、營建機具險。
2. 列舉式：鍋爐保險、機械保險。

(二) **依照承保內容分類**：

工程險從承保的內容來分類，分為包含財產損失與第三人責任賠償，或者單純的財產損失：

1. 財產損失與第三人責任：營造綜合、安裝工程、營建機具、鍋爐險。
2. 財產損失：電子設備、機械保險。

(三) **依照保險金額分類**：

工程險分為保障工程建設的款項與設備價值的保險金額來區分險種：

1. 工程合約總價：營造綜合、安裝工程。
2. 設備新品的重置價格：營建機具、電子設備、鍋爐保險、機械保險。

(四) **依照保險期間分類**：

工程險會依照保險的期間不同來區分險種，非一年一約的險種又稱為「非年保單」：

1. 一年期：營建機具、電子設備、鍋爐保險、機械保險。
2. 不定期：營造綜合、安裝工程。

(五) 依照工程險性質（非年保單）：
營造綜合、安裝工程險。

(六) 依照機械險性質（年保單）：
營建機具、電子設備、鍋爐保險、機械保險。

(七) 依照工程生命週期分類：
一個工程有分為建設和完成後的營運階段，工程險以此分險種種類：
1. 施工期間：營造綜合、安裝工程、營建機具保險，特別注意的是，在施工期間可以另外附加第三人意外責任與僱主意外責任。
2. 營運期間：鍋爐保險、機械保險、電子設備。

--- 牛刀小試 ---

( ) **1** 工程保險的特性包含以下何者？ (A)危險性高 (B)無固定期間 (C)無固定費率 (D)以上皆是。

( ) **2** 下列何者為工程險中的一年期保單？ (A)營造工程險 (B)安裝工程險 (C)鍋爐保險 (D)以上皆非。

( ) **3** 工程險何種險非以新品的重置價格來約定保險金額？ (A)鍋爐保險 (B)電子設備保險 (C)機械保險 (D)安裝工程保險。

解答與解析

1 **(D)** 2 **(C)** 3 **(D)**

☑ 重點2　工程險的保險重點　　☆☆☆

承上一個重點的說明，工程險可依各種性質來做分類，下列將分以幾種大類來詳細介紹其保險內容和重要險種的細節：

一、工程類工程保險（可另外附加僱主責任、第三責任險等險種）

工程險裡工程類保險是為了承保工程的重點核心，也就是工程合約的工程金額，以及施工機具設備、拆除的費用、建設工地的鄰近財物。保險金額通常為工程合約金額，或者是機具設備的新品重置價格，鄰近財物或拆除費用則是按照約定金額實際損失價格作為賠償金額計算，保險期間則視工程的預定完成日。

(一) 營造綜合保險CAR：
1. 承保標的：建築、土木工程。
2. 承保範圍：概括各種危險的綜合性保險。
3. 承保對象：承包工程的營造商或定作工程者都可以是被保險人。
4. 承保事故：天災、強盜、偷竊、第三人非善意、疏忽之行為。
5. 保險期間：始於承保工程的開工或工程材料卸載至施工處，終於工程完成、接管、驗收或一年期保單屆滿日。
6. 除外事項：工程的設計錯誤、工程全部或部分連續停頓30日所造成的損失。
7. 費率因素：廠商、設計者、承包商的信譽與經驗，工地的危險程度與安全防範，施工的方法與建材還有施工長短。
8. 保險金額：依實際總造價、供給材料和工資與施工費用。
9. 備註事項：
   (1) 如遇颱風或地震，則48小時後的颱風與72小時之後的地震視為新一次事故。
   (2) 如果營造險有附加竊盜險，在承保期間遭受第3次事故以上則不負賠償責任。
   (3) 承保標的為水利工程時，工程的施作季節會影響保費，尤其在7、8、9月施作，因滿水、漲水、淹水或土石流所導致的毀損滅失之事故，被保險人則需負擔契約上自負額的2倍金額。

(4) 如果營造險有附加第三人非善意責任險，第三人為工程定作人與其家屬、還有被保險人與其家屬、受僱人。

10. 短期費率表：

(1) 營造工程財物損失無短期費率，不滿一年，仍以一年期保費計算。

(2) 營造工程第三人責任之短期費率則按以下表格計算：

保險期間	短期費率
一個月以下者	20%
≧一個月，＜三個月	40%
≧三個月，＜六個月	60%
≧六個月，＜九個月	80%
≧九個月，＜十一個月	95%
十一個月以上者	100%

(二) 安裝工程綜合保險EAR：

1. 承保標的：施工的機具設備、安裝工程本體、拆除清理費用。

2. 承保範圍：概括各種危險的綜合性保險。

3. 承保事故：以營造險承保事故為基礎，再著重安裝設備機具的部分，尤其是機具的「試車階段」，有可能在運作過程發生爆炸、墜落等意外，所以此為最危險的階段。

4. 保險期間：始於承保工程的開工或工程材料卸載至施工處，終於工程完成、接管、驗收或者通過第一次試車階段，或完成負荷測試，以及保單屆滿日，而試車或負荷的日期以30日為限。

5. 保險金額：安裝完成時的總工程費，或者保險標的物為舊機器時，以舊機器的新品重置價格為保險金額。

6. 備註事項：

(1) 如果安裝工程綜合險有附加雇主責任，此險約定之受僱人是受被保險人給付薪資且年滿15歲以上。

(2) 核保時，如果機器的使用年限已超過20年，則不予承保。

(3) 附加風災除外不保條款的話，超過八級以上之風力造成的損害，保險人不負賠償責任。

7. 短期費率表：

(1) 安裝工程財物損失無短期費率，不滿一年，仍以一年期保費計算。

(2) 安裝工程第三人責任之短期費率則按以下表格計算。

保險期間	短期費率
一個月以下者	20%
≧一個月，＜三個月	40%
≧三個月，＜六個月	60%
≧六個月，＜九個月	80%
≧九個月，＜十一個月	95%
十一個月以上者	100%

二、機械類工程保險（可附加第三人責任等險種）

主要為保障機具設備的本體、機具設備所造成他人的傷亡之責任賠償等與機械相關的保險利益，通常**保險金額為機具設備的新品重置價格為保險金額**，而此新品的重置價格包含新品設備的關稅、安裝、運送與其他必要的費用等項目。同時，**機械類的工程保險通常為一年期保單，有著可續保的權利**。

> **考點速攻**
>
> 新品重置之新品為同一個廠牌、型號、規格、價格、或性能相似之設備。

（一）**機械保險MBI**：

1. 承保標的：僅限於已安裝完工，或者經過試車、負荷試驗合格並經正式操作者。

2. 承保範圍：採列舉式項目，列出因操作的疏忽、第三人破壞、機械故障所致之損失，但若是因上述行為引起之火災造成損害，不在承保範圍內。

(1) 設計不當。

(2) 製造、安裝、裝配的缺陷。

(3) 操作不良、疏忽、怠工。

(4) 鍋爐缺水。

(5) 材料、材質的缺陷。

(6) 電器短路、物理性爆炸、離心或電弧作用之撕裂。

(7) 除了契約載明之不保事項以外的事故。

3. 備註事項：

當保險標的物發生事故導致毀損或滅失，且不能修復時，則賠償金額以實際價值為理賠計算基礎。

4. 短期費率表：

凡不足一年者，皆按以下表格為保費計算：

保險期間	短期費率
一個月以下者	25%
≧一個月，＜三個月	40%
≧三個月，＜五個月	55%
≧五個月，＜七個月	70%
≧七個月，＜九個月	80%
九個月以上者	100%

(二) 營造機具綜合保險CPM：

1. 承保標的：工程施工所使用的搬運、輾壓、挖掘、起重等設備。

2. 承保範圍：營造機具之各種危險的綜合性保險，但在十年以上之器具與燃料、觸媒、潤滑油造成的損失以及機械本身的故障不再承保範圍內。

3. 承保事故：

(1) 火災、閃電、雷擊。

(2) 爆炸、碰撞、傾覆。

(3) 航空器墜落。

(4) 颱風、旋風、颶風。

(5) 洪水、海嘯。

(6) 地震、火山爆發、地陷、土崩、岩崩、雪崩、坍塌。

(7) 竊盜。

(8) 第三人非善意行為、操作指揮時之疏忽，技術不熟練所導致外部段損等。

4. 備註事項：

一般營建機具的危險度順序為：起重機具（吊車）＞活動式機具（堆高機、挖土機）＞固定或軌道式機具（潛遁機）。

5. 短期費率表：

凡不足一年者，皆按以下表格為保費計算：

保險期間	短期費率
一個月以下者	50%
≧一個月，＜兩個月	55%
≧兩個月，＜三個月	60%
≧三個月，＜四個月	65%
≧四個月，＜五個月	70%
≧五個月，＜六個月	75%
≧六個月，＜七個月	80%
≧七個月，＜八個月	85%
≧八個月，＜九個月	90%
≧九個月，＜十個月	95%
十個月以上者	100%

(三) 建築物附屬機械設備總括保險：

1. 承保對象：已投保機械保險者。
2. 承保標的物：置於本附加條款所載建築物之下列機械設備，均為保險標的物，無需逐一載明。

設備名稱	包含範圍
空調設備	暖氣機、冷凍機、冷却水塔、冷氣機、空調機、空氣幕裝置、送風機、附屬幫浦等。
昇降設備	電梯、電扶梯、貨梯等。

設備名稱	包含範圍
電氣設備	變壓器、配電盤、控制監視盤、繼電器盤、繼電器、變流器、開關器、電容器、反應器、充電設備、不斷電系統、電池、礙子、礙管、保護裝置、開關器用空氣壓縮機、支撐架、母線、配線、照明用器具、緊急發電設備、送信／受信設備、電鐘裝置、電話交換機、天線設備、訊號裝置、避雷針裝置、接地裝置、導體、保全系統、防災中心設備、火災警報系統、警報裝置等。
給水、排水、衛生、消防設備（不含鍋爐）	給水設備、熱水供給設備、鍋爐附屬裝置、太陽能系統、衛生設備、飲用水設備、排水設備、深水井、污水處理設備、撒水設備、各種消防設備等。
其他之設備	自動門設備、活動百葉門窗裝置、垃圾處理設備、塵埃燒却設備等。
附屬於上列各設備之配線、配管、管道設備。	

3. 承保事故：保險標的物因直接或間接的火災所引起之爆炸，或化學性爆炸導致的毀損或滅失負賠償責任。

(四) **鍋爐保險BPV：**

1. 承保標的：機具設備中屬於「鍋爐」和「壓力容器」者。

2. 承保範圍：鍋爐發生事故通常發生的最主要原因是為「維護不當」，所以鍋爐保險承保的鍋爐使用年限以不超過十年為原則，同時要審核被保險人是否持有鍋爐檢查的合格證。

> **考點速攻**
>
> 工程保險最早可說是起源於工業革命，其中又以鍋爐保險發源最早。

3. 承保事故：爆炸、壓潰造成之損失。

4. 備註事項：

(1) 當中的壓力容器以有加熱作用或化學反應的危險性較高，單純儲存蒸氣或氣體者的危險性較低。

(2) 鍋爐或壓力容器的檢查合格證有效期間為一年，需定期檢查更新。

5. 短期費率表：

凡不足一年者，皆按以下表格為保費計算。

保險期間	短期費率
一個月以下者	31.3%
≧一個月，＜兩個月	37.5%
≧兩個月，＜三個月	43.8%
≧三個月，＜四個月	50%
≧四個月，＜五個月	56.3%
≧五個月，＜六個月	62.5%
≧六個月，＜七個月	68.8%
≧七個月，＜八個月	75%
≧八個月，＜九個月	81.3%
≧九個月，＜十個月	87.5%
≧十個月，＜十一個月	93.8%
十一個月以上者	100%

(五) 電子設備綜合保險EEL：

1. 承保標的：工程施作當中，各種設計精密而高價值的電子類儀器設備。
2. 承保範圍：採列舉式承保電子設備的各種危險之綜合性保險。
3. 承保事故：
   (1) 火災、煙燻、爆炸。
   (2) 閃電、雷擊。
   (3) 颱風、洪水。
   (4) 碰撞、傾覆。
   (5) 航空器墜落。
   (6) 地震。
   (7) 竊盜、惡意破壞。

(8) 設計、製運或安裝上之缺陷。

(9) 機械性或電器性損壞如斷裂、短路。

(10) 操作疏忽或錯誤。

(11) 其他契約載明之除外不保事項以外的其他事故。

4. 承保對象：保險標的物的所有人、出租人，或者對保險標的物提供貸款的貸款人。

5. 備註事項：（以下為可附加的相關險種）

 (1) **電腦外在資料儲存體損失險**，當遇有承保範圍內的損失時，保險公司對被保險人在發生意外事故後**十二個月內**，負擔賠償恢復保險標的物至原狀的必要費用。

 (2) 電腦額外費用險：當發生事故造成損失時，被保人為繼續原有的工程作業，另外租借替代電子資料處理設備，此增加的租金、員工人事費用、文件及外在儲存體之運費等，保險公司負賠償責任。依照**實損實賠**的基礎，約定好每天及每月的賠償限額。

6. 短期費率表：

凡不足一年者，皆按以下表格為保費計算。

保險期間	短期費率
一個月以下者	25%
≧一個月，＜三個月	40%
≧三個月，＜五個月	55%
≧五個月，＜七個月	70%
≧七個月，＜九個月	80%
九個月以上者	100%

三、工程保證保險

我國的工程保證保險制度是仿效美國的Surety Bond（履約擔保制度），是屬於工程風險管理的一種制度，依照品格（Character）、能力（Capacity）、資本（Capital）三種徵信原則來評估，定作工程容易遇到各種款項支付的問

題，而保證保險正是為了降低工程定作人須承擔的風險才成立，可透過由承攬人（廠商、承攬業者、其他利害關係人），支付保證保險的保險費用，以利雙方工程可以順利進行。

會造成廠商不進行履約義務的通常原因為業務的過度擴張，而**國內目前有工程押標金保證保險、工程履約保證保險、工程預付款保證保險、工程保留款保證保險、工程支付款保證保險、工程保固保證保險等六種工程保證保險。**

(一) **工程保證保險特性：**

有獨特性、從屬性、不可撤銷性、無繼承性。

(二) **工程保證保險的對象：**

1. 要保人為承攬人（領有合法執照之工程承攬業者或其利害關係人）。
2. 被保險人則為定作人。

(三) **工程保證保險的要求：**

為了擔保廠商之清償能力，通常會要求廠商提供相對保證的物品：

1. 償還同意書。
2. 本票。
3. 擔保品。

(四) **工程保證保險分類：**

> **考點速攻**
> 工程保證保險若無經過定作人同意，則不可撤銷。

1. 工程押標金保證保險：

(1) 承保內容：

投標人參加工程投標，卻在得標後不依規定與定作人簽訂工程契約，由保險公司以其「得標金額」與該工程「同一場開標的次低標」，或者是重新開標後的得標金額差額來作計算，賠償給定作人。

但因其不簽訂工程契約所導致利息、租金或預期利潤之損失，及重新招標、催告履行或訴訟有關之費用則不在承保範圍內。

(2) 不保事項：

投標人因戰爭、核子反應、輻射或放射性汙染，或者受被保險人的原因導致不能簽訂工程契約。

(3) 保險金額：

以工程投標須知規定之金額為限。

(4) 保險期間：

自工程投標日起至投標人簽訂工程契約之日止，但是如果該次開標的結局為廢標時，則保險效力即行終止。

(5) 保險費率：[費率為保險金額之0.3%至0.6%]

我國的工程保證保險費率是參照國外著名再保險業之費率水準，依據下列因素逐案釐定：

A. 工程之類別、大小、性質、繁簡及難易程度。

B. 工程契約之內容與條件。

C. 投標人之財務、信用狀況及工作能力。

D. 是否有擔保品，其種類、性質、價值及提供成數。

最低保險費應為新臺幣1,000元。

2. 工程履約保證保險：

(1) 承保內容：

工程承攬人於保險的期間內，因不履行工程契約，導致定作人受有損失，而承攬人依工程契約之規定應負賠償責任的時候，由保險公司依照原工程契約完工或按重新發包的總金額超過原工程契約的總金額，扣除實際已付承攬人工程費的差額，對定作人負賠償之責。

但因其不簽訂工程契約所導致利息、租金或預期利潤之損失，及重新招標、催告履行或訴訟有關之費用則不在承保範圍內。

(2) 不保事項：

工程承攬人因戰爭、核子反應、輻射或放射性汙染，或者受被保險人的原因導致不能履行工程契約。

(3) 保險金額：

以工程投標須知規定之金額為限。

(4) 保險期間：

自承攬人與定作人簽訂工程契約之日起，至定作人驗收工程之日止。

(5) 保險費率：[費率為保險金額之1%至1.5%]

我國的工程保證保險費率是參照國外著名再保險業之費率水準，依據下列因素逐案釐定：

> **考點速攻**
>
> 「驗收」是指依工程契約完工後，經定作人檢驗合格者，而經定作人接收或啟用者，視同驗收。
>
> 工程履約保證保險投保期間超過兩年者可減費10%，超過三年者可減費15%。

A. 工程之類別、大小、性質、繁簡及難易程度。

B. 工程契約之內容與條件。

C. 投標人之財務、信用狀況及工作能力。

D. 是否有擔保品及其種類、性質、價值及提供成數。

最低保險費應為新臺幣5,000元。

3. 工程預付款保證保險：

(1) 承保內容：

工程承攬人因為不履行工程契約，導致被保險人（定作人）對工程預付款無法扣回，由保險公司對定作人負賠償責任，則預付款以外的任何損失不在承保內容裡。

(2) 不保事項：

被保險人對工程預付款不依工程契約規定，自應付之工程款中扣回，或因其他可歸責於被保險人之事由無法收回所致之損失。

(3) 保險金額：

以工程投標須知規定之預付款金額為限。

(4) 保險期間：

自承攬人領取工程預付款時起，至被保險人依工程契約規定扣清或承攬人還清全部工程預付款時止。

(5) 保險費率：[費率為保險金額之1%至1.5%]

我國的工程保證保險費率是參照國外著名再保險業之的費率水準，依據下列因素逐案釐定：

考點速攻

工程預付款保證保險投保期間超過兩年者可減費10%，超過三年者可減費20%。

A. 工程之類別、大小、性質、繁簡及難易程度。

B. 工程契約之內容與條件。

C. 投標人之財務、信用狀況及工作能力。

D. 是否有擔保品及其種類、性質、價值及提供成數。

最低保險費應為新臺幣2,000元。

4. 工程保固保證保險：

(1) 承保內容：

工程承攬人不依工程契約規定，履行保固或養護責任，導致定作人

受有損失，由保險公司按定作人代承攬人履行保固或養護工作所需的費用，對定作人負賠償責任。

(2) 不保事項：

工程承攬人因戰爭、核子反應、輻射或放射性汙染，或者受被保險人的原因導致不能履行工程契約。

(3) 保險金額：

以工程投標須知規定之保固保證金額為限。

(4) 保險期間：

自工程契約所訂保固或養護責任開始之日起，至工程契約所訂保固或養護期滿之日止。

(5) 保險費率：[費率為保險金額之1%至1.5%]

我國的工程保證保險費率是參照國外著名再保險業之的費率水準，依據下列因素逐案釐定：

A. 工程之類別、大小、性質、繁簡及難易程度。

B. 工程契約之內容與條件。

C. 投標人之財務、信用狀況及工作能力。

D. 是否有擔保品及其種類、性質、價值及提供成數。

最低保險費應為新臺幣2,000元。

5. 工程支付款保證保險：

(1) 承保內容：

工程承攬人不支付工程契約範圍內應付的酬勞或材料費，與他人發生債務糾紛，經債權人依法定程序請求，導致工程之全部或一部份受假扣押或扣押處分，定作人為維護其權益，代承攬人償付而受有損失時，由保險公司對定作人負賠償責任。

(2) 不保事項：

被保險人不依工程契約規定支付工程預付款或工程估驗款，或其他可歸屬被保險人之原因。

(3) 保險金額：

以工程投標須知規定之支付款保證金額為限。

(4) 保險期間：

自承攬人簽訂工程契約之日起，至工程契約所訂保固或養護期滿之日止。

(5) 保險費率：[費率為保險金額之1%至1.5%]

我國的工程保證保險費率是參照國外著名再保險業之的費率水準，依據下列因素逐案釐定：

A. 工程之類別、大小、性質、繁簡及難易程度。

B. 工程契約之內容與條件。

C. 投標人之財務、信用狀況及工作能力。

D. 是否有擔保品及其種類、性質、價值及提供成數。

最低保險費應為新臺幣2,000元。

6. 工程保留款保證保險：

(1) 承保內容：

定作人對承攬人依工程契約規定領取之工程保留款，因其不履行工程契約而遭受損失時，保險公司在工程保留款範圍內對定作人負賠償責任。

(2) 不保事項：

對於工程保固保證保險的承保範圍之損失，或其他可歸屬被保險人之原因，不負賠償責任。

(3) 保險金額：

以工程投標須知規定之保留款保證金額為限。

(4) 保險期間：

自承攬人領取工程保留款之日起，至工程契約所訂保固或養護期滿之日或解除工程保留款保證之日止，並以兩者中孰先屆期者為準。

(5) 保險費率：[費率為保險金額之1%至1.5%]

我國的工程保證保險費率是參照國外著名再保險業之費率水準，依據下列因素逐案釐定：

A. 工程之類別、大小、性質、繁簡及難易程度。

B. 工程契約之內容與條件。

考點速攻

工程支付款保證保險投保期間超過兩年者可減費10%，超過三年者可減費20%。

考點速攻

工程保留款保證保險投保期間超過兩年者可減費10%，超過三年者可減費20%。

　　　　C. 投標人之財務、信用狀況及工作能力。

　　　　D. 是否有擔保品及其種類、性質、價值及提供成數。

　　最低保險費應為新臺幣2,000元。

四、工程險的補充說明

政府機關的公共工程為避免圖利他人，除非重大或特殊性質，或者一定金額以上的工程須與公營廠商議價、比價之外，其他的公共工程皆以公開招標或者選擇性招標與限制性招標為原則，決標的方式最常使用採最低標者得。

(一) 公開招標：

　　招標人以招標公告的方式，邀請不特定的法人或者其他組織來投標。

(二) 選擇性招標：

　　招標人以公告的方式，預先依一定資格條件辦理、審查廠商資格後，再進行邀請符合資格的廠商來投標。

(三) 限制性招標：

　　指招標人不經公告的程序，直接邀請二家以上的廠商進行比價，又或者僅邀請一家廠商來議價。

牛刀小試

(　) **1** 營造機具綜合保險承保範圍，包含下列何者？
　　　 甲、火災　　乙、颱風
　　　 丙、海嘯　　丁、第三人非善意行為
　　　 (A)甲乙　(B)丙丁　(C)乙丙丁　(D)甲乙丙丁。

(　) **2** 保險公司須負擔電腦外在資料儲存體損失險的賠償費用，為事故發生後的多久時間內皆須計算？　(A)10個月內　(B)5個月內 (C)12個月內　(D)7個月內。

解答與解析

1 **(D)**　2 **(C)**

精選試題

( ) **1** 營造綜合工程保險的除外事項有哪些？
(A)戰爭
(B)施工規範錯誤
(C)違約金
(D)以上皆是。

( ) **2** 下列哪個選項不是營造工程第三人意外責任險的承保範圍？
(A)鄰屋的倒塌龜裂損失
(B)損壞管線的附帶損失
(C)駕駛一般汽車所導致之賠償責任
(D)以上皆是。

( ) **3** 平均一年中，有多少個颱風會侵襲臺灣？
(A)2次
(B)3.5次
(C)5次
(D)7次。

( ) **4** 下列何者不屬於營造工程保險的可承保保險標的物？
(A)臨時工程
(B)施工機具
(C)圖說帳冊
(D)機器設備。

( ) **5** 下列哪種保險不是概括式的承保範圍？
(A)安裝工程綜合保險
(B)電子設備綜合保險
(C)鍋爐保險
(D)營建機具綜合保險。

( ) **6** 安裝工程綜合保險的規定當中，有載明保險公司對承保工程的保險責任什麼時候才終止？
(A)第一次試車或負荷試驗完畢
(B)工程啟用日
(C)保險期間到期者
(D)以上三者之中先屆期者。

( ) **7** 下列哪個選項不屬於安裝工程綜合保險的承保範圍？
(A)颱風
(B)竊盜
(C)試車或負荷試驗
(D)以上皆非。

( ) **8** 鍋爐保險的承保範圍包含下列何者？
(A)燒毀
(B)壓潰
(C)裂痕
(D)機械故障。

( ) **9** 關於工程保險中的壓力容器，下列何者的危險性最高？
(A)蒸發作用的壓力容器
(B)加熱式壓力容器或化學反應器
(C)壓縮氣體的儲槽
(D)液化氣體的儲槽。

( ) **10** 「火焰」加熱使「水」產生超過大氣壓力的蒸汽，其作用裝置又稱為？
(A)蒸汽鍋爐
(B)熱水鍋爐
(C)壓力容器
(D)以上皆是。

( ) **11** 工程保險必須依賴下列何者，才可以正確地獲得與確認核保資料？
(A)電話詢問
(B)實地查勘
(C)圖面
(D)合約。

( ) **12** 安裝工程綜合保險對於試車或負荷的試驗期間長短，最長應為多少
天為上限？
(A)14天
(B)21天
(C)30天
(D)以上皆非。

( ) **13** 安裝工程綜合保險之保險標的物的保險金額，應以什麼時候的金額
為計算？
(A)安裝工程前
(B)事故發生之前
(C)安裝完成後
(D)計畫工程之前的預算。

( ) **14** 營造綜合保險的承保範圍包含下列何種天災危險？
(A)颱風
(B)洪水
(C)地震
(D)以上皆是。

( ) **15** 在安裝工程綜合保險中，最危險的階段為下列何者？
(A)儲存
(B)安裝
(C)試車
(D)保固。

(　　) **16** 工程保險除了危險性相當高以外，還具有下列哪些特性？
(A)核保專業技術
(B)查勘的重要性
(C)無固定費率計算公式
(D)以上皆是。

(　　) **17** 在同樣一個月的保險期間條件之下，下列何者的短期費率最高？
(A)機械保險
(B)鍋爐保險
(C)營建機具保險
(D)電子設備保險。

(　　) **18** 工程保險中，重置價格是指與保險標的物相同或類似設備的何
種金額？
(A)新品價格　　(B)當初購置價格
(C)折舊後的價值　　(D)以上皆非。

(　　) **19** 安裝工程綜合保險中承保範圍包含鄰近財物，其保險金額應為下列
何者？
(A)以實損實賠基礎之約定賠償限額
(B)鄰近財物的重置價格
(C)鄰近財物的實際價值
(D)鄰近財物完工時的總價格。

(　　) **20** 水利工程中會影響營造工程保險費率的最大因素為下列何者？
(A)施工處所
(B)施工季節
(C)承包商經驗
(D)工程設計。

(　　) **21** 營造綜合保險的規定當中，有載明保險公司對承保工程的保險責任
什麼時候才終止？
(A)啟用時

(B)驗收日

(C)保險期間到期者

(D)以上三者之中先屆期者。

( ) **22** 下列何種不屬於營造綜合保險的承保範圍？

(A)偷竊

(B)設計錯誤

(C)地震

(D)以上皆是。

( ) **23** 若安裝工程的保險標的物非新品，則保險公司的保險責任將提早於何時終止？

(A)安裝完畢時

(B)進入工地時

(C)試車或負荷試驗開始時

(D)保期結束時。

( ) **24** 工程保險中所提到的重置價格包含下列何者？

(A)運費

(B)關稅

(C)安裝費用

(D)以上皆是。

( ) **25** 下列何者不可為安裝工程綜合保險的保險標的物？

(A)拆除清理費用

(B)鄰近財物

(C)安裝工程本體

(D)觸媒及原料。

( ) **26** 工程險中的鍋爐大小可以蒸發量來表示，則依據之單位是為多少時間內一鍋爐所能蒸發的水量？

(A)每秒鐘

(B)每分鐘

(C)每半小時

(D)每小時。

( ) **27** 機械保險所承保的機械必須經過下列何者之檢驗，始可承保？

(A)安裝完工

(B)試車合格

(C)正常操作

(D)以上皆是。

( ) **28** 鍋爐或壓力容器的檢查合格證之有效期間為多長？

(A)1年

(B)2年

(C)3年

(D)以上皆非。

( ) **29** 工程保險中稱為固定或軌道式機具的是指下列何者？

(A)打樁機

(B)堆高機

(C)卡車

(D)挖土機。

( ) **30** 安裝工程綜合保險中涵蓋「鄰近財物」之項目，則下列何者可以鄰近財務的項目來投保？

(A)車輛

(B)施工機具

(C)承保工程

(D)工程定作人之生產設備。

( ) **31** 機械保險是以保險標的物的何種金額為承保之保險金額？

(A)新品重置價格

(B)實際價值

(C)當初購置價格

(D)以上皆可。

( ) **32** 下列何者不是建築物附屬機械設備總括保險的承保對象？
(A)鍋爐
(B)電梯
(C)空調系統
(D)電氣設備。

( ) **33** 保險公司在承保鍋爐保險之前，應先確認被保險人是否持有下列何
種文件？
(A)設置許可
(B)檢查合格證
(C)熔接明細表
(D)製造設施檢查合格證明。

( ) **34** 作為鍋爐保險之標的物，其使用年限不得超過多少？
(A)八年
(B)十年
(C)十五年
(D)二十年。

( ) **35** 下列那一種營建機具不具有危險性？
(A)貨櫃起重機
(B)挖土機
(C)潛盾機
(D)以上皆非。

( ) **36** 營建機具保險的一個月的短期費率為全年之百分多少？
(A)50%
(B)40%
(C)31.3%
(D)25%。

(　　) **37** 關於營造工程的保險責任，保險公司是從下列何種時間開始有保險
責任？
(A)保險期間起期日
(B)書面通知生效日
(C)開工或保險標的物卸置於施工處所後
(D)施工人員進駐施工處所後。

(　　) **38** 營建機具的設備本身皆充滿危險性，則下列那一種營建機具的危險
性較高？
(A)輪行起重機
(B)滾壓機
(C)舖料機
(D)刮路機。

(　　) **39** 使用年限超過多少以上的機具，營建機具綜合保險對其機具不予承保？
(A)五年
(B)十年
(C)十五年
(D)二十年。

(　　) **40** 下列何者為起重機設備最常造成的意外事故？
(A)竊盜
(B)吊臂碰撞摔落
(C)走火引起之火災
(D)以上皆非。

(　　) **41** 若以舊機器投保安裝工程綜合保險時，其機器之保險金額應以何種
金額為計算？
(A)新品重置價格
(B)實際價值
(C)當初購入金額
(D)市場價格。

（ ） **42** 依照政府統計之公布，在臺灣平均每年會發生有感地震達幾次？
(A)100次
(B)200次
(C)500次
(D)1,000次。

（ ） **43** 下列何種危險不屬於營建機具綜合保險的承保範圍？
(A)火災
(B)洪水
(C)機械故障
(D)竊盜。

（ ） **44** 機械類保險的保險期間通常為多久？
(A)1年
(B)2年
(C)3年
(D)5年。

（ ） **45** 鍋爐事故的損害防止、降低風險的方法有哪些？
(A)依規定檢查
(B)保持正常水位及壓力
(C)雇用合格操作人員
(D)以上皆是。

（ ） **46** 那一種工程保險為續保性業務，保險期間以一年為原則？
(A)營造綜合保險
(B)安裝工程綜合保險
(C)電子設備綜合保險
(D)以上皆非。

（ ） **47** 建築物附屬機械設備總括保險的範圍，可為整棟建築物的樓板面積
總和在多少平方公尺內？

(A)500平方公尺

(B)800平方公尺

(C)1,000平方公尺

(D)2,000平方公尺。

( ) **48** 下列哪一個選項適合投保機械保險？

(A)電話交換機

(B)電梯

(C)地震儀

(D)電腦。

( ) **49** 下列何種危險是屬於機械保險的可承保範圍？

(A)操作疏忽

(B)第三人破壞

(C)機械故障

(D)以上皆是。

( ) **50** 機械保險一個月的短期費率為全年保費的多少百分比？

(A)8.33%

(B)10%

(C)12.5%

(D)25%。

解答與解析

1 (D)　　　**2 (C)**

3 (B)。依照中央氣象局之統計，平均一年有3~4個颱風的侵襲。

4 (C)　　　**5 (C)**

6 (D)。(D)安裝工程綜合保險為安裝工程的期間，承保合法工業機械設備製造廠商在工地內吊裝組合安裝作業風險，期間從開工一直到啟用、接管、驗收或第一次試車或負荷試驗完畢為止，故選項為三者擇一先到期者為終止日。

7 (D)。(D)天災、施工不慎、竊盜或火災等意外事故皆為承保範圍，所以颱風、竊盜、試車或負荷試驗選項皆屬於承保範圍。

8 (B) **9 (B)** **10 (A)** **11 (B)**

12 (C)

13 (C)。(C)安裝工程綜合保險的保險金額應為安裝工程完成時的總價款，其中包括運費、關稅、安裝費用及附屬工程等相關費用均列入保險金額的計算。

14 (D) **15 (C)** **16 (D)**

17 (C)。(C)營建機具若為一個月以下的保單契約，則按全年保費的50%作為計算，是工程險中最高。

18 (A) **19 (A)**

20 (B)。(B)特定的季節會使工程風險增加，故承保風險也會增加，故施工季節會影響保險費用的高低。

21 (D)。營造綜合保險為營造工程的期間，承保營造廠商於興建、擴建或改建各種建築及土木工程，期間從開工開工一直到完工、啟用或驗收為止，故選項為三者擇一先到期者為終止日。

22 (B) **23 (C)** **24 (D)**

25 (D)。(D)觸媒與原料不屬於安裝工程綜合保險之承保範圍。

26 (D) **27 (D)** **28 (A)** **29 (A)**

30 (D) **31 (A)** **32 (A)** **33 (B)**

34 (B) **35 (D)** **36 (A)** **37 (C)**

38 (A)。(A)因滾壓機、舖料機、刮路機皆為平面、地面上之工作機具，而起重機需在空中進行作業，可能造成的事故範圍更大，所以危險性更高。

39 (B) **40 (B)** **41 (A)**

42 (D)。(D)依據中央氣象局自1991～2006年間的觀測資料顯示，有感地震平均次數為1,000次／年。

43 (C) **44 (A)** **45 (D)** **46 (C)**

47 (B) **48 (B)** **49 (D)** **50 (D)**

( ) **51** 下列何者為建築附屬機械設備總括保險之保費的考量因素？
(A)總樓板面積
(B)保險金額
(C)被保險人
(D)樓層高度。

( ) **52** 國內的工程保證保險目前總共有幾種？
(A)4種

(B)5種
(C)6種
(D)7種。

( ) **53** 下列何者可成為工程保證保險的要保人？
(A)定作人
(B)承攬人
(C)保險人
(D)以上皆是。

( ) **54** 電子設備綜合保險的承保範圍為電子設備，則其保險金額應以何種
金額來約定？
(A)新品重置價格
(B)實際價值
(C)原本的購置金額
(D)以上皆可。

( ) **55** 電子設備電腦外在資料儲存體損失險規定計算事故發生後的多久內
損失為賠償責任？
(A)3個月
(B)6個月
(C)12個月
(D)以上皆非。

( ) **56** 在「電子設備電腦額外費用險」的規定中，若事故發生後，被保險
人須於補償期間繼續原有作業，所以去租借替代的設備，其中那些
費用屬於可賠償範圍？
(A)租金
(B)人事費
(C)材料運費
(D)以上皆是。

( ) **57** 保證保險的徵信原則可分為三C，是指Character、Capacity與？

(A)Collateral

(B)Condition

(C)Capital

(D)Circumstanucl。

( ) **58** 下列何者是屬於安裝工程綜合保險的承保範圍？

(A)設計錯誤

(B)被保險人之故意行為

(C)安裝錯誤

(D)材料瑕疵所致之毀損或滅失。

( ) **59** 工程保證保險的特性包含下列何者？

(A)從屬性

(B)獨立性

(C)不可撤銷性

(D)以上皆是。

( ) **60** 工程保證保險的共同不保項目有哪些？

(A)利息、違約金

(B)戰爭

(C)核子反應

(D)以上皆是。

( ) **61** 下列何者可為工程保證保險的被保險人？

(A)定作人

(B)承攬人

(C)保險人

(D)以上皆可。

( ) **62** 「火車頭工業」是指下列何種行業？

(A)製造業

(B)營造業

(C)服務業

(D)金融業。

( ) **63** 銀行的自動櫃員機適合投保何種保險？

(A)營建機具綜合保險

(B)機械保險

(C)電子設備綜合保險

(D)以上皆可。

( ) **64** 保險公司對於機械保險中的保險標的物，因處置的過程發生何種費用亦賠償責任？

(A)檢查

(B)修理

(C)移動

(D)以上皆是。

( ) **65** 電子設備保險中的電腦額外費用險，其保險金額應如何訂定？

(A)設備裝置的重置價格

(B)當時的實際價值

(C)依實損實賠的基礎來約定每天及每月的賠償限額

(D)以上皆可。

( ) **66** 若是保險標的物為置於地下室的電子設備，下列何種事故的危險性最高？

(A)水災

(B)地震

(C)竊盜

(D)以上皆是。

( ) **67** 我國的工程保證保險制度，是仿效何國的Surety Bond來制定？

(A)美國

(B)英國

(C)德國

(D)日本。

( ) **68** 下列何者非電子設備綜合保險的承保範圍？
(A)火災
(B)第三人破壞
(C)電力中斷
(D)短路。

( ) **69** 工程保證保險中有許多不履約之風險，則造成廠商的原因中，以下
列何者為容易發生之情況？
(A)標價偏低
(B)連年虧損
(C)業務過度擴張
(D)缺乏良好制度。

( ) **70** 工程保證保險的規定中，如非經同意則不可撤銷，是要經過誰的同意？
(A)定作人
(B)承攬人
(C)保險人
(D)要保人。

( ) **71** 辦公大樓裡的重要電腦處理設備，危險性最高的事故為何者？
(A)偷竊
(B)火災
(C)故障
(D)惡意破壞。

( ) **72** 下列何者不屬於是危險屬於電子設備綜合保險的承保範圍？
(A)火災
(B)故障
(C)操作疏忽
(D)安裝步驟錯誤。

( ) **73** 營造市場的初期是屬於下列何種市場？
(A)勞力供給

(B)財務市場

(C)技術本位

(D)以上皆是。

(　　) **74** 電子設備損失險的保險金額應如何計算？

(A)新品重置價格

(B)實際價值

(C)購置金額

(D)以上皆可。

(　　) **75** 下列何者可為營造或安裝工程綜合損失險的保險標的物？

(A)營造工程本體

(B)臨時工程

(C)施工機具設備

(D)以上皆是。

(　　) **76** 下列何者為影響營造工程保險之保險費率的因素？

(A)工程類別

(B)施工處所

(C)施工方法

(D)以上皆是。

(　　) **77** 下列何者為營建機具保險之基本承保事故

(A)使用於地面之下發生的損失

(B)因竊盜造成的損失

(C)因人為引起之爆炸損失

(D)運輸途中發生的損失。

(　　) **78** 下列何者為機械保險的承保範圍？

(A)火災

(B)水災

(C)第三人惡意破壞

(D)碰撞。

( ) **79** 工程保證保險核保的因素有那些？
(A)特質
(B)能力
(C)財務狀況
(D)以上皆是。

( ) **80** 下列何者不是安裝工程綜合保險在試車階段最容易發生的危險事
故？
(A)火災
(B)爆炸
(C)竊盜
(D)以上皆是。

( ) **81** 下列何者不應包括在安裝工程綜合保險的保險金額裡？
(A)薪資
(B)關稅
(C)安裝工資
(D)附屬工程費用。

( ) **82** 營造綜合保險對下列何者不負賠償責任？
(A)違約金
(B)擋土施工
(C)臨時工程
(D)以上皆非。

( ) **83** 下列何種危險不屬於營造綜合保險的承保範圍？
(A)山崩
(B)偷竊
(C)設計錯誤
(D)以上皆是。

( ) **84** 我國工程保證保險最早以何種方式出現？
(A)保單

(B)批單

(C)暫保單

(D)以上皆是。

(　　) **85** 營建機具綜合保險的承保範圍不包括那些危險？

(A)火災

(B)水災

(C)地震

(D)以上皆非。

(　　) **86** 政府實施採購法之後，公共工程的招標方式不包含下列何者？

(A)公開招標

(B)選擇性招標

(C)限制性招標

(D)比價、議價。

(　　) **87** 下列何者不屬於可經營保證業務的組織？

(A)銀行

(B)保證公司

(C)信託公司

(D)合作社。

(　　) **88** 保證保險的代位求償之權利是依據何法所訂立？

(A)民法

(B)保險法

(C)刑法

(D)以上皆是。

(　　) **89** 安裝工程綜合保險的承保範圍不包括下列何者？

(A)材料瑕疵

(B)人為疏忽

(C)試車或負荷試驗所致之毀損或滅失

(D)以上皆非。

( ) **90** 下列何者適合工程保險用以分析財務的狀況？
(A)償債能力
(B)獲利能力
(C)財務結構
(D)以上皆是。

( ) **91** 下列何者不可以為電子設備綜合保險之保險標的物？
(A)洗牙機
(B)自動販賣機
(C)堆高機
(D)電腦。

( ) **92** 以風險規避的立場而言，辦公大樓的重要電子設備最好設置在何處最好？
(A)地下室　　　　　　　(B)一樓
(C)二、三樓　　　　　　(D)頂樓。

( ) **93** 天氣與季節是影響承保工程的重要因素，而連帶下列何者一併成為核保工程危險高低之重要考量？
(A)施工處所
(B)承包商經驗
(C)保險金額
(D)以上皆是。

( ) **94** 工程保證保險中，承攬人須提供相對保證，下列何者可用來提供？
(A)償還同意書
(B)本票
(C)擔保品
(D)以上皆是。

( ) **95** 我國的工程保證保險性質是屬下列何種類別？
(A)沒收式　　　　　　　(B)非沒收式
(C)二者兼有　　　　　　(D)以上皆非。

解答與解析

51 (A)

52 (C)。(C)共有履約保證、預付款保證、保固保證、保留款保證、支付款保證、押標金保證六種。

53 (B)。(B)保證保險是以信用作為保險標的，當被保證人的行為導致權利人受損失時，保險公司會給付賠償金，則定作人（要作工程者）需擔負承攬人（進行工程者）違約的風險，所以由承攬人為要保人來支付保險費用。

54 (A)　　55 (C)　　56 (D)

57 (C)。(C)保證保險的徵信原則為品格、能力、資本，故選擇Capital（資本）。

58 (C)　　59 (D)

60 (D)。因不履行、支付行為等違反工程契約所延伸出之利息、違約金、訴訟等相關費用，為工程保證保險的共同除外責任。

61 (A)

62 (B)。(B)火車頭工業是指具有領先指標性質的工業，舉凡生活上的街道、房屋建築、公共建設等都與營造有關，故營造業為火車頭工業。

63 (C)　　64 (D)　　65 (C)

66 (A)。(A)因為水的特性為往低處流，故處於地下室的電子設備最容易面對水災造成的損害。(B)地震造成的災害以高樓的危險性最大。(C)相對水災與地震之災害損失來比較，地下室的竊盜危險性相對低。

67 (A)　　68 (C)　　69 (C)　　70 (A)

71 (B)。(B)因火災事故會造成的災害範圍最大。

72 (D)　　73 (A)　　74 (A)　　75 (D)

76 (D)　　77 (B)　　78 (C)

79 (D)。(D)工程保證保險的徵信三原則為品格（特質）、能力、資本（財務狀況），故以上皆是。

80 (C)　　81 (A)　　82 (D)　　83 (C)

84 (B)。(B)國內的工程保證保險最早以批單的形式出現，且須黏貼在保單上加蓋章成立。

85 (D)　　86 (D)　　87 (B)　　88 (A)

89 (A)　　90 (D)　　91 (C)　　92 (C)

93 (A)。(A)在天氣與季節一樣的條件下，施工的處所不同，危險性也不同。

94 (D)　　95 (B)

第五章 傷害險與健康險

本章依據出題頻率區分，屬：**C** 頻率低

課前導讀

本章節為介紹財產保險經過市場需求所發展的傷害險與健康險作介紹，考生需特別分辨人身保險與財產保險的領域中，此兩種險種的差異和承作內容，同時解釋傷害險與健康險的不同，最需要熟記且在市場上較為新穎的就是失能理賠的部分，有些關於失能失能的表格內容須要多多了解。

☑ 重點1　概論與定義

長期以來，意外險與健康險都是由人壽保險來承作，直到後來社會民眾對於保障不足的反應與產險業者的爭取，才讓意外險與部分健康險得以讓產險業來經營，只不過財產保險業與人身保險業仍有行業上的不同，為了區分以及避免混淆，在財產保險業裡的意外險又稱為「傷害險」，同時**產險業可以承保傷害險與健康險的期間也以一年期為限**。

壽險與產險意外險、健康險的不同就在於，壽險的意外險與健康險都是保障續保，壽險的契約有載明：「本契約保險期間為一年，保險期間屆滿時，要保人得交付續保保險費，以逐年使本契約繼續有效，本公司不得拒絕續保」，也就是說只要要保人持續繳交保費，不管身體健康情況是否下降、投保期間是否申請過理賠，壽險中的意外、健康險都得繼續保障下去，這也就是所謂的保證續保，使被保險人擁有長期的保障。

而產險則是不保證續保，在契約內有載明：「本契約保險期間為一年，保險期間屆滿前，經本公司同意承保並通知續保後，要保人繼續交付續保保險費，則本契約視為續保」，也就是說如果產險公司覺得此被保險人在投保期間頻繁申請理賠、理賠金額龐大、或者是隔年的健康狀況危險，產險保險公司是可以拒絕承保此被保險人的。

相對的，這也就是壽險意外險、健康險的保險費用都比產險提供的商品保費還要來的高昂。雖然產險沒有保證續保，但是一樣的承保範圍，有時候產險

業者會組成推出各種傷害險的專案，甚至包含的範圍更大，同時保費相對低廉，同樣的保費反而可以在產險公司裡買到較高的保障。所以說民眾要挑選保險時，也可以搭配投保壽險保障後，再使用產險的商品來補強。

一、傷害險

傷害險（意外險），從字面上來看很明顯，也就是當被保險人遭受「意外傷害事故」，而造成的失能或死亡。而保險法第131條，意外傷害事故的定義，便是指「非由疾病所引起之外來突發事故」。可以說，傷害險需要同時符合「非疾病、外來、突發」，三種條件達成始獲得保險的理賠給付。

由於意外是由外來的突發事故造成，代表被保險人經過、身處的環境與進行的活動對於意外的發生機率有重要的影響，所以傷害險的費率是以被保險人的職業來作為保費計算依據，依照職業與工作內容的風險程度有分為職業等級，等級越高則保費越高，有些意外傷害險甚至不承保高風險的職業工作者，例如：礦工、特技演員、布雷爆破任務的工兵等。

最便宜為第一級職業等級，第二等比第一等保費貴1.25倍，第三等比第一等貴1.5倍，第四等比第一等貴2.25倍，第五等比第一等貴3.5倍，第六等比第一等貴4.5倍，要特別注意的是，若是被保險人更換職業卻未通知保險公司，發生意外事故需要理賠時則會權益受損，保險公司甚至可以拒絕負擔給付責任。

二、健康險

同樣以壽險裡對於健康險定義來解釋，是以被保險人在保險期間內因疾病而不能從事正常工作；或者因疾病造成的殘疾或死亡時，由保險人給付保險金的保險。而健康保險的保險費率則與被保險人的年齡、性別、身體健康狀況密切相關，這是因為在不同性別、年齡之下，死亡率的程度不同，發生疾病的機率也不同，正常來說年紀越大者則發生疾病的機率一定是比年輕人還要來的高，所以說年紀越大者保費則越高。

同時疾病的發生往往與人體的代謝、免疫系統、生活作息有關，人們從一出生開始，身體就不斷地在老化，以及現在的生活環境（空氣、水源等）都會影響人體的健康，保險公司為了不使自身處於高風險（理賠太多、金額太高）之中，所以對於健康險的承保審核都比傷害險來的嚴格。也因此，都會建議民眾趁年輕、健康時購買最有利。

健康險需比傷害險更詳細的告知被保險人健康狀況，若保險公司核保有疑慮，可要求被保險人進行體檢來決定最後是否承保。另外與傷害險不同的是，產險傷害險是以非疾病、外來、突發的事故所造成損害進行賠償，所以要是投保傷害險5天後發

> **考點速攻**
> 癌症健康險的等待期為90日。

生意外，保險公司須負擔賠償責任。但是在健康險當中為避免被保險人帶病投保，所以有規定觀察等待期，**一般為30日的觀察期**，此觀察期過後保障才會生效，所以若是在投保後的30日內因發生疾病就要申請理賠，保險公司不予理賠。

牛刀小試

(　　) **1** 健康險的觀察等待期為幾日？　(A)5日　(B)10日　(C)20日　(D)30日。

(　　) **2** 關於產險傷害險的敘述，下列何者正確？　(A)比起壽險意外險，保費較貴　(B)因疾病而不能從事工作，由保險公司給付保險金　(C)以職業等級來計算保費　(D)以上皆是。

解答與解析

1 (D)

2 (C)。(A)比起壽險保費較便宜。(B)非因疾病引起之外來突發事故造成的損害。

☑ 重點2　傷害險承保內容和重點　☆☆☆

傷害險是因非疾病引起的外來突發事故所造成之損害，而此外來突發事故必須有**不可預期性、突發性、外來性（不可抗拒）**。傷害險的項目主要包含意外身故費用、傷害醫療費用、燒燙傷住院、骨折、加護病房、大眾運輸或電梯身故加倍等，產險業通常都是將很多項目組成定型化的契約供民眾挑選。

一、傷害險的特性

(一) 傷害險的保險標的物為人的生命與身體，所以不受複保險的限制（大法官於釋字第576號有解釋），可以投保多家與多種的傷害保險，但是為避免不當得利，仍有同業投保保險金額的累積上限。

(二) 道德危險程度過高者，產險公司可拒絕繼續承保。

(三) 通常為一年期或短期保險契約。

(四) 費率的裁定不需考量利率的變化。

(五) 無儲蓄效益。

二、傷害險的種類

(一) 個人傷害保險。

(二) 團體傷害保險（投保人數為**五人**以上，由公司行號為要保人投保）。

(三) 旅行平安保險。

> **考點速攻**
>
> 團體傷害保險投保時，被保險人數五十人以上之團體，其費率由契約雙方洽訂。

三、傷害險的承保規定

(一) 承保對象為年滿15歲以上的自然人，未滿15歲則有限制的金額與限定的投保項目。

(二) 承保範圍為死亡、失能、因意外傷害延伸的醫療費用，但未滿15歲者無死亡給付，指將保費加計利息退還。

(三) 精神耗弱或心智喪失者，最高限額為55.5萬。

(四) 傷害險是以被保險人的職業類別與等級（總共分為6級）來決定是否承保，以及計算保險費用。

> **考點速攻**
>
> 精神耗弱者的最高限額是依照遺產及贈與稅法第17條規定，有關遺產稅喪葬費扣除額之半數來制定。

(五) 因要保人或被保險人故意之行為、犯罪行為、酒駕造成意外事故為除外責任。

(六) 戰爭或內亂，原子、核子引起之爆炸、輻射等意外事故為除外責任。

(七) 若是被保險人職業並非危險職業，但在投保期間從事下列活動，則為保險公司的不保項目：角力、摔跤、柔道、空手道、跆拳道、馬術、拳擊、特技表演等競賽或表演期間，或者汽車、機車及自由車等競賽或表演期間。

四、傷害險的理賠

(一) **死亡保險金：**

自意外事故發生後，180日內死亡者，保險公司給付死亡保險金。

(二) **失能保險金（自109年1月分為1～11等失能等級，80項失能項目）：**

自意外事故發生後，180日內失能者，保險公司按照失能等級給付比例（100%～5%）給付死亡保險金。若是失能發生在同一手或同一腳，依照失能等級較高者給付；若是同一場意外造成兩處失能，則按失能項目合計給付，但不得超過保險金額。

> **考點速攻**
>
> 失能等級最低為11等，最高為1等，給付比例從5%~100%計算。

失能程度與保險金給付表

項目		項次	失能程度	失能等級	給付比例
1神經	神經障害	1-1-1	中樞神經系統機能遺存極度障害，包括植物人狀態或氣切呼吸器輔助，終身無工作能力，為維持生命必要之日常生活活動，全須他人扶助，經常需醫療護理或專人周密照護者。	1	100%
		1-1-2	中樞神經系統機能遺存高度障害，須長期臥床或無法自行翻身，終身無工作能力，為維持生命必要之日常生活活動之一部分須他人扶助者。	2	90%
		1-1-3	中樞神經系統機能遺存顯著障害，終身無工作能力，為維持生命必要之日常生活活動尚可自理者。	3	80%
		1-1-4	中樞神經系統機能遺存障害，由醫學上可證明局部遺存頑固神經症狀，且勞動能力較一般顯明低下者。	7	40%

	項目	項次	失能程度	失能等級	給付比例
1 神經	神經障害	1-1-5	中樞神經系統機能遺存障害，由醫學上可證明局部遺存頑固神經症狀，但通常無礙勞動。	11	5%
2 眼	視力障害	2-1-1	雙目均失明者。	1	100%
		2-1-2	雙目視力減退至0.06以下者。	5	60%
		2-1-3	雙目視力減退至0.1以下者。	7	40%
		2-1-4	一目失明，他目視力減退至0.06以下者。	4	70%
		2-1-5	一目失明，他目視力減退至0.1以下者。	6	50%
		2-1-6	一目失明者。	7	40%
3 耳	聽覺障害	3-1-1	兩耳鼓膜全部缺損或兩耳聽覺機能均喪失90分貝以上者。	5	60%
		3-1-2	兩耳聽覺機能均喪失70分貝以上者。	7	40%
4 鼻	缺損及機能障害	4-1-1	鼻部缺損，致其機能永久遺存顯著障害者。	9	20%
5 口	咀嚼吞嚥及言語機能障害	5-1-1	永久喪失咀嚼、吞嚥或言語之機能者。	1	100%
		5-1-2	咀嚼、吞嚥及言語之機能永久遺存顯著障害者。	5	60%
		5-1-3	咀嚼、吞嚥或言語構音之機能永久遺存顯著障害者。	7	40%
6 胸腹部臟器	胸腹部臟器機能障害	6-1-1	胸腹部臟器機能遺存極度障害，終身不能從事任何工作，經常需要醫療護理或專人周密照護者。	1	100%
		6-1-2	胸腹部臟器機能遺存高度障害，終身不能從事任何工作，且日常生活需人扶助。	2	90%
		6-1-3	胸腹部臟器機能遺存顯著障害，終身不能從事任何工作，但日常生活尚可自理者。	3	80%
		6-1-4	胸腹部臟器機能遺存顯著障害，終身只能從事輕便工作者。	7	40%

	項目	項次	失能程度	失能等級	給付比例
6 胸腹部臟器	臟器切除	6-2-1	任一主要臟器切除二分之一以上者。	9	20%
		6-2-2	脾臟切除者。	11	5%
	膀胱機能障害	6-3-1	膀胱機能完全喪失且無裝置人工膀胱者。	3	80%
7 軀幹	脊柱運動障害	7-1-1	脊柱永久遺存顯著運動障害者。	7	40%
		7-1-2	脊柱永久遺存運動障害者。	9	20%
8 上肢	上肢缺損障害	8-1-1	兩上肢腕關節缺失者。	1	100%
		8-1-2	一上肢肩、肘及腕關節中,有二大關節以上缺失者。	5	60%
		8-1-3	一上肢腕關節缺失者。	6	50%
	手指缺損障害	8-2-1	雙手十指均缺失者。	3	80%
		8-2-2	雙手兩拇指均缺失者。	7	40%
		8-2-3	一手五指均缺失者。	7	40%
		8-2-4	一手包含拇指及食指在內,共有四指缺失者。	7	40%
		8-2-5	一手拇指及食指缺失者。	8	30%
		8-2-6	一手包含拇指或食指在內,共有三指以上缺失者。	8	30%
		8-2-7	一手包含拇指在內,共有二指缺失者。	9	20%
		8-2-8	一手拇指缺失或一手食指缺失者。	11	5%
		8-2-9	一手拇指及食指以外之任何手指,共有二指以上缺失者。	11	5%
	上肢機能障害	8-3-1	兩上肢肩、肘及腕關節均永久喪失機能者。	2	90%
		8-3-2	兩上肢肩、肘及腕關節中,各有二大關節永久喪失機能者。	3	80%
		8-3-3	兩上肢肩、肘及腕關節中,各有一大關節永久喪失機能者。	6	50%
		8-3-4	一上肢肩、肘及腕關節均永久喪失機能者。	6	50%

項目		項次	失能程度	失能等級	給付比例
8 上肢	上肢機能障害	8-3-5	一上肢肩、肘及腕關節中,有二大關節永久喪失機能者。	7	40%
		8-3-6	一上肢肩、肘及腕關節中,有一大關節永久喪失機能者。	8	30%
		8-3-7	兩上肢肩、肘及腕關節均永久遺存顯著運動障害者。	4	70%
		8-3-8	兩上肢肩、肘及腕關節中,各有二大關節永久遺存顯著運動障害者。	5	60%
		8-3-9	兩上肢肩、肘及腕關節中,各有一大關節永久遺存顯著運動障害者。	7	40%
		8-3-10	一上肢肩、肘及腕關節均永久遺存顯著運動障害者。	7	40%
		8-3-11	一上肢肩、肘及腕關節中,有二大關節永久遺存顯著運動障害者。	8	30%
		8-3-12	兩上肢肩、肘及腕關節均永久遺存運動障害者。	6	50%
		8-3-13	一上肢肩、肘及腕關節均永久遺存運動障害者。	9	20%
	手指機能障害	8-4-1	雙手十指均永久喪失機能者。	5	60%
		8-4-2	雙手兩拇指均永久喪失機能者。	8	30%
		8-4-3	一手五指均永久喪失機能者。	8	30%
		8-4-4	一手包含拇指及食指在內,共有四指永久喪失機能者。	8	30%
		8-4-5	一手拇指及食指永久喪失機能者。	11	5%
		8-4-6	一手含拇指及食指有三手指以上之機能永久完全喪失者。	9	20%
		8-4-7	一手拇指或食指及其他任何手指,共有三指以上永久喪失機能者。	10	10%
9 下肢	下肢缺損障害	9-1-1	兩下肢足踝關節缺失者。	1	100%
		9-1-2	一下肢髖、膝及足踝關節中,有二大關節以上缺失者。	5	60%
		9-1-3	一下肢足踝關節缺失者。	6	50%
	縮短障害	9-2-1	一下肢永久縮短五公分以上者。	7	40%

項目		項次	失能程度	失能等級	給付比例
9 下肢	足趾缺損障害	9-3-1	雙足十趾均缺失者。	5	60%
		9-3-2	一足五趾均缺失者。	7	40%
	下肢機能障害	9-4-1	兩下肢髖、膝及足踝關節均永久喪失機能者。	2	90%
		9-4-2	兩下肢髖、膝及足踝關節中,各有二大關節永久喪失機能者。	3	80%
		9-4-3	兩下肢髖、膝及足踝關節中,各有一大關節永久喪失機能者。	6	50%
		9-4-4	一下肢髖、膝及足踝關節均永久喪失機能者。	6	50%
		9-4-5	一下肢髖、膝及足踝關節中,有二大關節永久喪失機能者。	7	40%
		9-4-6	一下肢髖、膝及足踝關節中,有一大關節永久喪失機能者。	8	30%
		9-4-7	兩下肢髖、膝及足踝關節均永久遺存顯著運動障害者。	4	70%
		9-4-8	兩下肢髖、膝及足踝關節中,各有二大關節永久遺存顯著運動障害者。	5	60%
		9-4-9	兩下肢髖、膝及足踝關節中,各有一大關節永久遺存顯著運動障害者。	7	40%
		9-4-10	一下肢髖、膝及足踝關節均遺存永久顯著運動障害者。	7	40%
		9-4-11	一下肢髖、膝及足踝關節中,有二大關節永久遺存顯著運動障害者。	8	30%
		9-4-12	兩下肢髖、膝及足踝關節均永久遺存運動障害者。	6	50%
		9-4-13	一下肢髖、膝及足踝關節均永久遺存運動障害者。	9	20%
	足趾機能障害	9-5-1	雙足十趾均永久喪失機能者。	7	40%
		9-5-2	一足五趾均永久喪失機能者。	9	20%

失能等級表部位圖示說明

神經障害

- 中樞神經系統機能遺存極度障害，包括植物人狀態或氣切呼吸輔助，終身無工作能力，為維持生命必要之日常生活活動，全須他人扶助，經常需要醫療護理或周密照護者。 1級

- 有失語、失認、失行等之病灶症狀，四肢麻痺，錐體外路症狀，記憶力障害，知覺障害，感情障害，意欲減退，人格變化等高度障害，或者麻痺等症狀，雖為輕度，身體能力仍存，但非他人在身邊指示，無法逐行其工作者。 3級

- 中樞神經系統機能遺存障害，由醫學可證明局部遺存頑固神經症狀，但通常無礙勞動。 11級

給付	等級	
100%	1級	失能程度
90%	2級	
80%	3級	
70%	4級	
60%	5級	
50%	6級	

- 兩耳鼓膜全部缺損或聽覺機能喪失90分貝以上者。 5級

- 一目失明，他目0.1以下。 6級

- 雙手十指均缺失者。 3級

- 兩上肢肩、肘及腕關節中，各有一大關節永久喪失機能者。 6級

- 兩上肢肩、肘及腕關節中，各有兩大關節永久遺存顯著運動障害者喪失機能者。 5級

- 兩上肢肩、肘及腕關節均永久遺存運動障害者。 6級

- 一上肢腕關節缺失者。 6級

- 一下肢足踝關節缺失者。 6級

- 一下肢髖、膝及足踝關節永久喪失機能者。 5級

- 兩下肢髖、膝及足踝關節中，各有一大關節永久喪失機能者。 6級

- 兩下肢髖、膝及足踝關均永久喪失機能者。 2級

- 兩下肢髖、膝及足踝關節中，各有兩大關節永久喪失機能者。 3級

- 雙足十趾均缺失者。 5級

- 永久喪失咀嚼、吞嚥或言語之機能者。 1級

- 咀嚼、吞嚥及言語之機能永久遺存顯著障害者。 5級

- 胸腹臟器機能遺存極度障害，終身不能從事工作，經常需要醫療護理或專人周密照護者。 1級

- 胸腹部臟器機能遺存高度障害，終身不能從事任何工作，且日常生活需要人扶助。 2級

- 胸腹臟器機能遺存顯著障害，終身不能從事任何工作，但日常生活尚可自理。 3級

機能永久喪失及遺存各級障害之判定，以被保險人於事故發生之日起，並經六個月治療後症狀固定，再行治療仍不能期待治療效果的結果為基準判定。但立即可判定者不在此限。

傷害醫療實支實付型保險金給付需符合，超過全民健康保險給付部分，且無獲得其他傷害醫療費用保險以實支實付者。113年7月1日後傷害險實支實付型醫療金僅限理賠收據正本者。

(三) **意外傷害事故延伸之醫療費用（實支實付、日額）：**

實支實付的給付方式是以實際支出的醫療收據來做為理賠金額計算，而日額給付方式則是以「住院天數×投保的住院醫療日額」來計算理賠金額。例如：小名投保傷害險住院日額為1,000／日，發生了意外事故導致小名住院7天，則他的理賠金額計算為7天×1,000元＝7,000元。

五、傷害險中的微型保險

保險的意義便是為了轉嫁風險、維持社會安定、照顧受損失之家庭可以繼續生獲，但一般商品的保費或許對有些人來說仍是負擔，所以傷害險又另外推出了內容更加簡單、保費更加便宜的微型保單，通常以免體檢為原則，適用對象為：

(一) 無配偶且全年綜合所得在新臺幣35萬元以下者。

(二) 具有合法立案之漁民相關人民團體或機構成員身份。

(三) 具有原住民身份法規定之原住民身份。

(四) 符合身心障礙者權益保障法定義之身心障礙者。

微型保單的保險金額最高上限為50萬，且若向兩家以上保險公司投保超過限定之金額，則由保險公司決定處理方式。

牛刀小試

(　) **1** 傷害險的死亡保險金，是自意外事故發生後幾日內死亡可理賠？
(A)30日　(B)100日　(C)90日　(D)180日。

(　) **2** 關於傷害險，下列何者敘述正確？　(A)承保對象為15歲以上法人　(B)未滿15歲無死亡給付　(C)失能等級分為1～8級　(D)職業等級總共有4級。

解答與解析

1 (D)

2 (B)。(A)承保對象為15歲以上的自然人。(C)失能等級分為1～11級。(D)總共有6級。

☑ 重點3　健康險承保內容和重點　☆☆

關於健康險，是為了要滿足彌補被保險人自身發生疾病時的醫療費用或收入損失，依照保險法第125條載明：「保險人於被保險人疾病、分娩及其所致失能或死亡時，負給付保險金額之責」，而契約的生效日為簽訂契約日的當天午夜12時起，但是因有觀察等待期（保險公司免責期）的規定，所以契約約定之保障內容得等觀察期滿使得生效。

考點速攻

健康險的契約生效日是依照住院醫療保險示範條款第3條：「本契約的保險期間，自保險單上所載期間之始日午夜十二時起至終日午夜十二時止。但契約另有約定者，從其約定。」

一、健康險的特性

(一) 以一年期為保險期間。

(二) 是以損害填補為主，以定額給付為輔。

(三) 有等待觀察期，疾病危30日、癌症為90日、重大疾病90日。

二、健康險的種類

(一) 住院醫療保險日額給付。

(二) 住院醫療費用給付保險（實支實付型）。

(三) 失能保險（失能保險）。

(四) 癌症醫療保險。

(五) 重大疾病保險。

三、健康險的承保規定

(一) **被保險人的健康告知：**

　1. 2個月內有因生病或受傷而接受醫生的診療、治療之行為。

　2. 2年內有健康檢查異常而接受醫生的診療、治療之行為。

　3. 5年內有因契約中載明之疾病（高血壓、腦中風等疾病）接受醫生的診療、治療之行為。

因為疾病範圍非常廣，所以健康險在審核上又比傷害險來的複雜跟嚴格，關於被保險人的健康告知需要盡最大誠信原則，否則當理賠情況產生，保險公司可以不理賠、解除保險契約且不退還保費。

(二) **危險選擇：**

1. 第一次：業務員的親自晤面。
2. 第二次：**體檢醫生**，所以又可稱為**醫務選擇**。
3. 第三次：核保人員的資料審核。
4. 第四次：保險調查員的調查。

雖然又很多的危險選擇次數，但以實務上來說，因為投保件數非常大，保險公司並非每一件健康險都會保持四次的危險選擇，而是以機率抽樣來進行嚴格的審核。

四、健康險的理賠

依照險種項目，若是實支實付醫療費用的給付，便將所有進行醫療行為的收據收齊、連同診斷書與理賠申請書交給保險公司。若是住院日額醫療費用的給付，則是將診斷書、理賠申請書交給保險公司即可。而其他種類的健康險則有個別約定須交上的相關佐證。

五、其他補充解釋

(一) **URC條款：**一般合理且習慣收費的費用條款。

(二) **BMI：**為身體質量指數，是以體重 / 身高的平方計算之數字。

(三) **MRI：**核磁共振。

(四) **每日病房費：**包含膳食費用、病房等級差額、特別護士費用。

(五) **保險體檢：**立契約前若保險公司要求體檢，則體檢費用由保險公司支付。

(六) **同一事故：**被保險人若因同一次事故所引起之疾病或併發症，導致14日內再次住院，視為同一事故。

─── 牛刀小試 ───

( ) **1** 關於健康險的等待期，下列哪個選項正確？ (A)健康險等待期為20日。 (B)癌症險的等待期為60日。 (C)重大疾病等待期為90日。 (D)以上皆是。

( ) **2** 同一事故是指被保險人離出院後多少日內又再次住院？ (A)15日。 (B)10日。 (C)3日。 (D)14日。

解答與解析

1 **(C)**　　2 **(D)**

精選試題

( ) **1** 傷害保險契約與壽險契約有何相異之處？
(A)費率計算的基礎不同
(B)承保的範圍不同
(C)核保考量的不同
(D)以上皆是。

( ) **2** 傷害保險的承保範圍不包括下列何者？
(A)打籃球不小心扭倒
(B)肝硬化
(C)被落石砸傷
(D)走路車禍。

( ) **3** 下列何者之保險期間的規定與其他不相同？
(A)傷害保險單
(B)住院醫療保險單

(C)旅行平安保險單

(D)團體傷害保險單。

(　　) **4** 傷害保險的給付項目包括下列哪些？

(A)死亡給付

(B)喪葬費用給付

(C)失能給付

(D)以上皆是。

(　　) **5** 下列何者為不可能成為道德風險案件的徵兆？

(A)延期繳交保險費

(B)事故原因不明確

(C)短期出險頻率高

(D)多次申請理賠。

(　　) **6** 以下何者為保險公司為傷害保險理賠時應注意的事項？

(A)理賠金額是否正確

(B)給付的對象是否正確

(C)事故是否為承保範圍

(D)以上皆是。

(　　) **7** 下列何者不是業務員在招攬傷害保險時應注意的事項？

(A)保單條款相關的規定

(B)簽名是否為被保險人本人親簽

(C)保費越低越好

(D)保戶是否完全瞭解商品所承保的範圍。

(　　) **8** 傷害保險中的失能等級表總共有幾個等級？

(A)5級

(B)8級

(C)11級

(D)15級。

( ) **9** 傷害保險中的失能等級表有幾大項？
(A)29項
(B)49項
(C)80項
(D)119項。

( ) **10** 下列何種行業是在傷害保險的承保範圍之內？
(A)礦工
(B)計程車司機
(C)跳傘教練
(D)馬戲團馴獸師。

( ) **11** 下列何者訂立了保險法的第107條中，遺產稅喪葬費扣除額的上限？
(A)行政院金融監督管理委員會
(B)財政部
(C)地方法院
(D)保險人與被保險人。

( ) **12** 關於傷害保險要保書的填寫方式，下列敘述何者不正確？
(A)要保書應由要保人及被保險人本人就有關內容親自填寫並簽章
(B)即使當事人同意或授權，保險經紀人、代理人及業務員仍不得代填寫或簽章
(C)要保人或被保險人為未成年人，需經其法定代理人的同意，並於要保書上簽章
(D)以上皆非。

( ) **13** 依照傷害保險失能程度的保險金給付表，第3級失能給付比例應為多少？
(A)80%
(B)85%
(C)90%
(D)95%。

( ) **14** 甲胖投保了傷害保險，而死殘的保險金額為100萬元，若他不幸發生意外同時導致一眼失明（40%）及十手指缺失（80%）者，則理賠的金額為何？
(A)40萬
(B)60萬
(C)80萬
(D)100萬。

( ) **15** 下列何者不屬於傷害保險要保書中的聲明事項？
(A)目前身體的機能是否有障害
(B)同意保險公司將要保書上所載本人資料轉送產、壽險公會建立電腦連線
(C)同意保險公司得依「電腦處理個人資料保護法」之相關規定，對個人資料有為蒐集、電腦處理或國際傳遞及利用之權利
(D)同意保險公司查閱其相關之醫療紀錄及病歷資料。

( ) **16** 若被保險人投保傷害保險死殘保額300萬元，不幸發生意外同時導致右手腕機能永久喪失（30%）及右手食指缺失（5%），該理賠的失能保險金額為何？
(A)30萬
(B)35萬
(C)65萬
(D)90萬。

( ) **17** 傷害保險的除外事項包含下列哪些？
(A)酒後駕車
(B)戰爭
(C)原子能裝置所引起的爆炸
(D)以上皆是。

（　　）**18** 失能等級表當中的機能永久喪失，是指被保險人於意外傷害事故發生之日起，經過多少時間治療後的結果？
(A)1個月
(B)2個月
(C)6個月
(D)12個月。

（　　）**19** 因發生意外事故導致被保險人失蹤，則自失蹤之日起滿幾年仍未尋獲者，保險公司可先行給付身故保險金？
(A)1年
(B)2年
(C)3年
(D)7年。

（　　）**20** 保險公司給付傷害醫療保險金，是計算傷害保險契約自意外事故發生後的幾日內的醫療金為理賠金額？
(A)30日
(B)60日
(C)90日
(D)180日。

（　　）**21** 健康保險契約中，條款所稱「住院」是指何種定義？
(A)經醫師診斷必須入住醫院
(B)正式辦理住院手續
(C)確實在醫院接受診療
(D)以上皆是。

（　　）**22** 何謂BMI的計算方式？
(A)體重（公斤）／身高（公尺）的平方
(B)體重（公斤）／[身高（公分）－105]
(C)體重（公斤）／身高（公分）的平方
(D)體重（公斤）／[身高（公分）－80]×0.9。

( ) **23** 若原本被保險人因意外事故導致失蹤，已先行領有身故保險金者，若日後發現被保險人生還時，受益人應將已領的身故保險金於多久的期限內歸還？
(A)10天
(B)15天
(C)30天
(D)條款未規定。

( ) **24** 下列何者為被保險人投保傷害保險時的應告知事項？
(A)被保險人上班之地點
(B)被保險人上班搭乘之交通工具
(C)是否有在其他保險公司投保醫療保險給付實支實付之商品
(D)被保險人飲食習慣。

( ) **25** 下列何者為健康保險的主要保障定義？
(A)以定額給付為內容
(B)以損害填補為內容
(C)以定額給付為主，以損害填補為輔
(D)以損害填補為主，以定額給付為輔。

( ) **26** 關於現行的保險法第107條，針對未成年人投保保險的相關規定，下列敘述何者正確？
(A)訂立人壽保險契約，其死亡給付於被保險人滿十五歲之日起發生效力
(B)傷害保險準用該條規定
(C)未成年人是指以未滿十五歲之未成年人為被保險人
(D)以上皆是。

( ) **27** 下列何者不屬於住院醫療費用（實支實付型）約定的「每日病房費用保險金之給付」之項目？
(A)超等住院之病房費差額
(B)灌飲食以外之膳食費

(C)指定醫師費用

(D)特別護士以外之護理費。

(　　) **28** 健康保險的承保範圍包括下列哪些？

(A)僅承保被保險人疾病之事故

(B)除疾病之事故外，尚包括分娩之事故

(C)除疾病、分娩外，尚包括意外傷害之事故

(D)以上皆非。

(　　) **29** 受益人要申領「失能保險金」，則保險公司得對被保險人的身體予以檢驗，其檢驗費用由誰負擔？

(A)被保險人自行負擔

(B)要保人負擔

(C)保險公司負擔

(D)由產壽險公會的基金負擔。

(　　) **30** 傷害保險契約是以下列何者為費率計算的基礎？

(A)職業

(B)年齡

(C)性別

(D)收入多寡。

(　　) **31** 被保險人因為酒後駕車導致意外事故而住院，此為健康保險的承保範圍嗎？

(A)是

(B)不是

(C)不一定

(D)依照判決而定。

(　　) **32** 下列何者是屬於健康保險承保範圍內？

(A)騎車摔傷

(B)肝癌

(C)切菜的時候切到手指

(D)以上皆是。

( ) **33** 關於傷害醫療保險金的敘述，下列何者正確？

(A)被保險人本人，保險公司不受理指定或變更

(B)被保險人本人，保險公司不受理其指定但接受變更

(C)被保險人本人，保險公司可受理指定但不接受變更

(D)被保險人本人，保險公司可受理指定或變更。

( ) **34** 在傷害保險中的失能項目裡，所謂「失明」是指視力永久在萬國式視力表多少以下？

(A)0.1

(B)0.2

(C)0.01

(D)0.02。

( ) **35** 在傷害保險契約當中，若涉及法定繼承人應得保險金的順序與比例問題，該以哪種法律為依據？

(A)保險法

(B)保單條款

(C)民法繼承編

(D)金管會的解釋命令。

( ) **36** 下列何者是因罹患疾病或遭受意外傷害事故導致喪失工作能力，此種失去工作所得及照護的損失可由保險公司提供失能保險金給付？

(A)重大疾病保險

(B)長期看護保險

(C)失能所得保險

(D)醫療費用保險。

( ) **37** 下列何者是執行「第一次危險選擇」的對象？

(A)醫務體檢人員

(B)調查人員

(C)核保人員

(D)業務人員。

(　) **38** 若在保險契約上對被保險人採取給付上的限制或減少的承保方式，
又稱為？

(A)批註除外

(B)加費承保

(C)正常承保

(D)拒保。

(　) **39** 關於「團體傷害保險單示範條款」的敘述，下列何者正確？

(A)所稱「團體」是指具有五人以上且非以購買保險而組織之團體

(B)保險契約所稱「要保人」是指要保單位

(C)所稱「被保險人」是指契約所附被保險人名冊內所載之人員

(D)以上皆是。

(　) **40** 下列哪個團體不屬於團體傷害保險單中所定義的「團體」？

(A)優良國民協會

(B)臺北市政府

(C)理髮師工會

(D)產險公會。

(　) **41** 健康保險保障範圍的不確定性是指下列何者？

(A)給付額度的不確定性

(B)危險確定日的不確定性

(C)損失評估的不確定性

(D)以上皆是。

(　) **42** 如果被保險人的疾病是發生於契約的等待期內，則保險公司是
否理賠？

(A)不需理賠

(B)需理賠

(C)依照個案決定

(D)以上皆非。

（　）**43** 若遇到意外事故非立即死亡，而是事故過後幾天才死亡，則傷害保險契約中約定自意外事故發生後幾日內死亡，得給付死亡保險金？
(A)270日
(B)180日
(C)90日
(D)30日。

（　）**44** 保險法第107條修正後，將未成年人年齡由未滿十四歲修正為未滿十五歲，不是因為下列何者？
(A)勞工保險條例有關最低投保年齡之規定
(B)國民教育法義務教育年齡之規定
(C)僱主意外責任保險受僱員工年齡之定義
(D)以上皆是。

（　）**45** 下列哪種種類的表演與職業不是傷害保險的除外責任？
(A)摔跤
(B)太極拳
(C)空手道
(D)馬術。

（　）**46** 醫療環境不斷的進步和改變，下列何者為健康保險設計時須注意的？
(A)因科技進步所衍生的醫療費用增加
(B)商品多元化
(C)平均餘命延長
(D)以上皆是。

（　）**47** 第一次的危險選擇通常由下列何者擔任？
(A)理賠人員
(B)核保人員
(C)體檢醫師
(D)保險業務員。

(　　) **48** 受益人若是比被保險人先行身故，則被保險人的死亡保險金將如何
處理？

(A)視為被保險人的遺產

(B)以被保險人的法定繼承人為受益人

(C)由家屬自行協調

(D)契約當中未有明確規定。

(　　) **49** 小明準備投保傷害保險，但是他已經在其他保險公司有投保過傷害
險，請問他是否需要告知現在準備投保的保險公司？

(A)需要

(B)不需要

(C)告不告知皆可

(D)未有明確規範。

(　　) **50** 健康保險可以從下列何者來做為主要的危險評估？

(A)體格

(B)現症

(C)既往症

(D)家族病史。

解答與解析

1 (D)。(D)壽險是以性別、年齡及身體狀況為主要危險估計；傷害保險契約則以職業類別為危險估計。

2 (B)。(B)肝硬化為疾病，不為意外事故的承保範圍。

3 (B)。(B)住院醫療保險單為壽險保單之規定，起訖日與其他者不同。

4 (D)　　**5 (A)**　　**6 (D)**　　**7 (C)**

8 (C)。(C)金管會公布之最新失能等級表為11級80項。

9 (C)。金管會公布之最新失能等級表為11級80項。

10 (B)。(B)因其他選項為拒保之範圍，而計程車司機為第四級職業等級，故是屬於傷害險的承保範圍。

11 (B)　　**12 (D)**　　**13 (A)**

14 (D)。(D)甲胖一眼失明（40%）＋十手指缺失（80%），則保險理賠為100萬×40%＋100萬×80%＝120萬，但120萬超過保險金額最高上限，故僅以保險金額100萬給付。

15 (A)

16 (D)。(D)因被保險人失能部位為同一部位，故取其最嚴種者為手腕機能永久喪失（30%），所以300萬保險金額×失能等級給付比例30%＝90萬。

17 (D)　　**18 (C)**　　**19 (A)**　　**20 (D)**

21 (D)　　**22 (A)**　　**23 (D)**　　**24 (C)**

25 (D)　　**26 (D)**

27 (C)。(C)指定醫師費用不是住院醫療費用的承保範圍。

28 (B)　　**29 (C)**　　**30 (A)**　　**31 (B)**

32 (B)

33 (A)。(A)因傷害醫療保險金是為保障被保險人本人因意外事故而致之損失賠償，故不可更改受益人。

34 (D)

35 (C)。(C)保險契約中涉及保險金繼承的順序與比例時，是依據民法繼承編。

36 (C)　　**37 (D)**　　**38 (A)**　　**39 (D)**

40 (A)。(A)優良國民協會不是組織型態，不符合團體之定義。

41 (D)　　**42 (A)**　　**43 (B)**　　**44 (C)**

45 (B)　　**46 (D)**　　**47 (D)**

48 (B)。(B)若是保險契約中的受益人比被保險人提早身故，則被保險人應以書面申請變更，否則將以法定繼承人領取保單受益金。

49 (A)

50 (A)。(A)體格被列為是目前最易看出是否影響人體健康的評估方法，因體重過重或過輕，都容易有不健康的情況產生，故保險會以體格為主要的危險評估。

（　　）**51** 關於傷害保險的敘述，下列敘述何者正確？
(A)年齡愈高其從事於復健的比率愈高
(B)失能率和年齡成反比
(C)職業等級的高低和失能率成正比
(D)失能率女性高於男性。

（　　）**52** 老李想要為自己購買一個健康保險的保單，他應該注意哪些事項？
(A)保費是否便宜
(B)是否能以現金給付

(C)是否依據個人狀況設計不同的需求

(D)是否免體檢。

( )　**53** 須投保團體保險時，若被保險人數在多少人以上，則其費率可由契
約雙方洽訂？

(A)30人

(B)50人

(C)80人

(D)100人。

( )　**54** 保險公司在訂立保險契約前，可對被保險人施以健康檢查，則其費
用將由何人負擔？

(A)保險公司

(B)被保險人

(C)雙方平均分擔

(D)依照保險種類而定。

( )　**55** 若被保險人進行墮胎行為，其衍生的醫療費用健康保險是否需負賠
償責任？

(A)需給付

(B)不需給付

(C)不一定

(D)依照法院的判決而定。

( )　**56** 若被保險人為「維持生命必要之日常生活活動尚可自理，但因神經
障害高度，終身不能從事工作者」之狀況，則此被保險人適用第幾
級失能程度？

(A)第2級

(B)第3級

(C)第4級

(D)第5級。

( ) **57** 若是被保險人在變更職業後未告知保險公司，則發生意外事故需出險，保險公司應該如何理賠？
(A)按照被保險人實際花費理賠
(B)視被保險人申請金額的多寡而定
(C)依照應收保費與原收保費的比例理賠
(D)全額理賠。

( ) **58** 關於保險法的規定中，保險公司是否可要求被保險人進行健康檢查？
(A)可以
(B)不可以
(C)依照保險種類而定
(D)以上皆非。

( ) **59** 在未投保之前，被保險人身上已有疾病或是健康上的異常，又稱為？
(A)道德風險
(B)既存狀況
(C)逆選擇
(D)既往症。

( ) **60** 下列何者在醫療保險的核保中的成本較低？
(A)生存調查
(B)身體檢查
(C)諮詢家庭或顧問醫師
(D)調閱病歷資料。

( ) **61** 如果在傷害保險契約中未指定受益人，則被保險人的死亡保險金將如何處理？
(A)視為被保險人的遺產
(B)由家屬自行協調
(C)保險視為未發生保費還予要保人
(D)由保險公司自行決定。

（　）**62** 有關個人傷害保險除外責任與不保事項之敘述以下何者為非？
(A)要保人非故意行為導致被保險人成失能時，仍給付失能保險金與被保險人
(B)被保險人酒駕，其所含酒精成份超過道路交通法令規定標準者，保險公司仍應給付保險金
(C)被保險人的故意行為，為除外原因
(D)被保險人從事摔跤競賽或表演，為除外活動。

（　）**63** 若被保險人「一目失明」，則此狀況在失能等級表當中應理賠的比例為何？
(A)25%
(B)35%
(C)40%
(D)50%。

（　）**64** 若被保險人因發生意外事故導致損失，決定採取民俗療法治療，則傷害醫療保險可否理賠？
(A)可以
(B)不可以
(C)雙方自行討論
(D)未有明確規定。

（　）**65** 傷害保險中的醫務選擇（Medical Selection）又稱為下列何者？
(A)第一次危險選擇
(B)第二次危險選擇
(C)第三次危險選擇
(D)第四次危險選擇。

（　）**66** 關於健康保險契約費率計算的基礎，下列何者不是？
(A)健康狀況
(B)年齡
(C)性別
(D)職業。

（　）**67** 團體傷害保險所稱之團體是指具有幾人以上的團體？
(A)3人
(B)4人
(C)5人
(D)10人。

（　）**68** 傷害保險的短期費率如為6個月，則應收年繳保費的百分之多少？
(A)55%
(B)65%
(C)75%
(D)80%。

（　）**69** 依照傷害保險的失能給付表項目當中，按理賠比例最低者為何？
(A)3%
(B)4%
(C)5%
(D)6%。

（　）**70** 人老了之後容易罹病的機率也上升，但是下列何者不為老人罹病的主要因素？
(A)急性病
(B)多重器官退化
(C)癌病
(D)心血管疾病多。

（　）**71** 在健康保險中對於既往症的評估，下列何者不是評估的主要原因？
(A)有無殘遺後遺症
(B)有無復發的可能
(C)是否遺傳或傳染給家族中人
(D)以上皆是。

解答與解析

51 (C)。(C)依傷害保險中的職業等級來區分，愈高者風險越大，則意外事故風險越大者，因意外導致失能的風險也相對增加。

52 (C)　　**53 (B)**　　**54 (A)**　　**55 (B)**

56 (B)

57 (C)。(C)因傷害保險是以職業等級來判定被保險人的意外風險，若發生須理賠的情況前未變更，則保險公司將以新職業的等級與舊職業等級的保費差異比例來理賠。

58 (A)　　**59 (D)**

60 (A)。(A)生存調查為保險公司對被保險人現在是否生存的一種晤面、電話確認，比起負擔檢查、諮詢、調閱病歷的費用較低。

61 (A)　　**62 (B)**　　**63 (C)**

64 (B)。(B)民俗療法不符合契約條款上所稱之治療行為。

65 (B)。(B)第一次為業務員、第二次為醫療的核保要求、第三次則為保險公司的核保決定。

66 (D)　　**67 (C)**　　**68 (B)**　　**69 (C)**

70 (A)。(A)急性病相較於其他選項來說，較不是老年人罹病的原因，通常好發於年輕人身上。

71 (C)。(C)健康保險承保對象為被保險人，故是否遺傳或傳染給他人不在評估原因裡。

NOTE

第六章 責任、信用、保證、其他財產保險

本章依據出題頻率區分，屬：**B** 頻率中

課前導讀

責任、信用、保證都是較為抽象非具體的承保項目，但同時也是財產保險中，規避風險的重要一環，為使考生可以更加瞭解此險種的設立意圖，本章節針對責任、保證、信用保險的概論、保險對象、與承保運作模式作解釋，以及舉例市場應用的範圍來說明，且在責任保險中又有分為幾種分類，研讀的時候，考生得特別區分出其差異。

✓ 重點1　概論與責任保險的重點　☆☆☆☆

責任、信任、保證，主要都是因為對自己以外的人有負責、承諾的意思。在保險裡面來說，責任保險、信任保險、保證保險便是被保險人對自己與保險人以外的第三人有需負擔賠償的責任，而被保險人將此風險轉嫁給保險人來承保。其中關於負擔賠償的責任，若有特別規定則按照特別規定（消保法、大眾捷運法）來規範，若無特別規定則按照中華民國法律為判定賠償責任之依據。

一、責任保險的特性

(一) 保險金額由要保人或被保險人訂定，若損失金額超過保險金額，保險公司僅就保險金額上險給付，不給付超過之部分。

(二) 責任保險的內容須依照法律環境變動而修正。

(三) 責任保險不適用於損害填補原則與傷害保險。

(四) 責任險的抗辯、訴訟費用除非另行約定，則由保險人負擔。

(五) 保險公司在被保險人依法應負賠償責任，且被保險人受賠償請求時，須負賠償責任。

(六) 依照經常承擔責任時間之長短，分為事故基礎與索賠基礎之責任險（事故基礎＞索賠基礎）。

二、一般責任保險的種類（事故基礎）

(一) 公共意外責任險：

1. 承保對象：（依危險性職分為6類，以甲乙……等區分，己為最危險類別）

   (1) 危險工廠。

   (2) 辦公室。

   (3) 行號店鋪。

   (4) 工廠、旅館、餐廳。

   (5) 育樂場所、瓦斯、電銲。

   (6) 特種行業。

觀念補給站

1. 各縣市政府對於公共建築物、場所進行有強制的投保要求，以台北市為範例，公共場所須投保每一個人身體傷亡600萬、每一場意外事故傷亡3000萬、每一場意外事故財產損失300萬。

2. 113年4月24日新增工廠危險物品投保辦法，最低每人600萬元，每意外事故3,000萬，每一財產損失600萬，總保額7,200萬。

分類	行業
甲	政府機關、公司企業、金融保險、各種專業職務部門、管理大樓單位等辦公室處所。
乙	行號店鋪（特殊行業除外）、學校。
丙	一般工廠、旅館、餐廳、百貨公司、超市、醫院、電影院、不在戊分類之公共場所。
丁	育樂遊藝場所、瓦斯行業、電銲行業。
戊	KTV、舞廳、酒吧、咖啡院、美容室、電動玩具等特種行業。
己	使用、製造、供應危險物品的工廠或廠商。

2. 承保範圍：

當被保險人的保險標的場所在保險期間內發生因下列事故：

(1) 被保險人或受僱人在契約載明之業務場所經營業務導致之事故。

(2) 被保險人的營業處所之建築物、通道、機器或其他工作物所發生之意外事故。

導致第三人體傷、死亡或財物的損害，依法應負賠償責任，而受賠償請求時，保險公司對被保險人負賠償的責任。

3. 保險金額：依各縣市政府規定而不同。

4. 不保事項：

(1) 因售出或供應之產品導致的賠償責任。

(2) 因工作而發生的震動或設施的支撐不足，導致第三人的建築物、土地或其它財物受損之賠償責任。

(3) 因所有、使用或管理的電梯所延伸之賠償責任。

雖然以上為不保事項，但公共意外險仍可以透過附加條款的方式來承保以上之項目。

(二) 僱主意外責任險：

1. 承保對象：（依危險性質分為3類）

(1) 政府、學校、金融機構、教堂寺院。

(2) 店鋪、診所、醫院、旅社、餐廳。

(3) 工廠、農場、礦場、娛樂場。

危險程度(3)＞(2)＞(1)，所以(3)的保費也最高。

2. 承保範圍：

(1) 被保險人的受僱人因為執行勤務發生意外事故導致受傷或死亡。（除非另有約定，否則保險人以勞工、軍人保險條例、公務員保險法規定，是給付超出的部分。）

(2) 受僱人須為15歲以上，在一定或不定期的期間內，接受被保險人之薪資者。

(三) 營繕承包人意外責任險：

1. 承保對象：

各種營繕工程師且領有執照的承包人。

2. 承保範圍：

被保險人或其受僱人，在保險期間內於保險契約載明的施工處所內，因為執行承包的營繕工程過程中發生意外事故，導致第三人體傷、死亡或財物損失。

3. 保險費率：

此責任險會因為樓層的高度、施工的時間長短、施工中所使用之爆炸物等因素影響保費的高低。

(四) **電梯意外責任險：**

1. 承保對象：（依照使用性質頻率為3類）

   (1) 住宅。

   (2) 行號店鋪、辦公處所。

   (3) 旅館、學校、醫院、餐廳、公共場所、工廠。

2. 承保範圍：

被保險人因其所有、使用或管理的被保險電梯，在保險期間內發生意外事故，導致搭乘乘客或出入電梯之人受傷、死亡或財物受損，依法須負擔的賠償責任。（包括電扶梯）

(五) **產品責任險：**

1. 承保對象：

   (1) 生產者、製造、分裝、裝配加工廠商及進口商。

   (2) 批發商、經銷商、零售商。

2. 承保範圍：

被保險人因保險標的（產品）的缺陷，在保險期間內或「追溯日」之後發生意外事故，導致第三人遭受受傷、死亡或財物損失，依法應由被保險人負損害賠償責任。

> **考點速攻**
>
> 追溯期為責任險特有，因投保期間是保障廠商對產品負責的期間，表示保險公司也須負擔投保之前的產品（最長為3年）。

3. 保險金額：

以食品業者投保舉例，最低保險金額須投保：

   (1) 每一人體傷100萬。

   (2) 每一意外事故400萬。

   (3) 每一意外事故財損100萬。

   (4) 最高上限1,000萬。

4. 不保事項：

(1) 被保險人擅自以契約或協議承受無民事賠償之責任。

(2) 產品還在經銷商的控制下或受理產品銷售時發生之賠償責任。

(3) 產品未達預期功能或產品錯誤所導致的賠償責任。

(4) 產品回收費用。

(5) 石綿、避孕用品、藥品、疫苗、菸草等為不保項目。

5. 同一事故：

在第一次賠償請求發生後的12個月內，若是因為同一個缺陷所遭受的賠償請求視為同一事故的同時請求。

三、專業責任保險的種類（索賠基礎）

(一) 醫師業務責任險：

承保的範圍為被保險人因執行醫師之診療業務，發生意外事故導致病人體傷或死亡，在經過醫事鑑定後，依法應負賠償責任。在醫師業務責任險的保險期間內受到賠償請求的時候，保險公司對被保險人負賠償之責。而醫師業務責任險的費率影響是看醫療科別來訂立。

> **考點速攻**
> 醫師業務責任險的被保險人包含在實習醫院醫師指導下的醫科實習醫生。

(二) 律師及會計師業務責任險：

承保的範圍為被保險人於執行律師或會計師業務時，因過失、錯誤或疏漏行為而違反其業務上應盡之責任及義務，導致第三人有損失，則在律師及會計師業務責任險的保險期間內受到賠償請求的時候，保險公司對被保險人負賠償之責。

─────────── 牛刀小試 ───────────

( ) **1** 下列哪個選項的責任保險是屬於專業責任保險？ (A)醫師業務責任 (B)僱主責任 (C)公共意外責任 (D)營繕承包人責任。

( ) **2** 現行的公共意外責任保險主要是為了承保被保險人的哪一種責任？ (A)刑事責任 (B)行政責任 (C)民事責任 (D)以上皆是。

解答與解析

1 (A) 2 (C)

☑ 重點2 信用、保證保險的重點 ✿✿

與責任保險不同的是，信用與保證保險是在保障他人對被保險人不履行責任所造成的損失風險，此險種是被保險人將有可能會發生的損失轉嫁給保險公司，使保險公司為此負擔賠償被保險人的責任。

其中信用保險主要是以商品的賒銷和債務人的信用作為保險標的，若是債務人未能如約履行債務清償而使債權人遭致損失時，則由保險公司向被保險人，也就是債權人提供風險保障的一種保險契約，像是被保險人的債務人不履行還債義務之行為，若是以此為保證保險契約的投保標的，就須記載被保險人的姓名、住所及債務人的姓名或其他得以認定為債務人的方式列明，使保險公司得以賠償。

一、員工誠實保證保險

(一) 承保範圍：

是對於被保險人（金融機構、政府機關、公民營企業、社會團體），依法所有應負責任、或不管以任何名義保管之財產（貨幣、票據、有價證券、其他有形財物），因為任何一個被保證的員工（受被保險人聘僱、受有人事管理、領取薪資者），在其保險契約的被保證期間內，因單獨或共謀的不誠實行為，所導致的直接損失，保險公司應負賠償之責。

(二) 保險金額：

1. 每一被保證員工：依被保險人與保險人雙方自行決定。

2. 每一事故：依照被保證員工總計人數，以不超過前五者高的合計金額為
上限。

例如：某公司的員工誠實保證保險，保險金額最高前五名為A員工為500
萬、B員工為100萬、C員工為150萬、D員工為120萬、E員工為200萬，
則每一事故的保險上限金額為五人合計為1,070萬。

(三) **理賠條件：**

1. 是因被保證員工之行為所導致。
2. 損失必須是經過被保險人在保險期間內發現。
3. 損失必須是發生於保險單「追溯日」後至保險有效期間內（追溯日應列
明記載在保險契約上）。
4. 有延長損失發生期間，若是保險期間屆滿未續保，被保險人在保險契約
滿期後的60日之內發現事故，保險公司仍需負賠償責任。

(四) **保險費率：** 需考慮

1. 資產比。
2. 行業別。
3. 追溯期間。
4. 自負額比率。
5. 稽核制度。
6. 損失經驗（若是無員工職務類別才依此判別）。

基本純費率為全部員工投保0.64%，其他部分員工投保1.37%。

二、消費貸款保證保險

承保範圍是當消費者未能按期歸還貸款的話，視為保險事故的發生，所以保
險公司應當承擔保險責任。保險公司只賠償貸款本金，而不承擔違約金、利
息、罰息等。

三、合同保證保險

承保範圍是當簽訂好經紀合約後，若有其中一方不履行經濟合同，導致另一
方須負擔損失的經濟責任，則轉由保險公司負擔。

牛刀小試

( ) **1** 某公司的員工誠實保險前五名投保金額為100萬、200萬、500萬、300萬、400萬，則某公司的每一事故保險金額上限為？ (A)500萬 (B)1,000萬 (C)800萬 (D)1,500萬。

( ) **2** 延遲損失期間是指當保單日屆滿的幾日內發生事故，保險公司仍須負責？ (A)10日 (B)30日 (C)60日 (D)90日。

解答與解析

1 (D)　2 (C)

✅ 重點3　其他財產保險的重點 ☆☆

除了前章節與重點提到的各種財產保險之外，還有些實務上常使用，可以了解與認識的其他財產保險。

一、現金保險

(一) 承保標的：
主要是以承保現金，但得另外以批單的方式附加承保票據、債券及其他有價證券。

(二) 承保對象：
除了個人、家庭以外的政府機關、金融機關、學校、團體及公私企業。

(三) 保險種類：
1. 現金運送：在保單契約載明的運送途中，因受竊盜、搶奪、強盜、火災、爆炸或運送人員、運送工具發生的意外事故所導致之損失。（保險費率為千分之0.0857）

2. 櫃檯現金：在保險單載明的櫃檯地址內遭受竊盜、搶奪、強盜、火災、爆炸之事故所導致的損失。（保險費率為千分之1.90）

3. 庫存現金：在保險契約載明的金庫或保險櫃，當中保存的現金遭受竊盜、搶奪、強盜、火災、爆炸之事故所導致的損失。（保險費率為千分之1.32）

(四) **保險金額**：（自負額雙方自行約定）

1. 現金運送：最高上限為每次事故保額的兩倍，可視每個月的運送次數提高至3或5倍。

2. 櫃檯與庫存現金：現金保險的保險金額會隨著賠款的金額遞減，但被保險人可對保險公司多繳納保費來恢復原有保額。

(五) **現金運送的不保事項**：

1. 非被保險人指派之運送者導致的事故。

2. 運送途中現金無人看管。

3. 以專用運鈔車運送，但在運送途中未將現金存放於運鈔中的保險櫃內。

4. 以郵寄或托運的方式運送。

5. 運送人員於執行任務時，受酒類或藥劑之影響導致損失。

(六) **櫃台現金的不保事項**：

1. 營業或辦公時間之外的損失。

2. 現金櫃台無人看守所導致的損失。

3. 因為被冒領或票據、存摺、存單；或其他的單據被偽造、變造所致之損失。

4. 被保險人或其受僱人未經收受前或已經交付後所發生之損失。

(七) **庫存現金的不保事項**：

營業或辦公時間以外，金庫或保險櫃未鎖妥時發生竊盜、搶奪、強盜之損失。

二、銀行業綜合保險

(一) **承保對象**：

國內的金融機構，包含銀行（庫局）、郵政局、信託投資公司、票券公司、信用合作社、農漁會信用部及其他經營銀行業務的金融機構。

(二) **承保範圍（列舉式）：**

1. 員工之不忠實行為。
2. 營業處所之財產。
3. 運送中之財產。
4. 票據及有價證券之偽造或變造。
5. 偽造通貨。
6. 營業處所及設備之損毀。
7. 證券或契據之失誤不包括帳冊。

(三) **保險金額：**

自行約定，但不需另外繳納保費也會自行恢復保險金額。

三、旅行業責任保險

旅行業者舉辦團體旅遊、國外接待活動時，應投保的團體責任險，最低投保金額應是：

(一) 每一旅客意外死亡200萬。

(二) 每一旅客致體傷的醫療費用10萬。

(三) 證件遺失的損害賠償費用2,000元。

(四) 前往海外或旅客家屬前來中華民國的善後費用10萬，國內善後費用5萬。

(五) 因為交通工具之問題導致被保險人約定的保險期間因故延遲（不能控制者），最長不得超過24小時。

(六) 若是旅行的飛機被劫持，保險期間將自動延長，最長不超過180天。

四、藝術品綜合保險（總共只承保三種）

承保範圍為「**館藏品**」、「**參展品**」、「**運送品**」三種。

五、高爾夫球員責任險

(一) **承保對象：**高爾夫球員及其所有衣物、行李、球具和球桿。

(二) **承保範圍**
1. 第三人傷亡責任。
2. 第三人財物損失責任。
3. 衣物、行李、球具損失。
4. 球桿破裂、折斷損失（高爾夫比賽才有）。
5. 一桿進洞。
6. 醫療費用。
7. 球童特別費用（部份保險公司附加）。

(三) **保險金額：**

承保範圍	保險金額
第三人傷亡責任	30萬／每一人，60萬／每一事故
第三人財物損失責任	15萬元
衣物、行李、球具損失	2萬元
球桿破裂、折斷損失	1萬元
一桿進洞	2萬元
醫療費用	5,000元
球童特別費用	500元

六、保險經紀人、代理人、公證人專業責任保險

(一) 經紀人必須投保保證保險，且保險金額不得小於200萬；若是經紀人前一年營業收入達1億以上、未達5億者，則保險金額不得低於600萬；若是經紀人前一年營業收入達5億以上者，則保險金額不得低於1,000萬。

(二) 代理人的專業責任保險延長發現期間加費係數約定為：延長30日，加費係數10%；60日為20%；90日為30%。

(三) 以上的專業責任保險若為個人型態，則保險金額不得低於100萬；若為公司型態，則保險金額不得低於200萬。

─── 牛刀小試 ───

( ) **1** 現金保險的承保對象，下列何者不正確？ (A)政府機關 (B)金融機關 (C)學校 (D)家庭。

( ) **2** 藝術品綜合保險承保哪幾種標的？ (A)館藏品 (B)參展品 (C)運送品 (D)以上皆是。

解答與解析

　1 (D) 　 **2 (D)**

精選試題

( ) **1** 可以加保員工誠實保證保險之超額保證險的對象為下列何者？
(A)部門主管以上之人員
(B)直接與財務有關人員
(C)全體員工均應投保
(D)由要保人自行決定。

( ) **2** 關於僱主意外責任險的敘述，下列何者不正確？
(A)僱主意外責任險對受僱人的財物損失也承保在內
(B)對被保險人之賠償以超過公保、勞保之給付部份為限
(C)受僱人必須年滿十五歲
(D)保險單設有保險期間內累積最高賠償限額。

( ) **3** A廠商的電風扇以投保產品責任保險，則若是發生下列何種事故，保險公司不負賠償責任？
(A)產品在店內向顧客示範使用時傷及顧客
(B)顧客將所購產品拿回店內維修時傷及其他顧客

(C)顧客將故障產品棄於垃圾場後造成環境污染

(D)顧客將產品置於家中，幼兒無知觸及開關而觸電受傷。

(　) **4** 責任保險保單的基本條款中，應包括下列何者？

(A)一般事項

(B)一般不保事項

(C)保險費率計算

(D)理賠事項。

(　) **5** 營繕承包人意外責任對下列不負賠償責任？

(A)工地建材被竊

(B)工地施工墜落石塊打傷路人

(C)工地建材堆置馬路旁，導致經過之機車騎士碰撞受傷

(D)以上皆非。

(　) **6** 下列何種情況是屬於公共意外責任保險的承保範圍？

(A)客人食用被保險人販售之商品，發生食物中毒

(B)被保險人在工廠內倒車撞傷他人

(C)賣場溼滑，致休假購物之員工摔倒而受傷

(D)被保險人施工時因震動造成他人建築物龜裂。

(　) **7** 關於銀行業綜合保險所承保的營業處所設備，下列何者是屬於承保範圍內？

(A)保險箱、保險櫃

(B)電腦設備

(C)公務用車輛

(D)以上皆非。

(　) **8** 下列何者為公共意外險可另外附加承保的項目？

(A)放射污染責任

(B)戰爭責任

(C)各種專業責任

(D)以上皆非。

(　)　**9** 下列何者為公共意外責任保險的費率計算方式？
(A)將承保對象及基本保費分六類
(B)不同保險金額及自負額增減影響費率之高低
(C)營業規模、消防安全措施，得為加減費的調整因素
(D)採規章費率，必須嚴格按照「承保辦法」之規定辦理。

(　)**10** 僱主意外責任保險中的受僱人必須為年滿幾歲之人？
(A)14歲
(B)15歲
(C)18歲
(D)20歲。

(　)**11** 下列何種意外事故非為公共意外責任保險的承保範圍？
(A)被保險人營業處所不安全
(B)產品品質不良
(C)被保險人過失行為
(D)以上皆是。

(　)**12** 下列何種費用，屬於產品責任保險的承保範圍？
(A)產品故障，被保險人更換另一新產品之成本及費用
(B)整批產品有瑕疵，全部自市場回收之費用
(C)必要之訴訟費用及律師費用
(D)以上皆是。

(　)**13** 在責任險中當損害發生後，因受損失的第三人之請求權利，從何時
算起二年不行使而消滅？
(A)損害發生之日
(B)被保險人知悉有損害之日
(C)保險人知情之日
(D)被保險人受請求之日。

(　)**14** 責任保險是承保被保險人依法應負之賠償責任，此處所依之法是指？
(A)中華民國之法律

(B)保險法

(C)民法

(D)勞動基準法。

(   ) **15** 下列何者是公共意外責任保險的附加保險？

(A)食品中毒責任附加保險

(B)建築物承租人火災責任附加條款

(C)停車場責任附加保險

(D)以上皆是。

(   ) **16** 下列何種狀況不可視為受僱人因執行職務之行為，得依僱主意外責任保險請求賠償？

(A)上班時溜出去看電影

(B)午餐時間在公司用餐

(C)星期日在公司加班

(D)出差花蓮旅途中。

(   ) **17** 下列何者為公共意外責任保險的除外責任？

(A)戰爭

(B)地震

(C)污染

(D)以上皆是。

(   ) **18** 下列何種事故屬於醫師業務責任保險的承保範圍？

(A)牙科醫生拔錯牙

(B)醫院救護車發生車禍導致車上病人受到體傷

(C)醫院藥房弄錯病患姓名給錯藥

(D)醫院失火，病人搶救不及被燒死。

(   ) **19** 不在員工誠實保證保險的承保對象有哪些對象？

(A)董（理）監事

(B)經理

(C)臨時工

(D)工讀生。

（　）**20** 小A有投保高爾夫球員責任保險，若球場的保管箱因火災或竊盜導致損失，則損失清單不包括下列何種財物之損失？

(A)球具

(B)衣物

(C)現金

(D)無線電話。

（　）**21** 產品責任保險的承保範圍包含下列何者？

(A)手機因電池過熱而受損

(B)提供給消費者錯誤電壓的冷氣機，導致電線短路起火、房屋受損

(C)飲水機水管碎裂漏水致原木地板受損

(D)熱水器瓦斯管破裂發生火災，遭法院判賠給付的懲罰性賠償金。

（　）**22** 關於產品責任保險中所指之「一次意外事故」，是指在多少期間內，因為同一個缺陷所受之賠償請求與第一次請求均視為同時請求？

(A)6個月

(B)12個月

(C)18個月

(D)24個月。

（　）**23** 關於醫師業務責任保險的敘述，下列何者正確？

(A)事故發生在保險期間內並由受害人於保險期間內向被保險人提出賠償請求者

(B)事故發生在保險期間內並由受害人於保險期滿二年後向被保險人提出賠償請求者

(C)事故發生時間不限但由受害人於保險期間內向被保險人提出賠償請求者

(D)事故發生時間不限但由受害人於保險期滿二年後向被保險人提出賠償請求者。

( ) **24** 公共意外責任保險的承保範圍有哪些？
(A)在保險期間內發生
(B)在營業處所內發生
(C)受第三人之賠償請求
(D)以上皆是。

( ) **25** 關於僱主意外責任險賠償金額的計算方式下列何者錯誤？
(A)應考慮受僱人薪資所得及受傷害程度
(B)應考慮被保險人依法有無過失及其應負責任程度
(C)應考慮被保險人已獲得之公保勞保給付金額
(D)死亡按每一人保險金額全額給付，失能依不同失能等級依表列之
百分比給付。

( ) **26** 下列何者不是銀行業綜合保險的承保對象？
(A)銀行
(B)百貨公司
(C)信用合作社
(D)農會。

( ) **27** 在公共意外險中，下列何種被保險人的行為不在賠償範圍內？
(A)被保險人替人保管之財物被偷竊
(B)被保險人販賣之商品造成使用人受傷
(C)被保險人開車撞傷他人
(D)以上皆是。

( ) **28** 關於會計師責任保險的敘述，下列何者為正確？
(A)以依法登錄開業之會計師為承保對象
(B)對第三人洩漏業務機密所致損失不負賠償責任
(C)賠償限於受害之第三人於保險單有效期間內提出賠償請者
(D)以上皆是。

( ) **29** 下列何種職業不是經主管機關核准開辦的專門職業責任保險？
(A)教師責任保險

(B)律師責任保險

(C)驗船師責任保險

(D)以上皆是。

(　　) **30** 關於責任保險的規定，如果意外事故所致之損害賠償金額高於保險
金額時，保險公司應如何理賠？

(A)補償被保險人之全部賠償金額

(B)不給付任何賠償金額

(C)以保險金額為上限，超過部份由被保險人自行負擔

(D)以上皆非。

(　　) **31** 銀行業綜合保險所承保之營業處所設備不包含下列何者？

(A)裝潢、家具

(B)金庫

(C)公務用車輛

(D)保險箱、保險櫃。

(　　) **32** 員工誠實保證保險可以承保下列何種情況？

(A)銀行員工因疏忽，導致帳目錯誤溢付現金予提款人

(B)汽車銷售員侵吞公司代理保險公司收取之保險費

(C)農會理事長與財務經理共謀冒名貸用借款

(D)員工向公司借用車輛後便逃逸無蹤，逾期不還。

(　　) **33** 下列何者不為責任保險？

(A)公共意外責任保險

(B)僱主意外責任保險

(C)高爾夫球員責任保險

(D)以上皆非。

(　　) **34** 下列何者情況不屬於電梯意外責任險的承保範圍？

(A)電梯經主管機關命令停止使用而仍繼續使用

(B)人數超過該電梯負荷載重量所生事故

(C)電梯因地震停電而將客人困在電梯內兩小時，以致火車班次誤點
　　所生損失
(D)以上皆是。

（　）**35** 關於責任保險的敘述，下列何者錯誤？
(A)責任保險不發生不足額或超額保險問題。
(B)被保險人對第三人之賠償責任不得高於保險金額，否則保險單無效。
(C)採用事故發生基礎之責任保險單，可能產生長期未了責任。
(D)責任保險之承保內容應隨法律環境變遷而修訂。

（　）**36** 公共意外責任保險主要的目的是為了轉嫁被保險人的何種責任？
(A)民事責任
(B)刑事責任
(C)契約責任
(D)以上皆是。

（　）**37** 公共意外責任保險的賠償範圍包含下列何者？
(A)被保險人承租的房屋受損
(B)受僱人之家屬的傷亡
(C)第三人財物受損，所延伸之營業收入的損失
(D)在執行職務的受僱人，其財物受損。

（　）**38** 下列何者不可以成為產品責任保險的被保險人？
(A)製造廠商
(B)批發商
(C)零售商
(D)以上皆非。

（　）**39** 下列何者不是現金保險單的承保對象？
(A)現金運送保險
(B)現金製造保險
(C)庫存現金保險
(D)櫃檯現金保險。

（　　）**40** 責任保險的功能與意義主要為何？
　　　　(A)保護肇事者
　　　　(B)保障受害者
　　　　(C)保障社會安定
　　　　(D)以上皆是。

（　　）**41** 對於被保險人的訴訟費用，責任保險是否承保？
　　　　(A)完全負擔
　　　　(B)僅負擔民事有關之費用
　　　　(C)僅負擔刑事有關之費用
　　　　(D)完全不負擔。

（　　）**42** 下列何者並非屬於「承保因犯罪行為所致之損失」的保險種類？
　　　　(A)現金保險
　　　　(B)竊盜損失保險
　　　　(C)電視機產品責任保險
　　　　(D)員工誠實保證保險。

（　　）**43** 下列何者不屬於公共意外責任保險中可附加的保險？
　　　　(A)懲罰性賠償金附加保險
　　　　(B)電梯責任附加保險
　　　　(C)食品中毒責任附加保險
　　　　(D)停車場責任附加保險。

（　　）**44** 下列何者屬於高爾夫球員責任保險的承保範圍？
　　　　(A)第三人意外責任、一桿進洞
　　　　(B)球桿折斷、球具衣李之損失
　　　　(C)球員及球僮醫療費用
　　　　(D)以上皆是。

（　　）**45** 關於產品責任險的敘述，下列敘述何者不正確？
　　　　(A)產品係指被保險人設計、生產製造的產品而言，不包括該產品的
　　　　　　包裝與容器

(B)各類已交付社會大家消費之有形產品包含贈品均可承保
(C)對產品提供安裝、維修、保養等服務之瑕疵責任亦可承保
(D)以上皆是。

( ) **46** 下列何者無關電梯意外責任險的保費計算？
(A)樓層高度
(B)大樓使用性質
(C)電梯載客人數
(D)電梯之年份。

( ) **47** 下列何者屬於營繕承包人意外責任險的承保範圍？
(A)工地建材被竊
(B)工地施工墜落石塊打傷路人
(C)工地工人墜落摔傷
(D)工程本身之損失。

( ) **48** 下列何者不屬於公共意外責任保險承保的意外事故？
(A)泡沫紅茶店珍珠奶茶噎死人
(B)辦公室地板溼滑摔傷人
(C)店舖招牌掉落壓傷人
(D)美髮店燙髮器燙傷人。

( ) **49** 下列何種行業不屬於公共意外險戊類的分類？
(A)舞廳、理容院
(B)酒廊、酒吧
(C)餐廳、旅館
(D)視聽歌唱業（KTV、MTV）、三溫暖業。

( ) **50** 專門的職業責任保險包含下列何者？
(A)僱主責任保險
(B)電梯責任保險
(C)營繕承包人責任保險
(D)醫師責任保險。

解答與解析

1 (C)。(C)若要加保員工超額保證險的話，應以全體員工為附加對象。

2 (A)。(A)僱主意外責任險的承保範圍為被保險人對受僱人的體傷、死亡負有責任，故財物不在承保範圍。

3 (D)

4 (D)。(D)一般事項和除外責任應為聲明事項，保險保單的基本條款中則應包括理賠項目。

5 (A)

6 (C)。(A)屬於產品責任險的範圍。(B)屬於車險中的第三人責任。(D)屬於營建承包工程責任險的範圍。

7 (A)。(A)關於銀行業綜合保險承保營業處所的設備，僅包含保險箱、櫃、裝潢設備、家具、文具、供應品、金庫等。

8 (D)　　**9 (D)**　　**10 (B)**

11 (B)。(B)產品品質為產品責任保險，不屬於公共意外險的承保範圍。

12 (C)。(A)此不為對第三人有責任，屬被保險人自行應負成本，不在承保範圍內。(B)回收費用不是對第三人有責任，屬被保險人應負成本，不在承保範圍內。

13 (D)　　**14 (A)**　　**15 (D)**

16 (A)。(A)上班時間溜出去看電影不為執行職務，所以不在承保範圍內。

17 (D)

18 (A)。(B)駕駛救護車者不屬於醫師業務責任保險的承保對象。(C)藥房疏失不屬於醫師業務責任保險的承保對象。(D)醫院失火搶救不及屬於意外，非醫師業務責任保險的承保範圍。

19 (A)

20 (C)。(C)現金、貴重物品皆不在高爾夫球員責任保險的承保範圍內。

21 (C)。(A)產品固有瑕疵不在承保範圍內。(B)業者個人的錯誤不屬於產品責任。(D)懲罰性罰金不在產品責任保險的承保範圍內。

22 (B)

23 (A)。(A)事故需發生在醫師業務責任險的保險期間內，且在兩年內由受害人向被保險人提出申請。

24 (D)

25 (D)。(D)僱主意外責任險賠償是以勞保不足的部分對受僱人進行理賠。

26 (B)　　**27 (D)**　　**28 (D)**　　**29 (C)**

30 (C)

31 (C)。(C)公務用車輛不屬於銀行業綜合保險之承保範圍。

32 (B)　　**33 (D)**

34 (D)。(A)已經主管機關命令停止卻未停止導致事故，保險公司不負賠

償責任。(B)人數超過電梯載明之規定導致事故,保險公司不負賠償責任。(C)電梯意外責任是因乘坐電梯時發生事故導致傷亡或財物損失而負賠償責任,火車班次誤點不屬於承保範圍。

35 (B)。(B)不會無效,而是當賠償責任大於保險金額時,僅限於保險金額的賠償。

36 (A)。(A)責任保險皆是在轉嫁被保險人於民事責任尚需負擔的賠償責任,其他則不在承保範圍內。

37 (B)　　**38 (D)**

39 (B)。(B)現金保險僅承保現金運送、庫存現金、櫃檯現金,現金製造並不在承保範圍內。

40 (D)　　**41 (B)**　　**42 (C)**　　**43 (A)**

44 (D)

45 (A)。(A)產品責任險承保產品本身與產品的包裝與容器。

46 (D)

47 (B)。(A)工地建材被竊不屬於第三人責任,應以竊盜損失險承保。(C)工人墜地應以僱主責任保險承保。(D)工程本身之損失應以工程險承保。

48 (A)　　**49 (C)**　　**50 (D)**

（　　）**51** 員工誠實保證保險的承保方式不包含下列哪種方式?
(A)列名方式
(B)列職方式
(C)混合方式
(D)平均方式。

（　　）**52** 下列何者屬於責任保險基本條款的承保事故?
(A)罷工、暴動及民眾騷擾
(B)各種天然災變
(C)被保險人之疏忽行為
(D)意外污染。

（　　）**53** 公共意外責任保險的特別不保事項有哪些?
(A)因售出或供應之商品或貨物所生之賠償責任
(B)因所有、使用或管理電梯所生之賠償責任

(C)因工作而發生震動或支撐設施不足，致第三人建築物、工地或其他財物受損之賠償責任

(D)以上皆是。

(　　) **54** 保險公司於公共意外責任險的負責範圍為何？

(A)法院判決確定的民事責任

(B)被保險人未經保險公司同意的和解部分

(C)被保險人自願承擔的責任

(D)被保險人的道義責任。

(　　) **55** 產品責任保險的承保範圍有哪些？

(A)經銷商展售的電視發生爆炸傷及路人。

(B)廠商販售之飲料遭千面人下毒因產品下架發生巨額之回收費用

(C)女性美白護膚商品無美白效果而被消費者要求退費。

(D)以上皆非。

(　　) **56** 高爾夫球員責任保險專為高爾夫球員所設計，內容包括責任保險、財產保險、醫療費用，為一綜合保險，其承保範圍有幾種？

(A)4種

(B)5種

(C)6種

(D)7種。

(　　) **57** 關於會計師責任保險的敘述，下列敘述何者為正確？

(A)對第三人身體傷害負賠償責任

(B)對第三人洩漏業務機密所致損失負賠償責任

(C)受害第三人於保險單期間屆滿七個月後提出賠償請保險公司仍負賠償責任

(D)以依法登錄開業之會計師為承保對象。

(　　) **58** 對於營繕承包人意外責任的保險期間敘述，下列何者正確？

(A)保險期間未滿期以前若工程提早驗收使用則保險自然終止

(B)保險期間短於一年者，保險費應依短期費率計算

(C)多次賠償金額累積超過「保險期間內之最高賠償金額」時，保險單對以後發生之損失不負賠償責任

(D)不論工期長短保險期間概以一年為期。

( ) **59** 若被保險人之轉包人的受僱人，於執行保單所載被保險人職務時受傷，是否屬於僱主意外責任保險的承保範圍內？

(A)自動承保在內但賠償額度減半

(B)自動承保在內且賠償額度相同

(C)必須以約定方式加保

(D)絕對不可加保，應由該轉包人購買僱主意外責任保險。

( ) **60** 對於下列何種事故，僱主意外責任保險須負賠償責任？

(A)受僱人於下班後仍留在工地喝酒致酒醉摔傷

(B)受僱人於工地自殺

(C)受僱人是新手，依僱主吩咐操作機器卻被割傷

(D)受僱人找另一人（非被保險人之受僱人）代班，工作時此代班人受傷。

( ) **61** 公共意外責任保險中的基本自負額為多少？

(A)2,000元

(B)2,500元

(C)3,000元

(D)3,500元。

( ) **62** 下列何者不屬於僱主意外責任保險啟動的必要條件？

(A)須因執行職務發生意外事故

(B)被保險人須負侵權行為損害賠償責任

(C)受僱人須遭受傷亡或財物損失

(D)被保險人須受到賠償請求。

( ) **63** 下列何者屬於營繕承包人責任險的承保範圍？

(A)因施工震動致鄰屋龜裂

(B)挖斷水管所致更換水管之直接損失

(C)建材於運送途中掉落損壞後面汽車玻璃

(D)工人於工地墜落受傷。

(　) **64** 公共意外保險的基本保險金額每一項分別是多少？

[每一個人身體傷亡／每一意外事故傷故意外事亡／每一意外事故財損／保險期間內最高賠償金額]

(A)20萬／40萬／10萬／100萬

(B)250萬／50萬／10萬／100萬

(C)20萬／40萬／20萬／100萬

(D)100萬／400萬／100萬／1000萬。

(　) **65** 公共意外責任的保險單上應記載何種事項？

(A)被保險人名稱及住所

(B)被保險人經營業務種類

(C)保險金額及自負額

(D)以上皆是。

(　) **66** 公共意外責任保險屬於己類的行業有哪些？

(A)特種營業場所

(B)育樂遊藝場所

(C)使用、製造或供應危險物品之工廠

(D)瓦斯及電焊業。

(　) **67** 公共意外責任保險承保的責任有哪些？

(A)被保險人之過失責任

(B)被保險人之故意行為

(C)被保險人之契約責任

(D)被保險人之道義責任。

(　) **68** 下列何者不是影響僱主意外責任保險保費的原因？

(A)有無員工安全教育訓練

(B)受僱人的性別

(C)受僱人是否從事特殊危險工作如潛水、消防、現金押運

(D)職業的不同。

(　) **69** 下列何者是因侵權行為而造成的損害？
(A)身體受傷
(B)生命喪失
(C)財物毀損或滅失
(D)以上皆是。

(　) **70** 關於產品責任保險的敘述，下列敘述何者正確？
(A)意外事故發生時間須在保險期間內或「追溯日」之後
(B)被保險產品須具有缺陷瑕疵，未達合理期待之安全性
(C)被保險人須在保險期間內受賠償請求
(D)以上皆是。

(　) **71** 公共意外責任保險若要加費，則下列何者不是加費的因素？
(A)營業處所面積超過二千平方公尺
(B)保險金額增加
(C)提高自負額
(D)受僱人人數超過一百人。

(　) **72** 下列何者不屬於責任保險的除外不保事項？
(A)任何性質的附帶損失
(B)被保險人擅自以契約承受之賠償責任
(C)向人租借或代人保管之財物受有損害
(D)執行各種專門職業所發生之賠償責任。

(　) **73** 關於產品責任險的保費規定，下列何者不正確？
(A)保險費按產品之實際銷售總金額乘以費率計算
(B)投保時依預估銷售金額計算預收而於保險滿期後依實際銷售總額
調整保險費
(C)保險費率依產品種類而異
(D)中途退保者，其預收保險費不得退還要保人。

(　) **74** 下列何種情況不屬於高爾夫球員責任保險的承保範圍？
(A)參加球賽揮桿傷及家屬

(B)參加球賽一桿進洞

(C)被保險人之球僮跌倒受傷

(D)參加球賽,擊球時球桿斷裂。

(　　) 75 關於律師責任保險的敘述,下列敘述何者為不正確?

(A)保險單期間多為一年期

(B)本保險是採理賠基礎

(C)因被保險人受僱人不誠實侵占詐欺致第三人受損失不在本保險承保之列

(D)訪客在律師事務所拜訪,因燈墜落傷到頭部所支付之醫療費用也可理賠。

(　　) 76 員工誠實保證保險中所稱之「財產」,不包括下列何者?

(A)貨幣、票據

(B)有價證券、有形財產

(C)帳冊、紀錄、電子資料紀錄

(D)以上皆非。

(　　) 77 產品責任保險對下列何種情況之費用不予賠償?

(A)處理賠案所需之鑑定費用

(B)整批產品有瑕疵,全部自市場回收之費用

(C)必要之訴訟費用及律師費用

(D)因處理賠案所需之公證費用。

(　　) 78 關於高爾夫球員責任險的承保範圍敘述,何者錯誤?

(A)擊球傷人所負之第三人意外責任

(B)比賽中一桿進洞

(C)在被保險人住所發生球桿折斷

(D)被保險人的衣李在球場所設置保管箱中被竊。

(　　) 79 醫師業務責任保險的承保對象不包括何者?

(A)領有醫師證書及開業執照之醫師

(B)實習醫院在醫師指導下之醫科學生

(C)領有醫師證書及開業執照之精神科醫生

(D)領有執照之護士。

( ) **80** 關於員工誠實保證保險的規定,下列敘述何者正確?

(A)被保險人保管之帳冊、紀錄及電子資料紀錄之損失,不在賠償範圍

(B)本保險僅承保強盜、搶奪、竊盜、詐欺、侵占等之不法行為

(C)「被保證員工」不包括董(理)監事

(D)以上皆是。

( ) **81** 僱主意外責任保險中,下列何者屬於僱主的法定責任?

(A)契約不履行損害賠償責任

(B)侵權行為損害賠償責任

(C)依法判定的刑事責任

(D)勞基法職業災害補償責任。

( ) **82** 僱主意外責任保險的承保範圍為何?

(A)受僱人在執行職務中遭受體傷或死亡

(B)意外事故是因僱主的過失而發生

(C)意外事故發生在保險期間內

(D)以上皆是。

( ) **83** 下列何者屬於電梯意外責任險的除外對象?

(A)被保險人之受僱人

(B)電梯駕駛員

(C)晚上行竊之小偷

(D)電梯製造廠商之維修電梯工人。

( ) **84** 僱主意外責任保險的不保障對象為何?

(A)臨時工

(B)外籍勞工

(C)滿15歲的童工

(D)轉包商的工人。

(　　) **85** 下列何者情況不會影響產品責任保險的保險費率？
(A)有無外銷國外產品
(B)是否增列共同被保險人
(C)製造廠與經銷商之費率不同
(D)產品是否有政府正字標記或該產品之其他檢驗合格標記。

(　　) **86** 小蔡為火鍋店的員工，他在休假日的時後前往工作的餐廳用餐，結果酒精爐爆炸傷及臉部，試問小蔡向餐廳請求賠償後，保險公司將依何種保險範圍賠償？
(A)只可依公共意外責任理賠
(B)只可依僱主意外責任理賠
(C)以上二者任擇其一均可成立
(D)以上二險均對此除外不保。

(　　) **87** 下列何者可為營繕承包人意外責任險的要保人？
(A)承包工程之營造廠商
(B)工程之定作人
(C)營建工人
(D)建築師。

(　　) **88** 營繕承包人責任保險的保險費計算部參考下列何者？
(A)樓層高度
(B)施工期間長短
(C)施工中使用爆炸物
(D)被保險人施工經驗。

(　　) **89** 產品責任保險的除外產品有哪些？
(A)感冒疫苗或治療愛滋病之產品　(B)煙草及其製品
(C)避孕用具或藥品　(D)以上皆是。

(　　) **90** 關於醫師業務責任險的費率計算，應將那些因素考慮進去？
(A)就診科別
(B)醫生執業的年資

(C)投保人數的優惠折扣

(D)是否任職於公立醫院或公保勞保醫院。

(　　) **91** 關於電梯意外責任險的規定，下列何種敘述不正確？

(A)百貨公司之電扶梯也可投保此險

(B)電梯製造商也可對他人所賣出之電梯投保電梯意外責任險

(C)對尚未進入電梯，卻被電梯門夾傷的客人也負賠償責任

(D)對電梯之乘客隨身攜帶財物所致損失也應賠償。

(　　) **92** 下列何種行業的僱主意外責任險費率相較之下最高？

(A)醫院

(B)營造商

(C)保險公司大樓

(D)旅社。

(　　) **93** 關於醫師業務責任險的規定，下列敘述何者不正確？

(A)被保險人應為公私立醫院

(B)發生之損失需經醫事鑑定，以為賠償之依據

(C)因濫用嗎啡等毒劑藥品所生之損失，不負賠償責任

(D)賠償金額限於體傷或死亡，不對財損賠償。

(　　) **94** 產品責任保險的被保險人可以誰為對象？

(A)製造廠商

(B)批發商

(C)零售商

(D)以上皆是。

(　　) **95** 僱主意外責任保險的保險給付項目有哪些？

(A)受僱人之死亡、失能

(B)受僱人之傷病

(C)受僱人之財物損失

(D)僱主侵權行為之法律賠償責任。

解答與解析

51 (D)　　**52 (C)**

53 (D)。(A)選項為產品責任保險之承保範圍。(B)選項為電梯意外責任保險之承保範圍。(C)選項為營繕承包責任保險之承保範圍。

54 (A)。(A)公共意外險為承保被保險人因法院判決需負擔的責任，若未經同意自行和解與無須負擔的責任範圍，保險公司不需負擔責任。

55 (D)。(D)產品責任保險是承保因產品的缺陷導致使用人或第三人受到體傷或財物損失，故選項(A)展售不符合、選項(B)為回收費用不符合、選項(C)為無效退費不符合，全都不為產品責任險的承保範圍。

56 (C)　　**57 (D)**　　**58 (D)**　　**59 (C)**

60 (C)　　**61 (B)**　　**62 (C)**　　**63 (B)**

64 (D)　　**65 (D)**　　**66 (C)**

67 (A)。(A)責任保險主要功能為轉嫁被保險人應負之賠償責任，但故意行為與道義、契約責任不在承保範圍內。

68 (B)　　**69 (D)**　　**70 (D)**

71 (C)。(C)提高自負額是降低保費的因素。

72 (B)　　**73 (D)**　　**74 (A)**

75 (D)。(D)此選項應為公共意外險之承保範圍，非律師專業責任的範圍。

76 (C)

77 (B)。(B)回收費用不屬於產品責任保險之承保範圍。

78 (C)。(C)球桿的破裂、折斷需在比賽進行時發生。

79 (D)　　**80 (D)**　　**81 (B)**　　**82 (D)**

83 (B)。(B)電梯意外責任保險的除外對象為被保險人與電梯駕駛員。

84 (D)。(D)轉包商之工人不在承保範圍內，其應為轉包商的責任。

85 (D)

86 (A)。(A)因小蔡為休假日前往，非因執行職務之原因而受傷，故僅有公共意外責任的承保範圍可以理賠。

87 (A)　　**88 (D)**　　**89 (D)**

90 (A)。(A)不同的醫療領域有不同的風險，所以醫師業務責任險的費率考量，應將不同科別的風險考慮進去。

91 (B)　　**92 (B)**　　**93 (A)**　　**94 (D)**

95 (A)

第三篇　財產保險法規

第一章　保險契約的組成

課前導讀

前面的內容說明了保險契約在實務與理論上的特性和組成方式，本章節要說明的是保險契約的基本法規，以及構成契約的重要當事人，按照角色的介紹使考生熟記當事人之間的義務關係和須負起的責任，同時著重在這些角色需承擔的法律責任，這部分為考試重點，考生需要特別留意。其中輔助者的角色多元，以及重要名詞繁多，請多多研讀與熟記它們之間的差異。

✓ 重點1　契約的構成　☆☆☆☆

隨著時代的推移，保險已經成為了一份契約，從過去以人來管理、群體發號司令的型態，轉型成為了透過公司、機構來負擔風險責任，對繳納保險費用、締結契約的客戶來負起賠償的責任。既然成為了巨大的規模，僅僅透過人治顯然是不足永續、透明、安定的發展，所以政府也設立了專門的主管機關來管理，同時針對保險契約構成裡的角色，保險法法規有更詳細的定義與解釋，這部份則需要讀者一個個詳細的記憶與了解。

一、契約的當事者

在契約訂定的當中，站在互相相對立場的當事人，一方須負擔保險費的繳交，一方須在風險發生時承擔責任。分為：

(一) 要保人：

保險法第3條當中提到，指**對保險標的具有保險利益，向保險人申請訂立保險契約，並負有交付保險費義務之人，稱為要保人**。而在平常實務或一般口說授課當中，又將要保人稱為投保人（付錢投保的人）。可以是自然人（個人），也可以是法人身分（企業單位、社會團體）。

> **考點速攻**
>
> 要保人須具有行為能力，否則契約無效。

(二) **保險人：**

保險法第2條的記載：

有保費的請求權及負擔賠償之義務。

1. 是經營保險事業的組織，收取保險費；發生危險事故時，有責任負擔賠償之義務。

2. 依照保險法組織登記、經營保險為業之機構。另外的外國保險業，是指依照外國法律組織登記，並經主管機關許可，在中華民國境內經營保險為業之機構。

3. 保險業組織，須以股份有限公司或合作社為限。

二、契約的關係者

在契約當中為間接關係者，有著直接影響契約的關係，和接受契約給付的關係。分為：

(一) **被保險人：**

保險法第4條，是指於保險事故發生時，遭受損害，享有賠償請求權的人。而在財產保險當中，被保險人的身分可能是保險標的（房屋、實體財產、運輸工具、責任關係……等。

(二) **受益人：**

保險法第5條，是指透過被保險人或要保人**約定後**，享有賠償請求權的人，為領取保險理賠金的對象。任何人皆可成為受益人，因為指定受益人與保險利益不衝突，只不過保險公司會因擔心道德風險，而把關拒絕與要、被保險人毫無關係的人。

三、契約的輔助者

除了當事者與關係者之外，站在契約的第三方立場，各自輔助保險人與要、被保險人進行契約締結的角色。

(一) **保險代理人（保險人的代理者）：**

保險法第8條，**根據代理契約或授權書，向保險人收取費用（佣金與代理費），並代理經營業務之人**。可以說是站在保險公司的立場與角度，在授權範圍內協助保險公司與要保人洽訂契約，收取代理費。分為人身

與財產的代理人，但是僅能擇一申領執業證書，是保險人拓展業務範圍的方法之一，例如銀行櫃檯代理部分保險公司的商品。

(二) **保險經紀人（被保險人的代言者）：**

保險法第9條，**基於被保險人之利益，洽訂保險契約或提供相關服務，而收取佣金或報酬之人**。分為壽險與產險類別的經紀人，提供被保險人適當的建議、理賠與法律相關服務，成立保險經紀人的條件為：

1. 經紀人公司申請經營經紀人之業務或再保險經紀業務者，最低實收資本額為**新臺幣二千萬元**。
2. 經紀人公司申請同時經營經紀人之業務及**再**保險經紀業務者，最低實收資本額為**新臺幣三千萬元**。
3. 保險經紀人以**個人**執行業務者，應繳交**新臺幣十萬元保證金**。
4. 保險經紀人以**公司型態**經營代理人、經紀人或公證人業務者，前一年度營業收入達下列各款金額者，應於營業年度終了後六個月內依各該款規定繳存保證金：
   (1) 未達新臺幣一千萬元者，應繳存保證金新臺幣二十萬元。
   (2) 新臺幣一千萬元以上未達一億元者，應繳存保證金新臺幣四十萬元。
   (3) 新臺幣一億元以上未達五億元者，應繳存保證金新臺幣二百萬元。
   (4) 新臺幣五億元以上者，應繳存保證金新臺幣三百萬元。
   （保證金之繳存，得以現金或中央政府發行之無實體公債為之。）
5. 保險經紀人投保專業責任保險者，其保險金額，**個人執業不得低於一百萬元**；以**公司型態**經營者，**不得低於新臺幣二百萬元**。
6. 保險經紀人應自許可登記之日起**六個月內**，申請主管機關核發執業證書並開始營業。

被保險人　　　　保險經紀人　　　　保險人
　　　　　　　　（代言與說明）

(三) **保險公證人（保險人與被保險人的第三方證明者）：**

保險法第10條，向保險人或被保險人收取費用，為其辦理保險標的之查勘、鑑定及估價，與賠款之理算、洽商，而予證明之人。**分為一般及**

海事公證人，海事公證人主要是辦理與海上保險標的，例如漁船險、海運；一般公證人則是辦理海上保險以外的標的，例如房屋。

公證人須特別注意：

1. 每一保險公證人**不得同時為二家公司以上**擔任簽署工作。
2. 保險公證人投保專業責任保險者，每一事故保險金額，個人執業不低於新台幣一百萬元、以公司組織型態者，則不低於新台幣二百萬元。
3. 公證人公司申請經營公證人之業務者，其最低實收資本額為新台幣二百萬元。

四、契約的業務員

保險在締造契約的過程中，除了契約當事者、契約關係者、契約輔助者之外，還有一個重要的角色，也就是其中同樣須為契約負責的角色─業務員。

在保險法8-1條提到，**業務員是為保險公司、保險經紀人、保險代理人從事保險招攬業務的人**，由於業務員是和被保險人面對面，是站在最前線說明、簽訂契約的角色，所以更加需要透過法則來管理維護要保人與被保險人的權益、同時為保險人來把關道德危險的因素。

針對業務員的招攬行為，有以下幾個法則必須注意：

(一) 保險業務員登錄有效期間內受停止招攬行為處分，**期間累積二年，應予撤銷其業務員登錄處分**。

(二) **登錄證有效期間為五年**，每滿五年必須換證否則將失效，得重新考取證照。

(三) **年齡應成年，學歷限制為高中（職）以上**學校畢業或同等學歷。

(四) 保險業務員招攬行為所生之損害，其所屬公司應依法負連帶責任。

(五) 若以不同保險契約作不公平或不完全之比較，屬於業務員招攬保險不實告知。

(六) **有重大喪失債信情事尚未了結或了結後尚未逾三年者應不予登錄為業務員**，已登錄者應予以撤銷。

(七) 保險業務員有異動時，所屬公司應於異動後五日內向各有關公會申報。（異動是指離職、更換公司等行為）

(八) 保險業務員不參加所舉辦之教育訓練，所屬公司應撤銷其業務員登錄。

五、保險業電話行銷業務規範

為維護消費大眾的權益還有保險業的形象，特別制定了此規範來管理電話行銷的行為，以下為應注意事項：

(一) 業務員電話行銷對於財產銷售之商品組合每張保單年繳保費不得高於**新臺幣五萬元**。

(二) 業務員電話行銷之過程與成交紀錄備份存檔資料，保存期限不得低於保險契約**期滿後五年**。

(三) 要保人與被保險人須為同一人。

(四) 須成年。

六、網際網路投保

保經代公司或經主關機關許可兼營保險代理或經濟業務之銀行，申請辦理網路投保業務，須符合下列資格條件：

(一) 已依保險代理人公司保險經紀人公司內部控制稽核制度及招攬處理制度實施辦法建立並執行內部控制、稽核制度與招攬處理制度及程序者。

(二) 最近一年內未有遭主管機關重大裁罰及處分，或受處分情事已獲具體改善並經主管機關認定者。

(三) 出具經會計師查核簽證之年度財務報表。但純網路銀行設立初期尚無法出具年度財務報表者，不在此限。

(四) 取得資訊安全管理系統國際標準（ISO 27001）之驗證，及建立防禦網路分散式阻斷服務攻擊（distributed denial-of-service attack，DDoS）之網路流量清洗機制者。

觀念補給站

財產保險業經營傷害保險及健康保險業務管理辦法（下稱本辦法）係於97年2月4日訂定發布施行，歷經六次修正，最近一次係111年6月29日修正發布。配合開放純網路保險公司之設立，為使營業未滿一年之純網路財產保險公司，亦得申請經營傷害保險及健康保險。

七、契約中的名詞解釋

(一) **終止**：自終止後不生效力。

(二) **失效**：自失效後不生效力（適用在違反保險利益）。

(三) **解除**：溯及既往不生效力（適用在違反告知義務和特約條款）。

(四) **撤銷**：溯及既往不生效力（適用在保險契約擁有瑕疵的情況）。

(五) **停止**：契約保障停止，當契約停止的原因消失後，仍可恢復其效力。

> **考點速攻**
>
> 契約法當中有些名詞需要特別記住，多花點時間理解吧！

觀念補給站	
保險經紀人股份有限公司職位擔任條件	
總經理	下列條件擇一： 一、國內外專科以上學校畢業或具有同等學歷，並具保險公司、保險合作社、經紀人公司、保險代理人公司或保險公證人公司工作經驗五年以上，且具備同類保險業務員或保險代理人或經紀人資格。 二、國內外專科以上學校畢業或具同等學歷，並曾擔任經紀人之簽署工作五年以上。 三、具備同類保險業務員或保險代理人或經紀人資格，並有其他事實足資證明具備保險專業知識或保險工作經驗，可健全有效經營保險經紀業務。
副總經理 董事長 董事、監察人	下列條件擇一： 一、國內外專科以上學校畢業或具有同等學歷，並具保險公司、保險合作社、經紀人公司、保險代理人公司或保險公證人公司工作經驗三年以上。 二、國內外專科以上學校畢業或具同等學歷，並曾擔任經紀人之簽署工作二年以上。 三、有其他事實足資證明具備保險專業知識或保險工作經驗，可健全有效經營保險經紀業務。

─────── 牛刀小試 ───────

( ) **1** 保險業務員是為何者來招攬保險業務？ (A)保險公司 (B)保險經紀人公司 (C)保險代理人公司 (D)以上皆是。

( ) **2** 保險代理人是向下列何者收取費用？ (A)保險人 (B)被保險人 (C)要保人 (D)受益人。

( ) **3** 依保險法的定義，保險是一種 (A)契約 (B)行為 (C)賠償 (D)事故。

解答與解析

1 (D) **2 (A)** **3 (A)**

☑ 重點2 契約的規範 ☆☆☆☆

保險契約，又稱為「保單」，裡面應包含簽立的對象、保險標的（又可說是承保範圍）、契約的約定期間、保險金額、保險費用、事故種類、理賠條件與項目、雙方的責任與義務、以及其他各項條款說明……等，尤其不保事項須特別列出說明，若是有其中一方違反契約的規定條件，則另一方可以主張契約無效和解除契約。

> **考點速攻**
>
> 若保險契約上未明文記載，在不違反其他契約原則的情況下，則應以被保險人之利益為優先解釋。

一、保險契約的重要名詞

(一) 保險標的（承保範圍）：
　　以各種財產及其相關利益為保險標的的保險。例如：古董名畫、汽機車、房屋、機械設備、運輸工具……等。

(二) 保險金額：
　　事故發生時，保險人須負擔的理賠金額，不得違反損害賠償原則。

(三) **特約條款：**

是指保險契約的當事人在保單的基本條款之外，須履行特種義務而特別約定的條款，若契約當事人其中一方違反條款，他方在知悉後**一個月內**可解除契約，其危險事故發生後亦同。

(四) **保險批單：**

在契約生效後，要、被保險人申請資料變更或其他相關服務的證明文件，所以**保險批單的效力優於原保險保單**，但是保險批單不得成為保險存在與否的證明文件。

二、保單契約的效力

(一) **約定期間：**

一般財產保險基本的約定期間為**一年一約**，其他海上運輸或貨品保險則為其他約定時間裡有效。

(二) **所有權轉移：**

1. 財產買賣、轉讓：當保險標的為財產，而此保險標的的財產所有權轉移，則**保險契約仍得為「受讓人」而存在**。
   例如：買賣汽機車的同時，車險可一同過戶給新車主。

2. 要保人死亡：當保險標的為財產時，而要保人死亡，則保險契約**仍得為被保險人的繼承人利益而存在**。

3. 要保人破產：當要保人破產時，保險契約仍應該為債權人而存在，只不過破產管理人或保險人，可以在要保人**破產宣告後的三個月內**，提出終止契約。若是已經繳交保費，則應返還保費。

(三) **共同持有：**

如果是共同為被保險人時，其中一個人或多人讓與保險利益給其他人者，保險契約的效力不因這項行為而失效。

(四) **保險費的繳交：**

保險費應於契約生效前交付，保單始得生效。若是續期（隔年度繼續投保）的保費遲延繳費，則條款有規定被保險人必須在保險契約**生效後的30天內**補交保險費。

(五) **保險契約的終止：**

當保險標的因為承保事故以外的原因而消滅，則保險契約即為終止，契約終止後若保險費已交付的情況，保險人應返還所繳保費。另外有些財產保險承保條件為一次性，在事故發生、理賠完成後，契約也將自動終止。

三、保單的通知義務與理賠

(一) **危險因素變動通知：**

在以簽訂保險契約之後，若是要保人或被保險人在知道危險因素增加的情況下，有通知保險人義務，否則如果因為這些增加的危險風險，導致保險人必須承受損失，則要、被保險人須負擔賠償的責任。

> **考點速攻**
>
> 如果要、被保險人未依約定善盡保護、管理保險標的的責任，則保險人可不需負擔風險賠償。

若是被保險人的原因，須立即通知。

若是非被保險人的原因，在知悉後的10日內通知。

例如：投保意外險時，被保險人職業變更必須告知保險公司，重新計算保險費用與可承保範圍。

(二) **出險（申請理賠）的即時通知：**

當事故發生時，要、被保險人須立即告知保險人，**保險法第58條規定，5日內須通知保險人相關事故情形**。這是為了不使損失擴大、有利於保險人調查事故真相與釐清責任歸屬、以及有效地搶救保險標的，同時使保險人有時間準備賠償金。

若是超過兩年未申請理賠，則保險的請求賠償權將會消滅。

(三) 保單理賠的程序：

1. 建檔專案查證：立即派專人調查事故與了解損失情況。
2. 審查證明資料：保險人將會以收到的證明與相關資料，檢核保單的效力、要被保險人與受益人的關係、事故是否符合承保範圍，索賠者是否有權申請。
3. 核定保險責任：保險人經過對事實的查證和資料審核後，將即時告知理賠結果給被保險人或受益人。

4. 履行理賠義務：在保險公司**收齊文件的15日內**，須將賠償金給付給受益人，若是**超過15日，則按年利率10%來計算利息**。

─── 牛刀小試 ───

(　　) **1** 關於保險契約的說明，下列何者正確？　(A)保險批單的效力小於保險單　(B)在不違反其他契約原則的情況下，則應以被保險人之利益為優先解釋　(C)如果續期延遲繳費，需在10日內補上保險費　(D)以上皆非。

(　　) **2** 以下選項，何者正確？　(A)出險後，須在5日內將出險通知書交給保險公司　(B)保險公司在收齊文件後的15日內，須將賠償金給付給受益人　(C)若契約當事人違反特殊條款的約定，他方可在30日內解除契約　(D)以上皆是。

解答與解析

 1 (B)。(A)保險批單的效力大於保險單。(C)延遲繳費，需在30日內補上保險費。

 2 (D)

精選試題

(　　) **1** 下列何者有交付保險費的義務？
(A)要保人
(B)被保險人
(C)受益人
(D)保險人。

（　）**2** 保險契約中所約定的不可抗力的事故導致損害，則應負賠償責任的對象為何？
(A)要保險
(B)保險人
(C)受益人
(D)被保險人。

（　）**3** 下列何種事故為要保人可以投保的事故？
(A)不可預料或不可抗力的事故
(B)不可預測的事故
(C)不可抗力的事故
(D)以上皆非。

（　）**4** 根據我國保險法的規定，保險分為下列何者之分類？
(A)財產保險與人身保險
(B)人身保險與責任保險
(C)財產保險與責任保險
(D)傷害保險與健康保險。

（　）**5** 下列何者屬於產物保險中的財產保險？
(A)汽車保險
(B)海上保險
(C)責任保險與保證保險
(D)以上皆是。

（　）**6** 履行理賠的義務是規定保險公司須在幾日內給付賠償金，否則將加計10%利息？
(A)10日
(B)15日
(C)20日
(D)30日。

( ) **7** 當保險契約成立的時候,下列何者為保險公司的權利?
(A)保險費請求權
(B)要求要保人據實說明權
(C)以上皆是
(D)以上皆非。

( ) **8** 下列何者為保險公司應負責賠償的事故?
(A)不可預料或不可抗力之事故
(B)契約所承保之事故
(C)列舉式和概括的事故
(D)以上皆是。

( ) **9** 業務員得招攬的保險種類有哪些?
(A)由其所屬公司定之
(B)任何保險種類均可
(C)僅人身保險
(D)僅財產保險。

( ) **10** 依照保險法的定義,保險是屬於一種?
(A)契約
(B)風險
(C)行為賠償
(D)事故。

( ) **11** 保險契約的當事人是保險人與下列何者?
(A)被保險人
(B)要保人
(C)受益人
(D)其他利害關係人。

( ) **12** 以下何者會因事故而遭受損害,保險公司須對其負責賠償?
(A)利害關係人
(B)受益人

(C)被保險人

(D)要保人。

( ) **13** 什麼樣的情況下，被保險人會受到損害？

(A)保險事故發生時

(B)保險契約成立時

(C)交付保險費時

(D)以上皆非。

( ) **14** 受益人指的是保險公司與誰約定享有賠償請求權之人？

(A)保險人

(B)被保險人

(C)再保險人

(D)以上皆非。

( ) **15** 下列何者能夠進行招攬保險業務？

(A)保險經紀人

(B)保險代理人

(C)保險業務員

(D)以上皆是。

( ) **16** 保險業務員是為了何者來進行招攬保險業務？

(A)保險公司

(B)保險經紀人公司

(C)保險代理人公司

(D)以上皆是。

( ) **17** 下列何者為保險業務員在招攬保險的時候需進行的動作？

(A)應出示登錄證

(B)應告知授權範圍

(C)以上皆是

(D)以上皆非。

（　）**18** 保險公司對於自家業務員進行招攬行為時所產生的損害必須承擔何種責任？
(A)依法負連帶責任
(B)依法督促業務員負責
(C)依法自行負責
(D)以上皆是。

（　）**19** 下列何者不屬於保險業務員的招攬行為？
(A)解釋保險單條款
(B)轉送要保文件及保險單
(C)代客戶填寫要保書
(D)說明填寫要保書注意事項。

（　）**20** 若是業務員自行變更、改動客戶的要保文件，屬於怎樣的行為？
(A)是對客戶的服務
(B)是被允許的行為
(C)可能會觸犯偽造文書罪
(D)以上皆非。

（　）**21** 保險公司對業務員的授權招攬行為必須進行怎樣的規範？
(A)應以書面為之，並載明於登錄證上
(B)應以口頭為之
(C)書面口頭為之都可以
(D)應記載於人事管理規則。

（　）**22** 若是保險業務員在收取客戶保險費之後擅自挪用，會面臨何種罪名？
(A)詐欺
(B)背信侵佔
(C)竊盜
(D)偽造文書。

( ) **23** 保險代理人經營保險業務的是依據下列何種文件來進行？
(A)代理契約、授權書
(B)保險契約
(C)合作協定
(D)委任狀。

( ) **24** 保險代理人是向何者來收取經營業務之費用？
(A)保險人
(B)被保險人
(C)要保人
(D)受益人。

( ) **25** 下列何者可代理被保險人來洽定保險契約？
(A)保險經紀人
(B)保險代理人
(C)保險公證人
(D)受益人。

( ) **26** 保險經紀人向承保的保險業收取的是費用又稱為？
(A)手續費
(B)保險代辦費
(C)經紀人佣金
(D)以上皆是。

( ) **27** 下列何者為保險經紀人收取佣金的對象？
(A)委託之人
(B)被保險人
(C)保險人
(D)要保人。

( ) **28** 區分保險代理人為「專屬代理人」或「普通代理人」的標準為何？
(A)代理保險業之家數
(B)代理保險之年資

(C)代理保險之種類

(D)代理保險之業績。

(　) **29** 關於保險業務員的管理規定，下列敘述何者正確？

(A)應儘能專為其所屬公司從事保險之招攬

(B)可同時為保險業、保險代理人公司、保險經紀人公司從事保險之招攬

(C)可同時為二家以上保險公司從事保險招攬

(D)只要與公司訂定契約，即可同時為多家公司從事保險之招攬。

(　) **30** 目前我國保險公司的主管機關是下列何者？

(A)財政部

(B)經濟部

(C)內政部

(D)行政院金融監督管理委員會。

(　) **31** 保險業的負責人應依照下列何種法律來進行公司管理負責？

(A)商業登記法及公司法

(B)公司法及票據法

(C)公司法或合作社法

(D)民法或公司法。

(　) **32** 保險業經營各種保險之保險單條款？

(A)僅限使用本國文字

(B)應使用國際上通用之文字

(C)限使用本國文字，但因業務之需要得附用外國文字

(D)視被保險人國籍而定。

(　) **33** 若小明同時兼有保險代理人、經紀人和公證人的資格，則小明可以申領幾種執業證書？

(A)得擇二

(B)得擇三

(C)僅得擇一

(D)未有明文規定。

(　　) **34** 若是保險代理人同時具備財產及人身保險的代理人資格者，則其可以申領幾種執業證書？
(A)未明文規定
(B)得擇二
(C)僅得擇一
(D)以上皆非。

(　　) **35** 保險代理人簽署的合約內容，下列為其包括的項目？
(A)代理期限
(B)代理權限範圍
(C)代理費支付標準及方式
(D)以上皆是。

(　　) **36** 若保險代理人發生下列何種行為，使要保人、被保險人受有損害時，授權保險人應負賠償責任？
(A)過失行為
(B)錯誤行為
(C)疏漏行為
(D)以上皆是。

(　　) **37** 保險代理人執行業務的文件，最少應保存多少期限？
(A)一年
(B)三年
(C)五年
(D)七年。

(　　) **38** 如果保險代理人公司無違反法令受主管機關處分者，幾年後得申請核准設立分公司？
(A)一年
(B)三年
(C)五年
(D)七年。

( ) **39** 外國保險代理人公司在中華民國境內設立分公司經營業務者,應僱
用幾位領有中華民國代理人執業來執行業務?
(A)三人
(B)二人
(C)一人
(D)未明文規定。

( ) **40** 關於保險經紀人的管理規則,保險經紀人分為那兩種?
(A)專屬及普通保險經紀人
(B)財產險及人身保險經紀人
(C)特約及普通保險經紀人
(D)特別及一般保險經紀人。

( ) **41** 依規定而言,每一保險經紀人不得同時為幾家經紀人公司擔任簽署
工作?
(A)一家以上
(B)二家以上
(C)三家以上
(D)四家以上。

( ) **42** 若是想以公司組織的型態申請經營經紀人之業務者,其最低實收資
本額應為多少?
(A)新臺幣五百萬元
(B)新臺幣一千萬元
(C)新臺幣三千萬元
(D)新臺幣二千萬元。

( ) **43** 若是想以公司組職的型態申請經營再保險經紀之業務者,其最低實
收資本額應為多少?
(A)新臺幣六百萬元
(B)新臺幣八百萬元
(C)新臺幣二千萬元
(D)新臺幣三千萬元。

( ) **44** 保險業辦理電話行銷業務應注意事項，係為規範下列何者訂定？
(A)保險業以電話行銷方式招攬保險之行為
(B)保障消費大眾權益
(C)維護保險業之專業形象
(D)以上皆是。

( ) **45** 保險經紀人若想以個人為執行業務者，應先繳存多少的保證金？
(A)新臺幣十萬元
(B)新臺幣二十萬元
(C)新臺幣三十萬元
(D)新臺幣五十萬元。

( ) **46** 保險經紀人若以公司型態經營業務者，前一年營業收入未達一千萬元，則應該繳納多少保證金？
(A)新臺幣二十萬元
(B)新臺幣四十萬元
(C)新臺幣六十萬元
(D)新臺幣八十萬元。

( ) **47** 下列何者為保險經紀人的保險金繳存方式？
(A)得以現金
(B)得以公債
(C)得以國庫券
(D)以上皆是。

( ) **48** 保險經紀人公司所繳存之保證金，可以在什麼樣的情況下申請發還？
(A)依法完全清算
(B)公司宣告停業
(C)執業證書繳銷後
(D)以上皆是。

( ) **49** 保險經紀人以個人為執行業務者，若有投保專業責任保險，則每一事故的保險金額不得低於多少？

(A)新臺幣一百萬元
(B)新臺幣二百萬元
(C)新臺幣三百萬元
(D)新臺幣四百萬元。

(　　) **50** 保險經紀人以公司組織為執行業務者，若有投保專業責任保險者，則每一事故的保險金額不得低於多少？
(A)新臺幣一百萬元
(B)新臺幣二百萬元
(C)新臺幣三百萬元
(D)新臺幣五百萬元。

解答與解析

1 (A)　　2 (B)　　3 (A)　　4 (A)

5 (D)　　6 (B)　　7 (C)

8 (B)。(B)保險公司僅以保險契約上約定之承保事故進行賠償。

9 (A)。業務員得招攬的保險種類應經過其所屬公司之規定，通過資格測驗後始得招攬。

10 (A)　　11 (B)　　12 (C)　　13 (A)

14 (B)。(B)受益人為保險人與被保險人約定後享有賠償請求權之人。

15 (D)　　16 (D)　　17 (C)　　18 (A)

19 (C)　　20 (C)　　21 (A)　　22 (B)

23 (A)

24 (A)。(A)保險代理人是向保險公司收取費用而經營代理業務。

25 (A)。(A)保險經紀人是站在消費者的立場代為向保險公司洽訂契約。

26 (C)　　27 (C)　　28 (A)　　29 (A)

30 (D)

31 (C)。(C)保險公司為公司組織型態，受公司法與合作社法管理。

32 (C)

33 (C)。(C)保險代理人、經紀人、公證人三種僅能擇一執業。

34 (C)。(C)保險代理人僅能選擇要代理人身或者財產保險其中一種業務。

35 (A)　　36 (D)　　37 (C)　　38 (B)

39 (C)　　40 (B)　　41 (B)　　42 (D)

43 (D)　　44 (D)　　45 (A)　　46 (A)

47 (D)　　48 (D)　　49 (A)　　50 (B)

（　）**51** 保險契約的解釋應該站在何種立場來解釋？
(A)應探求當事人之真意，如有疑義時以作有利於被保險人之解釋為原則
(B)應就保險契約之文字做嚴格認定
(C)一律做有利於被保險人之解釋
(D)保險人與被保險人自行協商。

（　）**52** 保險經紀人如有投保專業責任保險，則每一保險期間的累積保險金額不得低於各類別規定每一事故最低保險金額的幾倍？
(A)二倍
(B)四倍
(C)三倍
(D)六倍。

（　）**53** 保險經紀人應自許可登記之日開始多久時間內，申請主管機關核發執業證書並開始營業？
(A)三個月
(B)四個月
(C)五個月
(D)六個月。

（　）**54** 若保險經紀人具備財產及人身保險經紀人的資格，可以同時申領二種執業證書嗎？
(A)不得同時
(B)得同時
(C)未明文規定
(D)以上皆非。

（　）**55** 下列哪個文件為財產保險經紀人執行業務時必須簽署者？
(A)要保書
(B)批改申請書
(C)委託代繳保費收據
(D)以上皆是。

( ) **56** 保險公證人不得同時為幾家公司擔任簽署工作？
(A)一家以上
(B)二家以上
(C)三家以上
(D)四家以上。

( ) **57** 保險公證人以公司組織的型態申請經營，則其最低實收資本額為多少？
(A)新臺幣四百萬元
(B)新臺幣三百萬元
(C)新臺幣二百萬元
(D)新臺幣一百萬元。

( ) **58** 保險公證人以個人為執行業務者，若有投保專業責任保險者，則每一事故保險金額不得低於多少？
(A)新臺幣五十萬元
(B)新臺幣一百萬元
(C)新臺幣二百萬元
(D)新臺幣三百萬元。

( ) **59** 保險公證人以公司組織為執行業務者，若有投保專業責任保險，則每一事故保險金額不得低於多少？
(A)新臺幣四百萬元
(B)新臺幣三百萬元
(C)新臺幣二百萬元
(D)新臺幣一百萬元。

( ) **60** 若是外國的保險公證人公司想在中華民國境內設立分公司，則其分公司最低營運資金應為多少？
(A)新臺幣一百萬元
(B)新臺幣二百萬元
(C)新臺幣三百萬元
(D)新臺幣四百萬元。

( ) **61** 保險業務員的管理規則，其訂定的法源是以下列何者為基礎？
(A)保險法
(B)保險業管理辦法
(C)保險業招攬及核保理賠辦法
(D)保險法施行細則。

( ) **62** 業務員若無領有下列何種證書，則不得為其所屬公司招攬保險？
(A)資格證書
(B)執業證書
(C)登錄證
(D)以上皆非。

( ) **63** 若是簽訂保險契約之後，被保險人對保險契約的基本條款並不同意，是否可以變更或取消契約的內容？
(A)可以要求保險公司變更
(B)絕對不可以要求保險公司變更
(C)找關係要求變更
(D)收到保險單後再說。

( ) **64** 下列何者為保險業務員的資格取得之年齡限制？
(A)18歲
(B)20歲
(C)22歲
(D)無年齡限制。

( ) **65** 考取保險業務員資格的學歷限制為何？
(A)至少國小學歷
(B)國中學校畢業或同等學歷
(C)高中學校畢業或同等學歷
(D)大學畢業或同等學歷。

( ) **66** 若是已經為領有保險代理人、經紀人執業證書者，得向主管機關繳銷下列何種證書？

(A)資格證書

(B)執業證書

(C)任何一種以上

(D)資格證書及執業證書均須繳銷。

(　) **67** 若是保險業務員申請登錄的文件不真實且有虛偽事項，下列何者不為處罰項目？

(A)各公會應不予登錄

(B)已登錄者應予撤銷

(C)判定需繳交罰鍰

(D)以上皆非。

(　) **68** 保險業務員的登錄證有時效限制，其有效期間為多久？

(A)三年

(B)四年

(C)五年

(D)六年。

(　) **69** 保險業務員的登錄證若是在有效期限期滿前仍未辦妥換發的手續，則？

(A)得繼續招攬保險

(B)不得招攬保險

(C)得招攬保險，但須向公司報備

(D)在二個月寬限期內得繼續招攬保險。

(　) **70** 若是保險業務員有異動，其所屬公司應於異動後幾日內向各有關公會進行申報？

(A)5日

(B)10日

(C)20日

(D)30日。

( ) **71** 若是保險業務員不參加教育訓練，其所屬公司可進行下列何種處理？
(A)向壽險公會報備
(B)向主管機關報備
(C)將其業務員登錄撤銷
(D)以上皆是。

( ) **72** 若是業務員在多久時間內參加教育訓練成績不合格，再行補訓成績
仍不合格者，其所屬公司可撤銷該業務員的登錄資格？
(A)三個月內
(B)半年內
(C)一年內
(D)二年內。

( ) **73** 普通代理人可以代理幾家以上的保險業業務？
(A)二家
(B)四家
(C)六家
(D)八家。

( ) **74** 若是業務員想要轉任其他保險行業的公司時，應事先進行下列何種
行為？
(A)應重新辦理登錄
(B)需重新參加業務員考試
(C)僅需參加教育訓練即可
(D)以上皆不需要。

( ) **75** 若是業務員先前曾離職原所屬公司，事後想要繼續回來擔任業務員
時，應事先進行下列何種行為？
(A)應重新辦理登錄
(B)僅需參加教育訓練即可
(C)需重新參加業務員考試
(D)以上皆不需要。

(　　) **76** 若是保險業務員於登錄有效期間內受到停止招攬行為的處分，累計
達二年者，則所屬公司應進行何種處分？
(A)再予以三個月以上，一年以下的時間，停止招攬行為
(B)撤銷該業務員的登錄資格
(C)移送法辦
(D)記過處理。

(　　) **77** 參加業務員資格測驗合格者，該如何辦理登錄資格？
(A)自行辦理登錄
(B)申請所屬公司為其辦理登錄
(C)由公會為其辦理登錄
(D)以上皆可。

(　　) **78** 當事人互相約定會履行特種義務的條款又稱為下列何者？
(A)特約條款
(B)特別條款
(C)特定條款
(D)特別約款。

(　　) **79** 下列何種情況除了使業務員應依法移送偵辦外，其所屬公司應依照
情節輕重之狀況，予以三個月以上一年以下停止招攬或撤銷業務員
登錄之處分？
(A)招攬或推介未經主管機關核准之保險業務或其他金融商品
(B)將登錄證提供給他人使用
(C)未經所屬公司同意而招聘人員
(D)以上皆是。

(　　) **80** 下列何者屬於產物保險業務員的招攬行為？
(A)經所屬公司授權從事保險招攬之行為
(B)轉送要保文件及保險單說明
(C)解釋保險商品內容及保單條款
(D)以上皆是。

( ) **81** 關於保險契約的敘述，下列何者正確？
(A)一定要做成保險單交付被保險人
(B)要保人與保險人口頭約定即可
(C)被保險人索取時才提供
(D)僅需要資料在電腦內建檔存查。

( ) **82** 當保險業務員在從事保險招攬時，關於其所用的文書、圖畫、廣告文宣之規定，下列何者錯誤？
(A)應標明所屬公司之名稱
(B)保險代理人或保險經紀人者並應標明往來保險業名稱
(C)應經保險公司同意方可使用
(D)廣告文宣之內容可與保險業報經主管機關審查通過之保單條款文件不相符。

( ) **83** 下列何種文件為保險契約的存在型態？
(A)保險單為之
(B)暫保單為之
(C)保險單或暫保單為之
(D)以上皆非。

( ) **84** 下列何者為約束要保人或被保險人的最大誠信原則之事項？
(A)通知
(B)告知
(C)保證
(D)以上皆是。

( ) **85** 若是申請登錄保險業務員的對象為無行為能力或限制行為能力之人，則保險公司應如何處理？
(A)可予登錄
(B)不予登錄
(C)經特准可予登錄
(D)可自由決定登錄。

（　　）**86** 下列何種行為除了使保險業務員有犯罪嫌疑應依法移送偵辦外，其
所屬公司應依情節輕重予以三個月以上一年以下停止招攬或撤銷業
務員登錄之處分？
(A)未經所屬公司同意而招聘人員
(B)未經保險契約當事人同意或授權而為填寫簽章有關保險契約文件
(C)以不公平或不完全之比較而陳述或散佈足以損害其他公司營業信譽
(D)以上皆是。

（　　）**87** 關於保險業務員管理規範之敘述，下列何者不正確？
(A)應以書面為之並載明於其登錄證上前項授權行為
(B)業務員從事產物保險招攬行為必須得到所屬公司授權
(C)所屬公司不必依法負連帶責任
(D)以上皆非。

（　　）**88** 下列何者不屬於保險業務員進行招攬保險之行為？
(A)解釋保險商品內容及保單條款
(B)轉送要保文件及保險單
(C)說明填寫要保書注意事項
(D)向要保人收取保費。

（　　）**89** 若是保險業務員有重大喪失債信之情勢，此情勢尚未了結或了結後
尚未逾三年之已登錄者，其所屬公司應如何處理？
(A)維持登錄
(B)撤銷登錄
(C)經允許可維持登錄
(D)撤銷或維持登錄均可。

（　　）**90** 保險業務員登錄後應專為何者從事保險招攬之行為？
(A)要保人
(B)被保險人
(C)所屬公司
(D)保險人。

( ) **91** 若是要保人有故意隱匿或為不實說明之行為，足以變更或減少保險
對於危險之估計者，保險公司可以進行何種主張？
(A)終止契約
(B)解除契約
(C)撤銷契約
(D)使契約停效。

( ) **92** 若是保險契約定立的當下，保險標的的可承保危險已消滅，但是雙
方當事人為不知道的情況下，則保險契約應如何處理？
(A)無效
(B)有效
(C)得解除
(D)得撤銷。

( ) **93** 若是保險業務員使用誇大不實之宣傳廣告之方法為保險業務招攬，
其業務員將受何種處罰？
(A)依法移送偵辦
(B)撤銷其業務員登錄
(C)停止招攬行為
(D)以上皆是。

( ) **94** 下列何者行為屬於保險業務員招攬保險的不實告知？
(A)以不同保險契約內容作不公平或不完全之比較
(B)散佈不實言論或文宣擾亂金融秩序
(C)參加資格測驗時有重大違規舞弊
(D)未經保險契約當事人同意或授權而為其填寫簽章有關保險契約文件。

( ) **95** 保險業若無進行下列何種動作前，不得開始營業？
(A)營業登記
(B)繳存保險金
(C)領得營業執照
(D)以上皆是。

(　) **96** 保險公司可以在何種情況下向外借款？
(A)海外投資導致公司帳目虧空
(B)過多保險費呆帳導致周轉不靈
(C)因需要給付鉅額保險金而周轉
(D)經主管機關專案核准。

(　) **97** 保險業得請求安定基金予以補助或低利抵押貸款是因為遇到了下列
何種情況？
(A)承受經營不善同業之有效契約
(B)合併
(C)變更組織
(D)以上皆是。

(　) **98** 關於保險公司的自有資本與風險資本之比率，下列何者正確？
(A)200%
(B)100%
(C)300%
(D)250%。

(　) **99** 若是保險業的自有資本與風險資本之比率未達200%，則主管機關應
視情節輕重依法進行何種處分？
(A)不得增資
(B)不得分配盈餘
(C)不得對外融資
(D)不得開發新商品。

(　) **100** 當保險契約終止後，保險公司應返還已交付之保險費，但有種情
況為例外，例外情況為何？
(A)保險費以時間為計算基礎者
(B)保險費非以時間為基礎者
(C)保險費以索賠基礎為計算者
(D)以上皆非。

解答與解析

51 (A) 52 (C) 53 (D) 54 (B)
55 (D) 56 (B) 57 (C) 58 (B)
59 (C) 60 (B) 61 (A) 62 (C)

63 (A)。(A)若被保險人不同意保險契約上之條款何內容，得向保險公司申請變更或終止。

64 (A) 65 (C)

66 (B)。(B)資格證書為通過測驗而得知證書，所以若要撤銷執業，僅須撤銷執業證書。

67 (C) 68 (C) 69 (B) 70 (A)
71 (C) 72 (C) 73 (A) 74 (A)
75 (A) 76 (B) 77 (B) 78 (A)
79 (D) 80 (D) 81 (A) 82 (D)

83 (C) 84 (D) 85 (B) 86 (D)
87 (C) 88 (D) 89 (B) 90 (C)
91 (B) 92 (B) 93 (D)

94 (A)。(A)以不公平或不完全比較之言論屬於招攬保險時的不實告知。(B)散布不實言論不僅限招攬保險的行為。(C)參加資格測業不為招攬保險行為。(D)此為犯罪行為。

95 (D)

96 (C)。(C)保險公司得因需要給付鉅額保險金而暫時進行借款周轉。

97 (D) 98 (A) 99 (B)

100 (B)。(B)若保險費非以時間為基礎計算者，則保險費並無因契約終止而另外計算返還。

( ) 101 保險業應聘用何者來負責保險費率之釐訂？
(A)簽證理算人員
(B)簽證會計人員
(C)簽證精算人員
(D)簽證綜理人員。

( ) 102 保險業可依法以共保方式承保下列何種情形？
(A)配合政策需要者
(B)有關巨災損失之保險者
(C)基於公共利益之考量者
(D)以上皆是。

( ) **103** 下列何種情況不屬於保險業得依法以共保方式承保者？
(A)能有效提昇對投保大眾之服務者
(B)有關巨災損失之保險者
(C)費率偏低損率趨高之業務
(D)經主管機關核准。

( ) **104** 保險業除了存款以外，還有下列何者可以作為資金運用的項目？
(A)有價證券
(B)不動產
(C)放款
(D)以上皆是。

( ) **105** 要保人違反據實說明之義務，保險人在訂立契約後多久不可以行
使解除權？
(A)一年
(B)二年
(C)三年
(D)五年半。

( ) **106** 要保人若是違反據實說明的義務，則保險人得進行何種主張？
(A)解除契約
(B)直接拒賠
(C)請求損害賠償
(D)以上皆非。

( ) **107** 若保險業有攸關消費大眾權益之重大訊息發生時，應於多久以內
以書面向主管機關報告並主動公開說明？
(A)五日內
(B)二日內
(C)十日內
(D)四日內。

( ) **108** 當保險業的情況有礙健全經營之虞時，主管機關得對其作何處分？

(A)限制其營業範圍或新契約額

(B)命其擴大增資

(C)糾正或命其限期改善

(D)命其解除經理人之職務。

( ) **109** 當保險業因為業務或財務狀況顯著惡化，導致無法履行契約責任時，主管機關得進行那些處分？

(A)派員監督

(B)派員接管

(C)勒令停業派員清理

(D)以上皆是。

( ) **110** 保險業辦理電話行銷業務的注意事項是依據下列何種辦法來訂定？

(A)保險業招攬及核保理賠辦法

(B)保險法施行細則

(C)業務員管理規則保險

(D)保險業管理辦法。

( ) **111** 保險業的電話行銷人員必須具備何種資格？

(A)保險代理人、經紀人

(B)保險業務員

(C)保險精算師

(D)保險核保、理賠人員。

( ) **112** 財產保險業能以電話行銷之商品有下列何者？

(A)商業火災保險

(B)貨物運輸保險

(C)傷害保險

(D)以上皆是。

( ) **113** 產險業辦理電話行銷的傷害保險,其保險金額不得超過新臺幣多少？

(A)三百萬元

(B)四百萬元
(C)五百萬元
(D)六百萬元。

(　　) **114** 保險業進行電話行銷之過程與成交記錄的保存期限不應低於多久？
(A)保險契約期滿後五年
(B)保險契約成立後五年
(C)保險契約期滿後三年
(D)保險契約成立後三年。

(　　) **115** 關於保險業辦理電話行銷業務的限制，下列何者正確？
(A)要保人與被保險人須同一人
(B)要保人與被保險人須年滿二十歲
(C)須由電話行銷中心外撥之對象
(D)以上皆是。

(　　) **116** 若是消費者與保險業因電話行銷過程溝通不良而有爭議，應作有
利於何者之解釋及處理？
(A)保險公司
(B)要保人
(C)電話行銷人員
(D)以上皆是。

(　　) **117** 下列何者屬於電銷之成交錄音記錄？
(A)要保人身分資料、投保意願確認、受益人資料
(B)保險費、繳費方式
(C)保障範圍、保險期間、保險金額
(D)以上皆是。

(　　) **118** 保險業之電話行銷人員進行電話行銷時，除應先確認要保人之身
分外並應先告知要保人那些資料
(A)行銷人員自己之姓名、所屬公司名稱、服務電話
(B)行銷人員之登錄字號或員工編號

(C)保險契約重要內容

(D)以上皆是。

(　　) **119** 要保人違反據實說明之義務，保險人知有解除之原因後，行使解

除之期限為

(A)一個月

(B)二個月

(C)三個月

(D)四個月。

(　　) **120** 若是要保人與保險業間因電話行銷爭議或涉訟時，關於錄音的備

份提供，下列敘述何者正確？

(A)要保人得要求提供錄音備份

(B)保險業得因提供錄音備份而酌收工本費

(C)保險業得拒絕提供錄音備份

(D)保險業雖提供錄音備份但不得收費。

(　　) **121** 若是要保人違反保險法的據實說明義務，則下列敘述何者正確？

(A)保險人須於知有解除原因後一個月內解除契約

(B)保險人須於契約定立後二年內解除契約

(C)保險人於危險發生後亦得解除契約

(D)以上皆是。

(　　) **122** 要保人應對下列何者進行據實說明？

(A)保險人的口頭詢問

(B)保險人的書面詢問

(C)保險業務員的口頭詢問

(D)以上皆非。

(　　) **123** 下列何者與要保人之間無保險利益存在？

(A)財產上之現有利益

(B)單純的期待利益

(C)因財產上之現有利益而生之期待利益

(D)以上皆非。

(　　) **124** 若要保人故意不據實告知，導致保險契約被解除時，則保險費應
如何處理？
(A)可以返還
(B)不可以返還
(C)可返還一半
(D)經雙方約定。

(　　) **125** 若保險公司於保險契約中，約定免除或減輕自己依保險法應負義
務者，則保險契約視為？
(A)有效
(B)無效
(C)一樣
(D)不變。

(　　) **126** 當保險契約經解除之後，其保險契約的效力應？
(A)溯及自訂約時不生效力
(B)自解除之後不生效力
(C)經法院認可之後不生效力
(D)經公證人公證之後不生效力。

(　　) **127** 當保險契約經終止之後，其保險契約的效力應？
(A)溯及自訂約時不生效力
(B)自終止之後往後不生效力
(C)經法院認可之後不生效力
(D)公證人公證之後不生效力。

(　　) **128** 關於契約無效的定義，指的是下列何者？
(A)自始無效
(B)經解除後無效
(C)經撤銷後無效
(D)經終止後無效。

( ) **129** 依照保險法第十七條規定，若是要保人或被保險人對於保險標的無保險利益者，則該保險契約應視為？
(A)失其效力
(B)契約得解除
(C)契約得撤銷
(D)契約得終止。

( ) **130** 關於保險契約失其效力指的是何種情況？
(A)自被保險人喪失保險利益之後契約往後不生效力
(B)當保險契約經終止以後不生效力
(C)以上皆是
(D)以上皆非。

( ) **131** 當保險標的物的所有權移轉，則保險契約仍為何人之利益而存在？
(A)受益人
(B)被保險人之繼承人
(C)受讓人
(D)被保險人。

( ) **132** 當被保險人死亡時，則保險契約仍為何人的利益而存在？
(A)要保人
(B)被保險人之繼承人
(C)受益人
(D)以上皆是。

( ) **133** 若保單契約的被保險人為合夥人或共有人聯合者，當其中一人或數人讓與保險利益於他人者，則保險契約的效力應視為？
(A)不因之失效
(B)得解除
(C)得終止
(D)無效。

（　　）**134** 若保險契約使某些人依保險法所享有之權利有重大不利益，則該
保險契約部分之約定無效，上述某些人為？
(A)要保人
(B)受益人
(C)被保險人
(D)以上皆是。

（　　）**135** 若當事人其中一方對於應通知之事項而怠於通知者，除了不可抗
力之事故外，他方得進行何種主張？
(A)終止保險契約
(B)解除保險契約
(C)主張保險契約無效
(D)使保險契約停效。

（　　）**136** 關於保險契約的敘述，以下選項何者正確？
(A)出險後，須在5日內將出險通知書交給保險公司
(B)保險公司在收齊文件後的15日內，須將賠償金給付給受益人
(C)若契約當事人違反特殊條款的約定，他方可在30日內解除契約
(D)以上皆是。

（　　）**137** 凡基於有效契約而生之利益可視為下列何者？
(A)不得為保險利益
(B)亦得為保險利益
(C)與保險利益無關
(D)以上皆非。

（　　）**138** 保險契約必須基於什麼樣的情況下完成簽訂？
(A)保險人同意
(B)要保人聲請
(C)保險人於同意要保人聲請後
(D)以上皆非。

( ) **139** 當要保人需為他人之利益訂立保險契約時，下列敘述何者正確？
(A)應經他人委託
(B)得不經委託
(C)應經他人同意
(D)以上皆非。

( ) **140** 若保險契約由代理人代為訂立者，則下列敘述何者正確？
(A)不需載明代理之意旨
(B)應載明代訂之意旨
(C)沒有任何限制
(D)以上皆非。

( ) **141** 當保險契約是由合夥人或共有人中之一人或數人訂立，關於其保險利益下列敘述何者正確？
(A)自然及於全體合夥人或共有人
(B)如無相反意見，即視為及於全體合夥人或共有人
(C)應載明為全體合夥人或共有人訂立意旨
(D)以上皆是。

( ) **142** 保險契約上應由要保人自行負擔由危險而生之損失的項目，又稱為？
(A)自留額
(B)自負額
(C)共同額
(D)責任額。

( ) **143** 保單契約上的自負額金額，是否可另向他保險人訂立保險契約來承保？
(A)可以
(B)不得
(C)保險法未規定
(D)以上皆非。

(　　) **144** 保險契約應以什麼形式存在？
(A)指示式
(B)無記名式
(C)指示式或無記名式
(D)以上皆非。

(　　) **145** 當要保人為他人利益訂立保險契約時，若訂約時他人為未確定
者，則由何人享受其利益？
(A)被保險人
(B)要保人
(C)受益人
(D)以上皆非。

解答與解析

101 (C)　102 (D)　103 (C)　104 (D)

105 (B)　106 (A)　107 (B)　108 (C)

109 (D)　110 (A)　111 (B)　112 (C)

113 (D)　114 (A)　115 (D)　116 (B)

117 (D)　118 (D)　119 (A)　120 (D)

121 (D)　122 (B)

123 (B)。(B)單純的期待利益不為實際
保險利益。

124 (B)　125 (B)　126 (A)　127 (B)

128 (A)　129 (A)　130 (A)　131 (C)

132 (B)　133 (A)　134 (D)　135 (B)

136 (C)。(A)出險通知應在5日內，但資
料補齊時限則在30日內或與保險公
司協議好的延長期間。(B)保險賠償
金是賠償給被保險人，若被保險人
身故才賠償給受益人。

137 (B)　138 (C)　139 (B)　140 (B)

141 (C)　142 (B)　143 (B)　144 (C)

145 (C)

第二章 保險業的相關法規

本章依據出題頻率區分，屬：**B** 頻率中

課前導讀

本章節為保險法規的補充，像是複保險、共保險、再保險的相關管理辦法、洗錢防制法、以及獨立出來特別強調的強制險法規，這些都是保險業發展至今，漸漸被重視與提出的重要法規，近幾年有被強調與成為重點出題的趨勢。

☑ 重點1 　複保險、共保險、再保險　　✿✿✿

俗稱「複保」、「共保」、「再保」，一般情況來說，一位要保人與保險人雙方互相訂立一份保險契約，但是有些特別的情況，像是保險人提供的契約裡，保險金額對於要保人來說不足夠，那麼就會有複保險的情況存在；又或者眾多要保人對於某項財產是共同持有，那麼就有共保險的產生；最後如果保險人視這份保險契約有著高風險，那麼保險人就可能再將這份契約的賠償責任，尋求其他保險人或者再保險機構，做第二次風險轉嫁。

一、複保險（名稱相同、承保範圍也相同）

保險法第35條指出，複保險是指要保人對於同一保險利益，同一保險事故，與數家保險公司（保險人）分別訂立數個保險契約的行為。

保險法第36條，除了一開始與保險人另有約定外，要保人應將針對同一個保險標的而另外投保的保險人名稱，以及保險的金額主動通知其他保險人。**保險法的第37和38條裡，又以要保人是否有盡到通知義務來區分「惡意」和「善意」的複保險行為**，如下：

(一) **惡意複保險：**

要保人故意不通知其他保險人，或者意圖不當獲利者，其後投保之契約無效。

(二) 善意複保險：

要保人主動通知保險人，且投保總金額如超過保險標的總價值，除另外約定之契約外，和各保險人確立在保險金額當中的賠償責任比例。

(三) 關於複保險的補充：

在善意複保險的情況，以同一保險標的和承保範圍下，投保總金額超過保險標的的價值，進而與各保險人調整投保金額後，在**危險發生前**，要保人得向保險人要求返還降低保險金額後的部分保費。

但若是屬於**惡意複保險**的情況，而保險人不知情，當事故發生時，**契約無效**且保險人無須返還保費。

考點速攻

在保險法第76條中有說明，保險金額超過保險標的價值之契約，係由當事人一方之詐欺而訂立者，他方得解除契約，如有損失，並得請求賠償。

(四) 複保險與超額保險的差異：

或許會有人反映，複保險跟超額保險的概念有點類似，其中又該如何區別是複保險還是超額保險，以下說明：

複保險	超額保險
要保人針對同一保險利益，與不同保險人訂立契約。	針對保險標的的價值，進行大於價值的額度投保。
同一保險標的有數張保單，但不一定超額。	一張保單或者數張保單，保險金額一定超過實際價值。
要保人必須通知保險人。	投保的同時就與保險人約定負擔比例，或者調整保費。

觀念補給站

依前面說明的幾項保險原則來說，複保險有著不當得利的情況，後來在大法官解釋第576號說明，複保險的確在人身保險的範圍裡不適用，所以此段文專以財產保險裡的複保險來討論。

二、共保險（數個要保人或者數個保險人）

原來的共保險指的是**多個要保人針對同一保險利益、保險事故，共同與保險人訂立一個保險契約的行為**。後來延伸成**要保人同時與數個保險人針對同一保險利益簽訂一份保險契約**，也稱為「共保險」。

數個保險人同時共同簽訂同一份保險契約，彼此按約定保險金額的比例來負擔賠償責任，所以承保條件、承保範圍、保險標的都須相同。

三、再保險（保險人轉嫁風險之行為）

保險法第39條說明，是指「保險人」（保險公司）以其所承保的危險，轉向其他保險人投保的契約行為，俗稱「轉保」或「分保」，雖然和複保險有些類似，但是主體並不相同。此契約性質是屬於一種責任保險，也就是保險人將其所須負擔賠償責任的全部或部分，轉嫁至其他保險人，主要目的是為了分散風險、控制則任。

關於再保險，以下有幾點須特別注意：

(一) **保險法第40條：**
原被保險人對再保險的保險人無賠償請求權。

(二) **保險法第41條：**
再保險人無法向原要保人請求負擔保費。

(三) **保險法第42條：**
原保險人不得以再保險人不履行再保險金額給付之義務為理由，拒絕或延遲履行其對於被保險人之義務。

牛刀小試

（　　）**1** 下列何者正確？　(A)共保險是指要保人對於同一保險利益，同一保險事故，與數家保險公司（保險人）分別訂立數個保險契約的行為　(B)再保險是保險人要求要被保險人另外再投保的行為　(C)發生惡意複保險而保險人不知情，仍以返還保險費用(D)以上皆非。

( ) **2** 關於複保險的說明，下列何者有誤？ (A)複保險是要保人與多家保險公司進行投保 (B)要保人不必通知保險人 (C)同一保險標的有數張保單，但金額不一定超過保險價值 (D)在善意複保險的情況下，可以和各保險人約定賠償比例與保險金額。

解答與解析

1 (D)。(A)複保險是指要保人對於同一保險利益，同一保險事故，與數家保險公司（保險人）分別訂立數個保險契約的行為。(B)再保險是保險人另外尋找保險人轉移風險之行為。(C)保險人可以不返還保險費用。

2 (B)。(B)要保人必須通知保險人。

☑ 重點2 洗錢防制、個資管理 ✮✮✮

保險契約屬於要保人繳納保險費、保險公司提供損害賠償，金錢上的往來使保險契約也屬於金融工具的成員之一，所以在洗錢防制法上有著一定程度的相關性，同時保險契約在簽署的過程，會提供詳細的個人資料，為了避免捲入洗錢等重大犯罪行為，以及擅自使用保護的個人資料造成危害，故在產物保險業也在洗錢防制、個資管理這部分特別需要注重法條的規範，受洗錢防制法、個資法的法規所管理。

一、洗錢防制法

洗錢是指掩飾自己或他人因重大犯罪所得的財物或財產利益者之行為，所以在簽訂保險契約的同時，保險公司也得特別注意相關資料的審核，須針對每位要保人確認身分、洗錢及資恐的風險辨識、資料審核、一定金額的評估以及制訂確定的程序來管理。

(一) 若是在契約的過程中有下列情況發生，保險公司得婉拒交易：

1. **疑似使用匿名、假名、人頭、虛設行號或虛設法人團體開設帳戶、投保或辦理儲值卡記名作業。**

考點速攻

這個段落是擷取產物保險業防制洗錢及打擊資恐注意事項範本。範本是依照洗錢防制法衍伸而來。

2. 客戶拒絕提供審核客戶身分措施相關文件。

3. 對於由代理人辦理之情形，辦理開戶、儲值卡記名作業、註冊電子支付帳戶投保、保險理賠、保險契約變更或交易者，且查證代理之事實及身分資料有困難。

4. **持用偽、變造身分證明文件**。

5. 出示之身分證明文件均為影本。但依規定得以身分證明文件影本或影像檔，輔以其他管控措施辦理之業務，不在此限。

6. 提供文件資料可疑、模糊不清，<u>**不願提供其他佐證資料**</u>或提供之文件資料無法進行查證。

7. 客戶**不尋常拖延應補充之身分證明文件**。

8. 建立業務關係之對象為資恐防制法指定制裁之個人、法人或團體，以及外國政府或國際組織認定或追查之恐怖分子或團體。但依資恐防制法第6條第1項第2款至第4款所為支付不在此限。

9. 建立業務關係或交易時，有其他異常情形，客戶無法提出合理說明。

(二) **洗錢防制法的重要名詞解釋：**

1. 重大犯罪行為：是指最輕本刑五年以上的有期徒刑。

2. 通貨交易：單筆的現金收入、支出、還有換鈔的交易。

3. 一定金額：通貨交易達50萬以上。

4. 洗錢交易申報：須於10個營業日內向法務報調查局申報書。

5. 建立業務關係：要保人要求保險公司提供保險的服務，並且建立互相往來的關係一段時間。

二、個資法

收集、處理個人的資料需有特定目的且符合法定規定，同時個人資料的運用也必須符合蒐集的範圍內、符合特定目的來使用，此法令的規範是為了避免提供個資者受到人格權上的侵害或者被利用為不法用途。所以在保險契約簽訂的過程，要、被保險人需額外簽署個人資料蒐集、使用的同意書。

以下在保險業中有關個資法的罰則和規範須特別注意：

(一) 如意圖為自己或第三人得利或者造成他人利益損害，<u>**處五年以下有期徒刑、拘役或科或併科新臺幣一百萬元以下罰金**</u>。

(二) 保險公司如有違反個資法規定者，由主管機關（金管會）處**新臺幣五萬元以上五十萬元以下罰鍰，並令限期改正**。

(三) 如果上述違反個資法規定者，限期仍未改正，則主管機關則可以繼續**按次處以新臺幣二萬元以上二十萬元以下**罰鍰。

考點速攻

依個人資料保護法規定，損害賠償請求權，自請求權人知有損害及賠償義務人時起，**因二年間不行使而消滅；自損害發生時起，逾五年者，亦同**。

牛刀小試

(　　) **1** 如意圖造成他人損失或圖利自己和第三人，則？　(A)處五年以上徒刑，或併科新臺幣一百萬以上罰金　(B)處新臺幣五萬以上，五十萬以下罰金　(C)處五年以下徒刑，或併科新臺幣一百萬以下罰金　(D)處以新臺幣二萬至二十萬罰金。

(　　) **2** 關於通貨交易，下列何者正確？　(A)累積五十萬以上的交易　(B)最輕本刑五年以上之有期徒刑　(C)單筆現金交易、換鈔　(D)以上皆非。

解答與解析

1 (C)　　**2 (C)**

☑ 重點3　強制險法規的特別說明　✿✿✿

強制汽車責任保險是單獨立法，在85年12月三讀通過，87年實施至今行之有年，儼然成為社會安定機制的力量之一。主管機關原本為財政部，因政府的保險監理業務轉移，後來的**主管機管改為金融監督管理委員會管理（簡稱金管會）**。

考點速攻

汽車特別補償基金率提撥至3%。
機車特別補償基金率提撥至2%。

強制險的形成原因，是為了能夠幫助那些受害家庭，保護那些事故受害人不會因為肇事車輛受害，卻又無法取得保險賠償的人們。在爭取之下，政府設立了**財團法人汽車交通事故特別補償基金**，基金的來源就是強制險的保險費用，使受害人若是得不到賠償，可以先向特別補償基金申請獲得基本保障，而特別補償基金則會依此向加害人追償。

立法的目的是為了能夠快速地使受害人得到補償，維護道路的交通安全，所以強制汽車保險成為了不投保將面臨罰則的特別保險存在。同時為了使強制汽車保險法能夠更加完善，還另外設置了常態性專責單位（**公務委託財團法人保險事業發展中心**）來記錄強制險的數據、研究及規劃。也就是說所有的汽車持有人皆應按照強制險法規投保強制險，就連非作戰期間的軍用車也不得例外。

一、投保義務人

依照強制汽車保險法規定，**汽車所有人應依法為汽車簽訂保險契約**，而汽車所有人（公路監理機關登記之所有人）為投保義務人。軍用汽車於非作戰期間，亦同。

如果有下列情形者，將以汽車使用或管理人為投保義務人

(一) 汽車牌照已繳還、繳銷或註銷。

(二) 汽車所有人不明。

(三) 因可歸責於汽車使用人或管理人之事由，致汽車所有人無法管理或使用汽車。（因為有汽車使用、管理人在使用汽車，導致汽車所有人非實際使用者，故投保義務人為汽車使用、管理人）

二、監理架構

主管機關為金融監督管理委員會，但依照強制法所取締、交通事故定義、受理救濟等內容，與「**交通部**」的業務相關，所以協同交通部一起監理強制汽車保險等業務。

三、保險費率的設立

強制汽車保險的起源是無盈無虧的設立精神，故**保險費的訂立是採取「從**

人」和「從車」的因素之原則來計算保費。為確保保險費用的合理性及可負擔性，會透過專業精算統計機構的檢討分析，經主管機關（金管會和中央交通部）審議後擬定與發佈。

汽車強制險除了按車款計算費率（**從車因素**）外，還會視車主年齡、性別肇事紀錄計算保費（**從人因素**），但目前機車仍是採取「從車因素」，原因是機車的強制險保費低，若是採取從人因素可能人事成本提高、行政流程複雜，無法有效改善機車肇事，故此部分尚未有變動。

四、理賠請求順序

強制險法規裡擁有強制險請求權者，可向保險人或特別補償基金請求賠償，而擁有請求權者如下：

(一) 汽車事故中遭受傷害者，也就是受害者本人。

(二) 汽車事故死亡對象的遺屬，按順位請求（同一順位有數人，按均分）：

1. 配偶、父母、子女。
2. 祖父母。
3. 孫子女。
4. 兄弟姊妹。

　　若是以上順位都無人可以請領，則為其支出殯葬費者，可向特別賠償基金申請殯葬費用。

五、未投保罰則

依照公路機關的取締和裁罰，可處以罰款。

(一) 汽車未投保可罰3,000元至15,000元。

(二) 機車未投保可罰1,500元至3,000元。

(三) 微型電動二輪車未投保可罰750元至1,500元。

(四) 未投保又肇事可罰9,000元至32,000元。

六、請求時效

自知道損害發生及可請求的保險人開始，擁有向保險人請求賠償權者如不行使請求權，則兩年內不行使即消滅。

七、保險業的相關罰則

(一) **強制險到期日前30日，保險人需有通知續保之義務。**

(二) 承保強制汽車責任保險的保險人應於請求權人交齊相關證明文件的次日起，__10日（工作日）內給付__。（任意險為15日）

(三) 保險人應獨立設置會計帳，若違反則由主管機關處新臺幣6萬元以上30萬元以下罰鍰。

--- 牛刀小試 ---

( ) **1** 強制險的主管機關是下列何者？ (A)財政部 (B)交通部 (C)金管會 (D)以上皆非。

( ) **2** 如車禍受害人死亡，相關賠償的請求權應如何排序？
甲、孫子女　　　　　　　　　乙、祖父母
丙、父母 / 配偶 / 子女　　　　丁、兄弟姊妹
(A)乙甲丙丁 (B)甲乙丙丁 (C)丙丁乙甲 (D)丙乙甲丁。

解答與解析

1 (C) **2 (D)**

精選試題

( ) **1** 再保險契約與原保險契約？
(A)為效力各自獨立之契約
(B)兩者為同一契約
(C)兩者應同時訂立
(D)以上皆非。

( ) **2** 於再保險中，原保險契約之被保險人？
(A)對於再保險人無賠償請求權
(B)對於再保險人無賠償請求權，但原保險人破產時不在此限

(C)對於再保險人有直接賠償請求權

(D)可透過再保險經紀人行使賠償請求權。

( ) **3** 再保險人可否向原保險契約之要保人請求保險費？

(A)可以

(B)不可以

(C)原則上可以，但原保險人破產時不可以

(D)原則上不可以，但原保險人破產時可以。

( ) **4** 再保險人不履行再保金額給付之義務，則？

(A)原保險人得拒絕履行其對於被保險人之義務

(B)原保險人得俟再保險人履行後再履行其對於被保險人之義務

(C)原保險人得協助被保險人對再保險人提起訴訟

(D)以上皆非。

( ) **5** 保險人以其所承保之危險，轉向他保險人為保險之契約行為謂？

(A)複保險

(B)單保險

(C)再保險

(D)共同保險。

( ) **6** 強制汽車責任保險是屬於一種？

(A)政策性責任保險

(B)社會福利保險

(C)商業性責任保險

(D)傷害保險。

( ) **7** 強制汽車責任保險法的立法目的是？

(A)為使汽車交通事故致身體遭受傷害或死亡之受害人，能迅速獲得
基本保障

(B)維護道路交通安全

(C)以上皆是

(D)以上皆非。

( ) **8** 以下哪一種人是強制汽車責任保險法規定應訂立強制汽車責任保險
之投保義務人？
(A)汽車所有人
(B)機車所有人
(C)汽車牌照已繳還，繳銷或註銷而該汽車仍在使用時之使用人或管
理人
(D)以上皆是。

( ) **9** 應訂立強制汽車責任保險契約的汽車種類是依據？
(A)公路法的規定
(B)保險法的規定
(C)該法主管機關會同中央交通主管機關訂定公告之汽車
(D)汽車所有人自由選擇投保。

( ) **10** 以下哪種車輛依法應投保強制汽車責任保險？
(A)汽車
(B)機車
(C)非作戰期間內之軍用車輛
(D)以上皆是。

( ) **11** 強制汽車責任保險法規定請求權人應？
(A)先向被保險人請求賠償後再由被保險人向保險人請求保險給付
(B)先與加害人和解後才能向保險人請求保險給付
(C)以上皆是
(D)請求權人得直接向保險人請求保險給付或向特別補償基金請求補償。

( ) **12** 汽車交通事故致受害人傷害或死亡者？
(A)需加害人負有完全之肇事責任
(B)受害人與加害人已完成和解
(C)需加害人的肇事責任較重，受害人的肇事責任較輕
(D)不論加害人有無過失（有無肇事責任）請求權人得依強制汽車責任
保險法規定直接向保險人或特別補償基金請求保險給付或補償。

（　　）**13** 強制汽車責任保險提供的是？
　　　　(A)基本保障
　　　　(B)充分保障
　　　　(C)被保險人自行選擇金額之保障
　　　　(D)以上皆非。

（　　）**14** 因惡意的複保險致保險契約無效時，保險人於不知情的期間內？
　　　　(A)仍取得保險費
　　　　(B)仍不能取得保險費
　　　　(C)已收的保險費要返還
　　　　(D)視契約的規定而定。

（　　）**15** 依照強制汽車責任保險法的規定，公路監理機關對於強制險有效期間不滿幾日內的汽車規定不得換發牌照或異動登記？
　　　　(A)五日
　　　　(B)十日
　　　　(C)十五日
　　　　(D)三十日

（　　）**16** 強制汽車責任保險法的保險人依法？
　　　　(A)不得解除本保險契約
　　　　(B)除法定事由外不得終止本保險契約
　　　　(C)以上皆是
　　　　(D)經報請主管機關核准者不在此限。

（　　）**17** 強制汽車責任保險的保險證上記載之被保險人、保險期間、被保險汽車等資料有變更時，要保人應？
　　　　(A)通知保險人變更
　　　　(B)自行變更
　　　　(C)通知主管機關變更
　　　　(D)通知交通監理單位變更。

( ) **18** 善意之複保險，保險金額總額超過保險標的之價值者，各保險人雖僅負比例分擔之責，但賠償總額？

(A)不得超過總保險金額

(B)不得超過保險標的物之價值

(C)不得超過保險標的物之淨值

(D)可以超過保險標的之價值，但不能超過總保險金額。

( ) **19** 保險人因可歸責於自己之事由，致未能在強制汽車責任保險法規定之期限內為保險給付時，依本法規定自期限屆滿之次日起應按？

(A)月利一分

(B)年利一分

(C)當時各銀行平均年利率

(D)請求法院判決。

( ) **20** 強制汽車責任保險之給付項目為？

(A)傷害醫療費用給付

(B)失能給付

(C)死亡給付

(D)以上皆是。

( ) **21** 依強制汽車責任保險法的規定，被保險人因故意行為致被保險汽車發生汽車交通事故者，保險人？

(A)得不負保險給付之責，由被保險人自行負責

(B)得依被保險人與受害人和解金額負保險給付之責

(C)以上皆是

(D)仍應依本法規定負保險給付之責，但得在給付金額範圍內，代位行使請求權人對被保險人之請求權。

( ) **22** 強制汽車責任保險之被保險汽車發生汽車交通事故，被保險人已先行賠償一部分時，保險人？

(A)僅就本保險規定之保險金額扣除該賠償金額之餘額範圍內付給付之責

(B)但請求權人與被保險人約定該金額不得扣除者，從其約定

(C)以上皆是

(D)不論請求權人與被保險人有無約定，皆需按法定金額全數給付請求權人。

(　　) **23** 強制汽車責任保險之保險給付是？

(A)政府德政與被保險人無關

(B)天上掉下來的禮物

(C)視為被保險人損害賠償之一部分，被保險人受損害賠償請求時，得扣除之

(D)傷害保險給付的一種，與責任保險無關。

(　　) **24** 要保人故意不為複保險通知，或意圖不當得利而為複保險者，其契約？

(A)無效

(B)得解除

(C)得撤銷

(D)停效。

(　　) **25** 複保險之要素包括？

(A)同一保險利益

(B)同一保險事故

(C)數保險人

(D)以上皆是。

(　　) **26** 惡意之複保險，保險契約應？

(A)得解除

(B)得終止

(C)無效

(D)得撤銷。

(　　) **27** 下列哪些是保險業防制洗錢及打擊資恐內部控制要點第一點所說明，訂定要點的目的？

(A)健全保險業制度與內部控制稽核

(B)增進保險業人員防制洗錢及打擊資恐認知

(C)提升我國防制洗錢及打擊資恐之國際聲譽

(D)以上皆是。

( ) **28** 強制汽車責任保險之保險人應於被保險人或請求權人交齊相關證明
文件之次日起？
(A)五日內
(B)十日內
(C)十五日內
(D)二十日內　給付之。

( ) **29** 如意圖造成他人損失或圖利自己和第三人，則？
(A)處五年以上徒刑，或併科新臺幣一百萬以上罰金
(B)處新臺幣五萬以上，五十五萬以下罰金
(C)處五年以下徒刑，或併科新臺幣一百萬以下罰金
(D)處以新臺幣二萬至二十萬罰金。

( ) **30** 關於通貨交易，下列何者正確？
(A)累積五十萬以上的交易
(B)最輕本刑五年以上之有期徒刑
(C)單筆現金交易、換鈔
(D)以上皆非。

( ) **31** 下列對於臨時再保險的敘述何者錯誤？
(A)指原保險人有權臨時將業務分給再保險人，而再保險人必須接受
(B)臨時再保險的業務處理相對較為繁瑣
(C)臨時再保險的費率通常與原保險人收取的費率沒有必然的關係
(D)對再保險人而言，臨時再保險有比較高的逆選擇問題。

( ) **32** 保險人以其所承保之危險，轉向他保險人為保險之契約行為，稱為
(A)再保險
(B)複保險
(C)合併保險
(D)共同保險。

( ) **33** 要保人對於同一保險利益，同一保險事故，同一保險期間，與數保
險人共同訂立一個保險之契約行為是：
(A)共同保險
(B)複保險
(C)再保險
(D)其他保險。

( ) **34** 強制汽車責任保險之保險人應於保險期間屆滿？
(A)十五日
(B)三十日
(C)四十五日
(D)六十日
前通知要保人續保。

( ) **35** 再保險的當事人係指？
(A)原保險人與再保險人
(B)被保險人與再保險人
(C)被再保險人與要保人
(D)再保險人與被保險人。

( ) **36** 若保單契約是因當事人的一方因詐欺而以保險金額超過保險標的的
價值的情況下訂立，他方可以主張？
(A)契約得終止
(B)得撤銷契約
(C)得解除契約
(D)契約無效。

( ) **37** 要保人簽訂惡意複保險最後導致保險契約無效時，在保險公司不知
情的期間內，保險費該如何計算？
(A)仍取得保險費
(B)仍不能取得保險費
(C)已收的保險費要返還
(D)視契約的規定而定。

( ) **38** 若要保人意圖不當得利而進行複保險契約的簽訂，其契約應視為？
(A)無效
(B)得解除
(C)得撤銷
(D)停效。

( ) **39** 若要保人證實無詐欺情事確訂立超額保險契約，經當事人一方將超過
價值之事實通知他方後，下列何者應按照保險標的之價值比例減少？
(A)保險金額
(B)保險費
(C)保險金額及保險費
(D)以上皆非。

( ) **40** 若被發現保險契約為惡意之複保險，則其保險契約之效力應視為？
(A)得解除
(B)得終止
(C)無效
(D)得撤銷。

( ) **41** 下列何種情況將構成複保險？
(A)同一保險利益
(B)同一保險事故
(C)數保險人
(D)以上皆是。

( ) **42** 善意之複保險是指保險金額的總額超過保險標的價值者，各保險人
雖僅負比例分擔之責，但賠償總額應有何限制？
(A)不得超過總保險金額
(B)不得超過保險標的物之價值
(C)不得超過保險標的物之淨值
(D)可以超過保險標的之價值。

(   ) **43** 如要保人無詐欺情事之情況，若保險金額超過保險標的價值之契
約，其契約賠償有效限度應以何者為限？
(A)保險金額
(B)保險標的價值
(C)市價
(D)以上皆非。

(   ) **44** 複保險的要保人應將下列何種資料通知各保險公司？
(A)其他保險人之名稱
(B)其他保險人之保險金額
(C)以上皆是
(D)以上皆非。

解答與解析

1 (A)	2 (A)	3 (B)	4 (D)
5 (C)	6 (A)	7 (C)	8 (D)
9 (C)	10 (D)	11 (D)	12 (D)
13 (A)	14 (A)	15 (D)	16 (C)
17 (A)	18 (B)	19 (B)	20 (D)
21 (D)	22 (C)	23 (C)	24 (A)
25 (D)	26 (C)	27 (A)	28 (B)
29 (C)	30 (C)		

31 (A)。臨時分保的保險條件、承擔的責任及費率等，分保公司需逐筆詳細地通知再保公司。再保公司對保險條件可以提出異議，並對最終的臨時分業務可以表示接受與否或接受的數額。

32 (A)	33 (B)	34 (B)	35 (A)
36 (C)	37 (A)	38 (A)	39 (C)
40 (C)	41 (D)	42 (B)	43 (B)
44 (C)			

☑ 財產保險實務

( ) **1** 在火災保險中無法以市價估計者，得由當事人約定其價值，若發生事故導致損失時，其賠償標準應以下列何者為計算？
(A)保險事故發生時之實際價值
(B)約定價值
(C)重置價值
(D)以上皆非。

( ) **2** 五大通路中的「直接業務」，是指無支付直接招攬費用之業務，故不得發放下列何種費用？
(A)佣金
(B)獎金
(C)其他名目之招攬費用
(D)以上皆是。

( ) **3** 下列何者屬於要保人或被保險人於保險期間內應履行之通知義務？
(A)保險標的物使用性質變更
(B)保險標的物另有向其他保險人投保相同之保險
(C)置存保險標的物之建築物業已改建
(D)以上皆是。

( ) **4** 火災保險承保之「建築物」的一部份不包括下列何者？
(A)電梯、電扶梯
(B)水電衛生設備
(C)冷暖氣機
(D)公共設施之持分。

( ) **5** 若住宅火災保險承保之建築物的保險金額已達該建築物出險時之重置成本多少百分比時,視為足額保險投保?
(A)60%
(B)70%
(C)80%
(D)100%。

( ) **6** 政策性的住宅地震基本保險,其保險金額與保費皆為固定,每一保險標的物按投保金額新臺幣150萬元計算,保險費一年期為新臺幣多少?
(A)1,200元
(B)1,350元
(C)1,459元
(D)1,850元。

( ) **7** 在火災保險當中,若因要保人或被保險人之下列何者之縱容、主謀、共謀,或串通所致之竊盜損失,保險公司不負賠償責任?
(A)代理人
(B)家屬
(C)受僱人
(D)以上皆是。

( ) **8** 小李的公司建築物重置成本為200萬元,機器設備的實際價值為100萬元。他向保險公司投保火險,將建築物投保100萬元及機器設備50萬元,結果發生火災意外,導致建築物損失80萬元,機器設備損失20萬元,請問保險公司應賠償多少給小李?
(A)100萬元
(B)80萬元
(C)50萬元
(D)40萬元。

(　　) 9 下列何者不適用住宅火災保險的投保？
(A)住宅
(B)公共宿舍
(C)連幢住宅
(D)工廠內宿舍。

(　　)10 依火災保險保險費之規定，一個工廠內，停止其全部製造工作程
序，連續多少天以上者，得適用工廠停工費率？
(A)10天
(B)20天
(C)30天
(D)60天。

(　　)11 汽車進口於海上運輸過程中，汽車所有人應投保何種保險？
(A)汽車第三人保險
(B)汽車之海上貨物運輸保險
(C)汽車試車保險
(D)汽車綜合損失險。

(　　)12 被保險人於投保貨物運輸保險時，基於什麼原則應確實告訴保險人
相關之投保資料，不得隱瞞或告知不實？
(A)損害補償原則
(B)主力近因原則
(C)最大誠信原則
(D)保險利益原則。

(　　)13 CFR之貿易條件進口，一般海上運輸保險由誰負責洽購保險單？
(A)買方
(B)賣方
(C)船方
(D)銀行。

(　　) **14** 貨物水險條款中「全險」之正確名稱為下列何者？
(A)ICC(C)
(B)ICC(B)
(C)ICC(A)
(D)ICC(D)。

(　　) **15** 被保險人於「火災事故」發生後，因建築物毀損致不適合居住，於
修復或重建期間，必須暫住旅社或租賃房屋，所支出之合理且必需
臨時住宿費用，保險公司就每一事故之補償限額最高？
(A)每日3,000元，以30日為限
(B)每日2,000元，以30日為限
(C)每日3,000元，以60日為限
(D)每日2,000元，以60日為限。

(　　) **16** 「地震引起之火災」屬於下列哪一種保險之承保範圍？
(A)住宅火災保險
(B)住宅地震基本保險
(C)住宅第三人責任保險
(D)以上皆是。

(　　) **17** 在我國的跨國外資企業如欲投保火險者，應具備下列哪項條件？
(A)取得經濟部之外資證明文件者
(B)外資股份或外國股東之出資額占百分之五十以上者
(C)除我國以外在不同二個國家或地區以上投資者
(D)以上皆是。

(　　) **18** 因為颱風引起之山崩、土石流所致保險標的物之毀損，是屬於下列
何者的承保範圍？
(A)附加颱風及洪水險
(B)附加地層下陷、滑動或山崩險
(C)附加地震險
(D)附加水漬險。

(　　) **19** 海上運輸保險中之協會條款是指下述何者協會訂定之條款？
(A)德國保險學會
(B)日本保險協會
(C)美國保險協會
(D)倫敦保險人協會。

(　　) **20** 下列何者不屬於「住宅火災及地震基本保險」的「被保險人」？
(A)對承保住宅建築物所有權有保險利益
(B)負有交付保險費義務之人
(C)享有保險賠償請求權之人
(D)以上皆是。

(　　) **21** 保險標的物原為「電腦」，但在抵達目的地時發現不是電腦而是為「磚塊」，原因為出口商的惡意詐欺行為所造成，則在下列何者的承保範圍內可以理賠？
(A)全險條款
(B)A條款
(C)罷工險條款
(D)以上皆非。

(　　) **22** 商業火災保險中，可另外加保的動產包含下列何者？
(A)非依法持有之違禁品
(B)各種非商品之動植物
(C)圖畫、古董
(D)以上皆非。

(　　) **23** 以火焰加熱於水使產生超過大氣壓力之蒸汽的裝置稱為下列何者？
(A)蒸汽鍋爐
(B)熱水鍋爐
(C)壓力容器
(D)其他。

(　　) **24** 依照強制汽車責任保險法之規定，若事故汽車無法查究的狀況下，
其請求權消滅時效如何計算？
(A)自知有損害及確認肇事汽車無法查究時起算。
(B)自被保險人知情之日起算
(C)自被保險人或要保人受請求之日起算
(D)無明文規定。

(　　) **25** 汽車保險中，關於甲式、乙式、丙式的比較下列何者為正確？
(A)甲式保費最便宜
(B)乙式保費比丙式便宜
(C)丙式保費比甲式便宜
(D)乙式保費比甲式貴。

(　　) **26** 財產保險的費率自由化第三階段實施日期為何？
(A)94年4月1日
(B)96年4月1日
(C)98年4月1日
(D)98年1月1日。

(　　) **27** 海上運輸保險中的海盜危險，在舊式協會貨物保險條款中，屬於何種
條款之承保範圍？
(A)全險
(B)水漬險
(C)兵險
(D)平安險。

(　　) **28** 若是保險標的物的尺寸不符，是哪種條款的除外責任？
(A)全險
(B)A條款
(C)水漬險
(D)以上皆是。

( ) **29** 依照營業用汽車全損之理賠計算，若汽車保險單生效日至保險事故
發生時經過未滿一個月者，其賠償率應為多少？
(A)98%
(B)96%
(C)94%
(D)92%。

( ) **30** 要保人要為自己的建築物投保「住宅火災保險」時，不必填寫下列
哪個選項？
(A)通訊處及電話
(B)保險標的物所在地址
(C)建築物本體已使用年數
(D)建築物等級。

( ) **31** 著名的911恐怖攻擊事件，對於其所造成的損失，屬於下列那一個協
會貨物條款的承保範圍？
(A)協會罷工條款
(B)協會貨物條款(A)
(C)協會兵險條款
(D)以上皆是。

( ) **32** 任意汽車第三人責任保險賠款紀錄係數最高加費比率為多少？
(A)150%
(B)160%
(C)170%
(D)180%。

( ) **33** 自用或營業用大客車，是指包括司機在內座位超過幾人以上？
(A)9人座以下
(B)10人座以上
(C)15人座以上
(D)無規定。

( ) **34** 下列何種工程保險之保險期間不以一年為原則？
(A)電子設備綜合保險
(B)營造工程綜合保險
(C)機械保險
(D)以上皆是。

( ) **35** 保險公司對承保營造工程之保險責任是從什麼時候開始？
(A)保險期間起期日
(B)書面通知生效日
(C)開工或保險標的物卸置於施工處所後
(D)施工人員進駐施工處所。

( ) **36** 海上運輸保險中的「低額保險」是指下列何者？
(A)保險金額大於保險價額
(B)保險價額大於保險金額
(C)保險價額小於發票金額
(D)發票金額小於保險金額。

( ) **37** 火災保險中對於「火」的定義，下列何者正確？
(A)高溫與燃燒
(B)燃燒與濃煙
(C)燃燒、灼熱與火焰
(D)燃燒、濃煙與強光。

( ) **38** 安裝工程綜合保險的承保範圍不包括下列何者？
(A)材料瑕疵
(B)人為疏忽
(C)試車或負荷試驗所致之毀損或滅失
(D)以上皆非。

( ) **39** 關於CIF的貿易條件，下列哪個選項正確？
(A)CIF＝FOB＋CRF
(B)CPT＝FOB＋CIF

(C)賣家的責任，在貨物抵達約定之出口港的船隻後結束

(D)賣家只需負擔保險費用。

( ) **40** 當強制險的保險契約終止，保險公司應於幾日內通知被保險汽車之轄屬公路監理機關？

(A)3日

(B)5日

(C)6日

(D)7日。

( ) **41** 若保險標的是因遺棄之水雷所致之毀損，此情況屬於下列何種協會貨物保險條款之承保項目？

(A)A條款

(B)新式協會貨物兵險條款

(C)新式協會貨物罷工險條款

(D)B條款。

( ) **42** 被保險汽車的行車執照若發生權益移轉時，則被保險人應在幾日內盡速辦妥相關手續否則保單為停效狀態？

(A)5日

(B)7日

(C)10日

(D)15日。

( ) **43** 以任意汽車保險的情況而言，有一男性被保險人，若是其年齡、性別係數為1時，請問其年齡級距應為下列何者？

(A)20歲未滿

(B)20歲以上25歲未滿

(C)25歲以上30歲未滿

(D)30歲以上60歲未滿。

（　）**44** 強制汽車責任保險的汽車保費計算因素是採取下列何種因素？
(A)從人因素
(B)從車因素
(C)從人兼從車因素
(D)以上皆非。

（　）**45** 機械類工程保險的保險期間皆是以下列何者為原則？
(A)1年
(B)2年
(C)3年
(D)實際需要。

（　）**46** 依火災保險「鐘錶條款」的規定，若承保之鐘錶因保險事故而發生損失時，其賠償金額每件不超過新臺幣多少？
(A)300元
(B)500元
(C)1,000元
(D)2,000元。

（　）**47** 市區汽車客運業責任保險提供每位乘客多少保險金額的保障？
(A)死亡120萬；傷害20萬
(B)死亡140萬；傷害20萬
(C)死亡150萬；傷害20萬
(D)死亡150萬；傷害30萬。

（　）**48** 當被保險人之經驗純保費損失率於100.1%至110%時，其汽車第三人責任險純保費可加多少幅度？
(A)3%
(B)11%
(C)18%
(D)25%。

（　）49 火災保險若是附加颱風及洪水險的話，則影響費率的因素包括下列
　　　　何者？
　　　　(A)使用面積
　　　　(B)建築物結構
　　　　(C)使用性質
　　　　(D)以上皆是。

（　）50 下列何種情況不是營造工程第三人意外責任險的承保範圍？
　　　　(A)鄰屋的倒塌龜裂損失
　　　　(B)損壞管線的附帶損失
　　　　(C)駕駛一般汽車所導致之賠償責任
　　　　(D)以上皆是。

（　）51 關於海上貨物運輸保險的費率應如何訂定？
　　　　(A)自由費率
　　　　(B)規章費率
　　　　(C)以上皆是
　　　　(D)以上皆非。

（　）52 當營業用車發生全損理賠時，其保單生效日至保險事故發生已經過7
　　　　個月以上，其該車之折舊率為多少？
　　　　(A)10%
　　　　(B)15%
　　　　(C)22%
　　　　(D)30%。

（　）53 若汽車保險單生效日至保險事故發生時經過五個月以上未滿六個月
　　　　者，其折舊率為多少？
　　　　(A)7%
　　　　(B)9%
　　　　(C)11%
　　　　(D)13%。

(　　) **54** 某小明因計畫車子半年後準備報廢，所以僅要投保3個月之任意保
　　　　險，試問其保險費該如何計算？
　　　　(A)按日計算
　　　　(B)按短期費率計算
　　　　(C)仍收一年之保費
　　　　(D)以上皆非。

(　　) **55** 關於海上運輸保險中的營運責任險，下列何者敘述正確？
　　　　(A)保險標的物是由海運運送
　　　　(B)因員工對雇主有賠償請求權，所以雇主須投保此責任險來負責
　　　　(C)在進行娛樂活動時導致乘客、船員發生意外，負賠償責任
　　　　(D)若投保船舶發生事故導致海洋汙染，須負起清除之責任。

(　　) **56** 保險單效力若是以其一特定期間為承保，其保險單性質又稱為何種
　　　　保單？
　　　　(A)航程保單
　　　　(B)時間保單
　　　　(C)保險合約
　　　　(D)單程保單。

(　　) **57** 「營業中斷損失」在新式協會貨物保險條款中，由下列何者承保？
　　　　(A)A條款承保
　　　　(B)A、B、C條款均不予承保
　　　　(C)B條款可承保
　　　　(D)以上皆非。

(　　) **58** 因汽車交通事故致第三人體傷、失能或死亡，受害人均得請求保險
　　　　賠償給付，而保險人賠償責任會採行何種主義來賠償？
　　　　(A)故意賠償責任主義
　　　　(B)過失賠償責任主義
　　　　(C)限額無過失賠償責任主義
　　　　(D)意外事故賠償責任主義。

（　）**59** 自用小客車事先投保何種險種後，始得加保汽車零件、配件的損失？
(A)汽車車體損失險
(B)汽車竊盜損失險
(C)汽車第三人責任險
(D)單獨承保。

（　）**60** 關於新式的協會貨物條款，下列何者之敘述錯誤？
(A)新式協會貨物兵險條款不承保航程中止引起之損失
(B)新式協會貨物兵險條款承保偷竊引起之損失
(C)新式協會貨物兵險條款不保核子污染之損失
(D)新式協會貨物兵險條款承保戰爭引起之損失。

（　）**61** 若被保險人由汽車保險契約所生之權利，自得為請求之日起，經過多久期間不行使而消滅？
(A)一個月
(B)一年
(C)二年
(D)三年。

（　）**62** 由保險公司向要保人或被保險人提出終止汽車保險契約，其未滿期保費如何計算？
(A)按短期費率
(B)按月數比例
(C)按約定比例
(D)按日數比例。

（　）**63** 當被保險汽車之車體損失險第一年賠款一次，第二年續保時僅投保汽車第三人責任險，若第三年又重新投保車體損失險，則車體損失險之賠款紀錄係數應為多少？
(A)0.2
(B)0
(C)–0.2
(D)–0.4。

( ) **74** 依照強制汽車責任保險失能失能給付的規定，失能程度第13等級應
給付多少？
(A)18萬元
(B)13萬元
(C)8萬元
(D)5萬元。

( ) **75** 若要保人或被保險人以支票交付汽車保險費而未實現者，保險公司
應如何處理此保險契約？
(A)解除該保險契約
(B)停止該保險契約
(C)終止該保險契約
(D)該保險契約無效。

( ) **76** 下列何者不屬於汽車車體損失險的承保範圍？
(A)被保險車輛被偷
(B)自然耗損
(C)颱風造成之損失
(D)以上皆是。

( ) **77** 關於機車強制責任保險駕駛人傷害附加條款規定，每次事故每一人
傷害給付最高金額為多少？
(A)20萬
(B)30萬
(C)40萬
(D)50萬。

( ) **78** 強制汽車責任保險中的看護費用項目最高以幾日為限？
(A)10日
(B)20日
(C)30日
(D)無上限。

（　）**79** 因為船隻擁有者的財務糾紛所引起保險標的損失，於下列何種協會
　　　　貨物保險條款當中屬於可承保範圍？
　　　　(A)A條款
　　　　(B)B條款
　　　　(C)C條款
　　　　(D)以上皆非。

（　）**80** 電子設備保險中的電腦額外費用險，其保險金額應如何訂定？
　　　　(A)設備裝置的重置價格
　　　　(B)當時的實際價值
　　　　(C)依實損實賠的基礎來約定每天及每月的賠償限額
　　　　(D)以上皆可。

（　）**81** 小甲有投保汽車竊盜險，但他的汽車於失竊數日即尋回，其受損的
　　　　部分經修復費用估價為1萬元，保險公司應如何進行理賠？
　　　　(A)5,000元
　　　　(B)5,500元
　　　　(C)1萬元
　　　　(D)扣除竊盜損失險自負額後之金額賠付。

（　）**82** 老劉的工廠廠房價值800萬元，他向保險公司投保商業火災保險500
　　　　萬元，約定自負額為5萬元。則若是老劉的廠房遭遇火災損失100萬
　　　　元，則保險公司應賠多少給他？
　　　　(A)95萬元
　　　　(B)75萬元
　　　　(C)62.5萬元
　　　　(D)57.5萬元。

（　）**83** 工程險何種險非以新品的重置價格來約定保險金額？
　　　　(A)鍋爐保險
　　　　(B)電子設備保險
　　　　(C)機械保險
　　　　(D)安裝工程保險。

( ) **84** 使用年限超過多少以上的機具，營建機具綜合保險對其機具不
予承保？
(A)五年
(B)十年
(C)十五年
(D)二十年。

( ) **85** 工程保險中稱為固定或軌道式機具的是指下列何者？
(A)打樁機
(B)堆高機
(C)卡車
(D)挖土機。

( ) **86** 下列何者屬於商業火災保險中可附加貨物預約保險附加條款的
標的物？
(A)住家之動產
(B)工廠之機器設備
(C)餐廳之營業生財器具
(D)倉庫之原料及成品。

( ) **87** 下列何者屬於「商業火災保險」承保之危險事故？
(A)閃電雷擊
(B)森林大火
(C)爆炸引起之火災
(D)以上皆是。

( ) **88** 王先生自有房屋有投保住宅火災及地震基本保險，後來將房屋轉賣
給李先生，則保單效力於保險標的物轉讓後幾個月內繼續有效？
(A)一個月
(B)二個月
(C)三個月
(D)六個月。

（　）**89** 保險公司承保「住宅火災及地震基本保險」時，可不須將下列哪一項資料交要保人審閱並詳加解說？
(A)臺灣地區住宅類建築造價參考表
(B)保單基本條款
(C)保險公司之財務狀況表
(D)住宅火災及地震基本保險要保書填寫說明。

（　）**90** 政策性住宅地震基本保險的保險標的物為下列何者？
(A)住宅建築物本體
(B)住宅建築物本體＋裝潢
(C)住宅建築物本體＋裝潢＋動產
(D)住宅建築物本體＋裝潢＋動產＋體傷死亡。

（　）**91** FOB Vessel（出口港船上交貨）之貿易條件，賣方對於貨物裝船前是否有投保運輸保險之必要？
(A)有
(B)沒有
(C)不一定
(D)以上皆非。

（　）**92** 在海上運輸保險中的清算費用屬於下列哪種項目？
(A)單獨海損
(B)施救費用
(C)損害防止費用
(D)額外費用。

（　）**93** 當被保險人破產時，保險公司得於被保險人破產宣告之次日起幾個月內終止火災保險契約？
(A)一個月
(B)二個月
(C)三個月
(D)六個月。

（　　）**94** 陳先生3年前所購買的房屋在銀行抵押貸款餘額為125萬元，而房屋的重置成本為200萬元。陳先生事先有投保住宅火災保險200萬元並以銀行為抵押權人，若發生火災事故導致房屋全損，保險公司賠付理賠保險金200萬元及臨時住宿費用50萬元，銀行應優先拿取多少賠償？
(A)200萬元
(B)125萬元
(C)218萬元
(D)120萬元。

（　　）**95** 若被保險人居住於臺北市信義區的十六層樓公寓住宅，當他要投保「住宅火災及地震基本保險」時，保險公司於釐訂火險費率時，會考慮下列何種因素？
(A)地區加費
(B)高樓加費
(C)地區與高樓加費
(D)地區與屋頂加費。

（　　）**96** 住宅火災保險的建築物保險金額之約定應以下列何者為計算基礎？
(A)實際價值基礎
(B)重置成本基礎
(C)實際價值或重置成本基礎
(D)以上皆非。

（　　）**97** 若以保險之發展過程而言，下列何者屬較晚發展之險種？
(A)火災保險
(B)汽車保險
(C)海上貨物保險
(D)船體保險。

(　　) **98** J.W.O.B.（Jettison & Washing Overboard）的英文縮寫是指下列何者？
(A)偷竊損失
(B)倉庫損失
(C)投棄及海浪掃落
(D)海水險。

(　　) **99** 若是想從美國進口蘋果，結果因為承運之船舶遇颱風而遲延到港，導致蘋果因而腐敗、熟爛，下列何種貨物保險條款可予理賠？
(A)(A)條款
(B)(B)條款
(C)(C)條款
(D)以上皆非。

(　　) **100** 季節因素是否應列入貨物運輸保險之核保考慮因素？
(A)不用
(B)必須列入
(C)沒有任何關連
(D)不知道。

解答與解析

1 (B)

2 (D)。若無直接招攬之業務，不得發放佣金、獎金以及其他名目之招攬費用。

3 (D)

4 (C)。(C)冷暖氣機不屬於火災保險中承保之建築物的範圍。

5 (A)　　**6 (B)**　　**7 (D)**

8 (C)。(C)建築物的理賠計算為[保險金額100萬 / 重置成本為200萬]×損

失金額80萬＝40萬元；機器設備的理賠金額為[保險金額50萬 / 實際價值100萬]×損失金額20萬＝10萬元。故40萬元＋10萬元＝50萬元。

9 (D)	**10 (C)**	**11 (B)**	**12 (C)**
13 (A)	**14 (C)**	**15 (C)**	**16 (B)**
17 (D)	**18 (B)**	**19 (D)**	**20 (B)**
21 (D)	**22 (C)**	**23 (A)**	**24 (A)**
25 (C)	**26 (D)**	**27 (C)**	**28 (D)**
29 (D)	**30 (D)**	**31 (A)**	**32 (A)**

33 (B)

34 (B)。(B)營造工程綜合保險是以工程時間為保險期間，非固定為一年為原則。

35 (C)　　**36 (B)**　　**37 (C)**　　**38 (A)**

39 (C)　　**40 (A)**　　**41 (B)**　　**42 (C)**

43 (D)　　**44 (C)**　　**45 (A)**　　**46 (D)**

47 (D)　　**48 (A)**　　**49 (B)**　　**50 (C)**

51 (A)　　**52 (C)**　　**53 (D)**　　**54 (B)**

55 (D)　　**56 (B)**　　**57 (B)**　　**58 (C)**

59 (B)　　**60 (B)**　　**61 (C)**　　**62 (D)**

63 (B)。(B)車體險無賠款年度1點數為0，賠款一次的點數也為0，故賠款係數為0。

64 (D)　　**65 (D)**　　**66 (B)**　　**67 (C)**

68 (D)　　**69 (C)**　　**70 (D)**　　**71 (C)**

72 (B)　　**73 (B)**　　**74 (C)**　　**75 (C)**

76 (D)　　**77 (A)**　　**78 (C)**　　**79 (D)**

80 (C)　　**81 (D)**

82 (D)。(D)[保險金額500萬／價值800萬]×損失金額100萬－自負額5萬＝57.5萬元。

83 (D)　　**84 (B)**　　**85 (A)**　　**86 (D)**

87 (D)　　**88 (C)**　　**89 (C)**　　**90 (A)**

91 (A)。(A)在貨物裝船前，保險利益仍應由賣方負責，故賣方有投保海上保險的必要。

92 (D)　　**93 (C)**

94 (B)。(B)依照規定，應優先清償抵押權，故銀行先得125萬之理賠金。

95 (B)　　**96 (B)**　　**97 (B)**　　**98 (C)**

99 (D)。(D)船隻因颱風而延遲入港，導致蘋果腐爛、皆為以上三種條款的不保事項。

100 (B)

☑ 財產保險法規

(　) **1** 若良才停好車，下車後卻未上鎖是屬於竊盜險中的何種危險因素？
(A)道德性危險因素
(B)怠忽性危險因素
(C)實質危險因素
(D)以上皆是。

(　) **2** 當要保人破產時，財產保險中的健康保險的契約效力為何？
(A)契約無效
(B)契約終止
(C)仍為受益人之利益而存在
(D)以上皆非。

(　) **3** 下列何者可成為保險標的物？
(A)財產
(B)法律賠償責任
(C)人之身體或生命
(D)以上皆是。

(　) **4** 當保險契約成立時，下列何者有保險費的請求權？
(A)保險人
(B)要保人
(C)保險經紀人
(D)被保險人。

(　) **5** 若保險契約以重置成本為基礎，其可保的價值計算基礎應為何種方式？
(A)重置成本
(B)市場零售價格
(C)實際現金價值
(D)以上皆非。

（　　）**6** 訂立契約時要保人應對之為據實說明的是？
(A)保險業務員的口頭詢問
(B)保險人的書面詢問
(C)保險人的口頭詢問
(D)以上皆是。

（　　）**7** 關於損失幅度的定義，下列何者正確？
(A)危險因素
(B)危險程度
(C)危險事故
(D)特定保險對象在某一定期間內遭受損失之大小程度。

（　　）**8** 「保險」具有下列何種效益？
(A)減少保險賠款
(B)降低保險費率
(C)降低社會成本
(D)以上皆是。

（　　）**9** 關於財產保險中的利益，是指下列何者？
(A)財產上之現有利益
(B)基於現有利益而生之期待利益
(C)有效契約之利益
(D)以上皆是。

（　　）**10** 採取賠償責任限額方式承保的財產保險是指下列何者？
(A)火災保險
(B)海上貨物保險
(C)汽車綜合損失保險
(D)責任保險。

( )**11** 在法律上有規定請求權的存在期限，超過此期限的話，請求權會罹
於時效而消滅，此種規定又稱為？
(A)除斥期間
(B)不爭條款
(C)消滅時效
(D)特約條款。

( )**12** 若是保險業務員有重大喪失債信情事，尚未了結或了結後尚未逾幾
年者，各有關公會應不予登錄？
(A)一年
(B)二年
(C)三年
(D)四年。

( )**13** 財產保險設有安定基金提供墊付範圍及限額規定，是為了下列何種
情況？
(A)促使消費者慎選保險公司
(B)保障安定基金償付能力
(C)保障正常經營的保險公司不會因問題保險公司拖累。
(D)以上皆是。

( )**14** 依照我國法定的代位制度，保險公司在行使代位求償權時，所行使
的是下列何者的權利？
(A)保險人
(B)被保險人
(C)要保人與被保險人
(D)他方第三人。

( )**15** 保險契約上約定保險標的物需至危險發生後估計價值的保險契約，
屬於下列何種契約？
(A)定值保險
(B)不定值保險

(C)強制性保險契約

(D)任意性保險契約。

( ) **16** 在善意複保險的情況下，各有效保險契約之總保險金額超過保險標
的之可保價值時，除另有約定外各保險人應如何負擔賠償責任？

(A)保險契約無效

(B)在可保價值範圍內，按個別契約之保險金額比例負分攤之責

(C)平均分攤損失

(D)按訂約之先後，依序賠償。

( ) **17** 保險公司核保的項目不包括下列何者？

(A)危險之選擇

(B)損失的鑑定

(C)保費的決定

(D)自留額的釐訂。

( ) **18** 保險業辦理電話行銷人員進行電話行銷之過程與成交記錄備份存檔
資料，保存期限不得低於多久？

(A)保險契約期滿後二年

(B)保險契約成立後二年

(C)保險契約期滿後三年

(D)保險契約成立後三年。

( ) **19** 下列何種情形，保險契約當事人無通知義務？

(A)自己所知者

(B)已發生者

(C)為他方所不知者

(D)為他方所知者。

( ) **20** 要保人若違反據實說明義務，保險公司有何種權利可主張？

(A)解除契約

(B)請求損害賠償

(C)直接拒賠

(D)以上皆非。

（　　）**21** 當被保險人發生保險事故需要理賠時，須提供各項理賠文件給保險
公司，其主要目的是為了下列何種情況？
(A)便利損失分攤
(B)確定保險人之賠償責任及賠償金額
(C)符合法令規定
(D)以上皆非。

（　　）**22** 原保險人與再保險人又另外訂立保險契約，可稱為？
(A)再保險契約
(B)原保險契約
(C)個別保險契約
(D)總括保險契約。

（　　）**23** 保險人對要保人有負擔保險的責任，那要保人需負擔的對價關係又
可稱為？
(A)保險金額
(B)保險費
(C)保險價額
(D)保險賠款。

（　　）**24** 下列何種情況的發生會讓暫保單的效力失效？
(A)保險人註銷
(B)正式保險單簽發時
(C)保險人違反誠信
(D)以上皆是。

（　　）**25** 契約經撤銷之後，法律效力為何？
(A)溯及自訂約時不生效力
(B)自解除之後不生效力
(C)經法院認可之後不生效力
(D)經公證人公證之後不生效力。

(　) **26** 航行在內河的船舶，其運費及裝載貨物之保險，除陸空保險另有規
定外，準用那一部份有關條文之規定？
(A)貨物保險
(B)船體保險
(C)運費保險
(D)海上保險。

(　) **27** 若大強發生了交通事故，對於大強的受傷，強制汽車責任險的保險
公司是否應負給付賠償責任？
(A)應予賠付
(B)不應予賠付
(C)視責任而定
(D)以上皆非。

(　) **28** 雖然保險契約上沒有載明，但法律與習慣上認為仍必須履行者，又
稱為？
(A)默示擔保
(B)法定責任
(C)明示擔保
(D)特約條款。

(　) **29** 下列何種危險屬於不可保危險？
(A)被保險人故意行為
(B)投機性危險
(C)股價漲跌
(D)以上皆是。

(　) **30** 財產上的修理復原費用，於保險來說屬於何種損失？
(A)間接損失
(B)直接損失
(C)從屬損失
(D)以上皆非。

(　) **31** 保險公司行使代位求償權的時間點為何？
(A)被保險人索賠時
(B)知悉肇事第三人對保險事故負有法律賠償責任時
(C)對被保險人給付賠償金額後
(D)以上皆非。

(　) **32** 幸美的房屋可保價值為200萬元，保險金額為140萬元，發生損失之
金額為50萬元，保險公司應理賠幸美多少理賠金？
(A)150萬元
(B)50萬元
(C)35萬元
(D)20萬元。

(　) **33** 若是受有撤銷登錄處分的業務員，自撤銷登錄之日起幾年內，不得
受理其登錄？
(A)二年
(B)三年
(C)四年
(D)五年。

(　) **34** 投保義務人未依強制汽車責任保險法規定，投保或續保，經公路監
理機關或警察機關攔檢稽查舉發者，汽車之罰鍰為新臺幣多少元？
(A)3,000元以上，1萬元以下
(B)3,000元以上，1.5萬元以下
(C)3,000元以上，3萬元以下
(D)以上皆非。

(　) **35** 要保人雖然有交付保費，但保險人的給付責任是鑑於是否發生承保
事故，此種屬於何種契約特性？
(A)單務契約
(B)有償契約
(C)射倖契約
(D)附合契約。

(　) **36** 財產保險中的直接損失不包括下列何者？
(A)本身價值滅失或減少
(B)修理費用
(C)營業中斷損失
(D)復原成本。

(　) **37** 公司企業須加強員工訓練以降低職業災害，這種方式是何種危險管理方法？
(A)避免危險
(B)損失預防
(C)自行承擔
(D)損失轉嫁。

(　) **38** 保險業應按資本或基金實收總額的百分之幾，繳存保證金於國庫？
(A)10%
(B)15%
(C)20%
(D)25%。

(　) **39** 下列何者不屬於保險的功能？
(A)損失補償
(B)促進損失預防
(C)社會救濟
(D)減少焦慮。

(　) **40** 保險中可保的危險可分為以下幾種？
(A)人身上意外的財產上的三種危險
(B)財產上的責任上的利益上的三種危險
(C)費用的利潤的人身上的三種危險
(D)人身上的財產上的責任上的三種危險。

（　）**41** 強制汽車責任保險的除外事項包括下列何者？
(A)重複投保
(B)受害人或其他請求權人之故意行為
(C)汽車交通事故
(D)以上皆是。

（　）**42** 保險轉嫁與損失自留可以搭配運用的危險管理方式，是在保險契約上訂定？
(A)除外條款
(B)自負額
(C)特約條款
(D)以上皆非。

（　）**43** 火災保險契約的轉讓須經保險人書面同意，這種保險契約屬於何種契約？
(A)補償契約
(B)對人契約
(C)附合契約
(D)附條件契約。

（　）**44** 在訂立保險契約時，要保人應將有關保險標的之重要事實告知保險人，且需遠超一般契約之誠意，此誠意又稱為？
(A)對價契約
(B)要物契約
(C)最大誠信原則
(D)非要式契約。

（　）**45** 若要保人違反據實說明之義務，保險人在訂立契約後多久不可行使解除權？
(A)一年
(B)二年
(C)三年
(D)半年。

(　) **46** 於財產保險契約中，是根據下列何者來決定保險金額？
(A)保險費
(B)保險價額
(C)要保人
(D)被保險人。

(　) **47** 財產保險中多限制承保發生於承保處所內之損失，主要是因為下列
何種情況？
(A)承保處所以外發生之損失無法認定
(B)承保處所以外地區之危險性較高
(C)其他地區之實質危險因素與承保處所之實質危險因素有所差異
(D)以上皆是。

(　) **48** 下列何種危險管理方法是關於房東於房屋租賃合約規定，房客需對
所承租房屋火災損失負賠償責任？
(A)損失預防
(B)避免危險
(C)危險控制型轉嫁
(D)財務融通型轉嫁。

(　) **49** 在建築物中裝設自動消防設備是下列何種危險管裡方法？
(A)避免危險
(B)損失預防
(C)損失抑制
(D)自己保險。

(　) **50** 關於鍋爐保險與機械保險，下列何者是此保險將火災事故所導致的
損失除外的原因？
(A)過濾性質特殊之危險
(B)區隔非一般被保險人需要之危險事故
(C)避免承保範圍與其他保險重覆
(D)控制道德性危險。

解答與解析

1 (B)	2 (B)	3 (D)

4 (A)。(A)保險人有保險費的請求權、
　要保人有繳交保險費的義務。

5 (A)	6 (B)	7 (D)	8 (D)
9 (D)	10 (D)	11 (C)	12 (C)
13 (D)	14 (B)	15 (B)	16 (B)
17 (B)	18 (A)	19 (D)	20 (A)
21 (B)	22 (A)	23 (B)	24 (B)
25 (A)	26 (D)	27 (B)	28 (A)
29 (D)	30 (B)	31 (C)	

32 (C)。(C)[投保金額140萬元／可保價
　值200萬元]×損失金額50萬＝35萬
　元。

33 (B)	34 (B)	35 (C)	36 (C)
37 (B)	38 (B)	39 (C)	

40 (D)。保險中可承保的三種危險有人
　身、財產、責任。

41 (B)	42 (B)	43 (B)	44 (C)
45 (B)	46 (B)	47 (C)	48 (C)
49 (C)	50 (C)		

NOTE

第二回

☑ 財產保險實務

( ) **1** 以下何者是屬於火災保險中的心理危險因素？
(A)被保險人的生活習慣不良
(B)被保險的建築物屋齡過高
(C)被保險人的財務狀況不佳
(D)被保險人的道德水準低。

( ) **2** 貨物運輸保險的保險金額為50萬，免責比率為6%，損失金額為10萬，則保險公司須賠償多少金額？
(A)50萬
(B)6萬
(C)7萬
(D)10萬。

( ) **3** 未身故之被保險人其住院醫療費用保險單示範條款規定保險金受益人係指下列何者？
(A)被保險人本人
(B)被保險人配偶
(C)被保險人子女
(D)被保險人父母。

( ) **4** 住宅火災保險對於建築物內動產的評價，是以下列何種計算基礎來約定保險的金額？
(A)帳面價值法
(B)原始成本法
(C)重置成本法
(D)實際現金價值法。

（　　）5 FOB的貿易條件對於賣方來說，在貨物裝船前是否有投保運輸保險的必要？
(A)有
(B)沒有
(C)不一定
(D)以上皆是。

（　　）6 以下何者為住宅地震基本保險的理賠方式？
(A)以現金理賠的給付為限
(B)以重置標的物的理賠方式為限
(C)以修復標的物的理賠方式為限
(D)可於現金，修復或重置等方式擇一為之。

（　　）7 住宅火災保險的抵押權條款，說明保險人在依主保險契約之規定終止契約時，應於多久前通知抵押權人？
(A)5日前
(B)10日前
(C)15日前
(D)60日前。

（　　）8 被保險人於「火災事故」發生後，因建築物毀損致不適合居住，於修復或重建期間，必須暫住旅社或租賃房屋，所支出之合理且必需臨時住宿費用，保險公司就每一事故之補償限額最高？
(A)每日3,000元，以30日為限
(B)每日2,000元，以30日為限
(C)每日5,000元，以60日為限
(D)每日3,000元，以60日為限。

（　　）9 因汽車交通事故致第三人體傷、失能或死亡，受害人均得請求保險賠償給付，而保險人賠償責任會採行何種主義來賠償？
(A)故意賠償責任主義
(B)過失賠償責任主義

(C)限額無過失賠償責任主義

(D)意外事故賠償責任主義。

(　　) **10** 財產傷害險的實支實付型醫療費用保險之被保險人，其醫療費用若未經全民健康保險給付，則保險公司將不得低於實際支付各項費用的多少比例給付？

(A)45%

(B)50%

(C)55%

(D)65%。

(　　) **11** 若被保險人由汽車保險契約所生之權利，自得為請求之日起，經過多久期間不行使而消滅？

(A)一個月

(B)一年

(C)二年

(D)三年。

(　　) **12** 下列何者是在保險契約上，用於判定承保危險與損失間是否具有因果關係的基本原則？

(A)比例原則

(B)保險利益原則

(C)最大善意原則

(D)主力近因原則。

(　　) **13** 財產保險中的日額型傷害醫療保險金給付條款約定，每次傷害事故的日額保險金給付日數不得超過幾日？

(A)30日

(B)45日

(C)60日

(D)90日。

（　　）**14** 下列何種危險事故所導致第三人遭受體傷、死亡或財物損害時，不在現行住宅火險第三人責任保險的承保範圍內？
(A)火災、爆炸
(B)閃電雷擊
(C)意外事故所致之煙燻
(D)機動車輛碰撞。

（　　）**15** 當被保險汽車之車體損失險第一年賠款一次，第二年續保時僅投保汽車第三人責任險，若第三年又重新投保車體損失險，則車體損失險之賠款紀錄係數應為多少？
(A)0.2
(B)0
(C)–0.2
(D)–0.4。

（　　）**16** 五大通路中的「直接業務」，是指無支付直接招攬費用之業務，故不得發放下列何種費用？
(A)佣金
(B)獎金
(C)其他名目之招攬費用
(D)以上皆是。

（　　）**17** 傷害險中未身故之被保險人，其住院醫療費用之保險金受益人屬於下列何者？
(A)被保險人本人
(B)被保險人配偶
(C)被保險人父母
(D)被保險人子女。

（　　）**18** 強制汽車責任保險違規肇事理賠紀錄係數區分多少等級？
(A)10等級
(B)15等級

(C)19等級

(D)20等級。

( ) **19** 汽車第三人傷害責任險的死亡理賠申請，下列何者不屬於應檢附文件？

(A)和解書或判解書

(B)醫療費用收據

(C)除戶戶口名簿影本

(D)行車執照、駕駛執照影本。

( ) **20** 在火災意外事故中，被保險人的保險標的物遭受部分損失，損失金額為100萬元，假設保險標的物於出險時之全部現金價值為300萬元，此時保險金額應為多少，方可獲得十足賠償？

(A)100萬元

(B)240萬元

(C)300萬元

(D)400萬元。

( ) **21** 公共意外責任保險的承保對象，總共可分為幾大類？

(A)三類

(B)四類

(C)五類

(D)六類。

( ) **22** 下列的責任保險險種中，何者賠償方式可適用於索賠基礎者？

(A)公共意外責任保險

(B)雇主責任保險

(C)電梯責任保險

(D)產品責任保險。

( ) **23** 下列何種危險管理方法仍可在事故發生之後進行？

(A)損失自留

(B)損失預防

(C)損失抑制

(D)保險轉嫁。

(　) **24** 強制汽車責任保險的賠償基礎是採取下列何者方式來計算？

(A)過失責任

(B)限額無過失責任

(C)推定過失責任

(D)以上皆非。

(　) **25** 下列對於住宅地震保險理賠方式的描述，何者錯誤？

(A)地震險的保險金額是以投保時保險標的物之重置成本約定。

(B)保險標的物因地震造成全損時，保險公司除約定的保險金額外，並支付臨時住宿費用，每一保險標的物理賠上限為新臺幣20萬元。

(C)住宅總價損失即使超過基本地震險的保險金額新台幣150萬，超過的部分也可以申請理賠。

(D)保險標的物非因承保之危險事故所導致政府命令焚毀或拆除之損失，仍得視為全損請求理賠。

(　) **26** 發生火災意外事故後，火險保險標的物遭受部分損失，損失金額為100萬元，若鑑定保險標的物的全部現金價值應為300萬元，則當初投保的保險金額應為下列何者才屬於獲得足額理賠？

(A)180萬元

(B)200萬元

(C)300萬元

(D)500萬元。

(　) **27** 保險契約經解除之後，期契約效力？

(A)回溯到訂立契約時失去其效力

(B)須經法院認可後，不生效力

(C)解除之後仍有效直至保險期間結束

(D)經公證人公證之後不生效力。

(　　) **28** 在保險法的第17條規定中，要保人或被保險人若是對於保險標的沒有保險利益，則此保險契約會？
(A)失其效力
(B)保險人得撤銷
(C)保險人得解除
(D)保險人得終止。

(　　) **29** 依目前現行的商業火災保險基本條款約定中，商用辦公室設備是屬於下列何種項目的保險標的物？
(A)裝潢修飾
(B)營業生財
(C)機器設備
(D)營業裝修。

(　　) **30** 如有投保汽車竊盜損失保險，經保險公司確認後理賠損失，但不久後重新尋獲失竊之汽車，則被保險人需在知悉後幾日內領回被保險汽車，並退還原領之賠償金額？
(A)3日
(B)5日
(C)7日
(D)10日。

(　　) **31** 若保險契約為第三人的利益契約，當對於認定受益人有疑義時，則推定為？
(A)要保人為自己的利益
(B)要保人為被保險人的利益
(C)要保人為受益人的利益
(D)以上皆非。

(　　) **32** J建築物的實際現金價值200萬元，其機器設備的實際現金價值300萬元，J老闆向保險公司投保建築物50萬元及機器設備200萬元的火災保險。某天發生火災意外，導致建築物損失40萬元、機器設備損失

300萬元，請問J老闆可獲得多少賠償金？
(A)300萬元
(B)228萬元
(C)210萬元
(D)255萬元。

(　) **33** 關於營造綜合保險，下列敘述何者正確？
(A)承保事故包含工程設計錯誤、連續停頓30日造成的損失
(B)施工機具的保險金額為實際現金價值
(C)發生於連續48小時內之地震，不論次數多寡視為一次事故辦理
(D)以上皆是。

(　) **34** 下列關於海上保險的標的範圍敘述，何者正確？
(A)只要是與海上航行有關而可能發生危險之財產權益事故，皆得為
海上保險之標的，除了契約除外者。
(B)只有海上運送的階段為承保範圍，不可另外約定、加保陸上、內
河、湖泊或內陸水道範圍
(C)船隻碰撞不屬於海上保險的承保範圍
(D)以上皆是。

(　) **35** 下列何者之敘述，不屬於火災保險中所指「火災」的形成原因？
(A)實質的燃燒
(B)重大之財務損失
(C)火力超出一定的範圍
(D)意外與不可抗力的原因。

(　) **36** 下列何種保險契約，於實務上多採用定值保險的方式承保？
(A)商業火災保險
(B)強制汽車保險
(C)海上貨物保險
(D)營造綜合責任保險。

(　) **37** 被保險人因計畫須出國，需要投保半年的汽車任意保險，則其保險費應該如何計算？
(A)按投保天數計算
(B)按短期費率計算
(C)收一年之保費
(D)以上皆非。

(　) **38** 關於汽車保險，以下何者正確？
(A)酒駕加費一次為2,100元
(B)強制險傷害醫療費用上限為200萬
(C)汽車強制險開辦日為87.01.01
(D)強制險是為保障自己，自己保了理賠自己的損失。

(　) **39** 下列關於商業火災保險中關於颱風及洪水附加險的敘述，何者為正確？
(A)連續24小時內無論颱風警報發布幾次，均視為一次事故
(B)連續36小時內無論颱風警報發布幾次，均視為一次事故
(C)連續48小時內的洪水事故無論發生幾次，均視為一次事故
(D)連續72小時內的洪水事故無論發生幾次，均視為一次事故。

(　) **40** 海上運輸保險當中，需支付與理賠有關的查勘費、公證費以及拍賣的費用，又稱為下列何種費用？
(A)損害防止費用
(B)施救費用
(C)額外費用
(D)轉運費用。

(　) **41** 依現行汽車竊盜損失險條款的規定，失竊尋車的期間訂為多少天？
(A)20天
(B)30天
(C)45天
(D)60天。

(　) **42** 下列何者目前不屬於商業火災保險的費率考量因素範圍？
(A)物業管理公司評等
(B)建物使用性質
(C)消防設備
(D)建築高度。

(　) **43** 下列那些項目是汽車車體損失險的除外不保事項？
(A)自然耗損
(B)未經被保險人許可或無照駕駛所致之損失
(C)被保險汽車因偷竊、搶奪、強盜所致之損失
(D)以上皆屬不保範圍。

(　) **44** 被保險汽車投保竊盜損失險，在失竊數日後立即尋回，但是被保
險汽車已有些損壞，修復費用需為一萬元，保險公司應賠付多少
理賠金？
(A)5,500元
(B)6,500元
(C)7,500元
(D)扣除竊盜險自負額後之金額。

(　) **45** 下列何者對於承保事故的約定範圍屬於列舉的方式？
(A)甲式汽車車體損失保險
(B)乙式汽車車體損失保險
(C)海上貨物保險條款A
(D)以上皆是。

(　) **46** 小強將其房屋投保住宅火災及地震基本保險，保額為90萬元，發生
火災損失50萬元，其房屋之重置成本100萬元，則保險公司對建築
物損失應賠付多少？
(A)36萬元
(B)40萬元
(C)45萬元
(D)50萬元。

(　　) **47** 下列何種危險情況轉嫁保險反而效益不大，適合選擇損失自留？
(A)損失頻率高，幅度大
(B)損失頻率高，幅度小
(C)損失頻率低，幅度小
(D)損失頻率低，幅度大。

(　　) **48** 深夜突發生火警，消防人員進行破門而入、鋸開鐵窗等行動，導致建物受到損害，則若該建築為商業火險標的物，此種損失情況依據商業火災保險的基本條款內容規定，保險公司是否對該項損失有責任？
(A)保險公司應負賠償責任
(B)保險公司不負賠償責任
(C)視保險費繳交天數來決定是否補償
(D)判斷救護行動的效果再決定。

(　　) **49** 目前現行的電子設備綜合損失保險，其承保範圍不包括下列何者？
(A)電子設備損失險
(B)電腦安裝損失險
(C)電腦外在資料儲存體損失保險
(D)電腦額外費用保險。

(　　) **50** 下列何者屬於專業責任保險的一種？
(A)雇主意外責任保險
(B)公共意外責任保險
(C)醫師業務責任保險
(D)營繕承包人意外責任保險。

(　　) **51** 以下何者是屬於可保危險？
(A)投機性危險
(B)股價、黃金漲跌
(C)被保險人故意行為
(D)純損危險。

(　　) **52** 傷害保險的短期費率如為6個月，則應收年繳保費的百分之多少？
(A)55%
(B)65%
(C)75%
(D)80%。

(　　) **53** 在健康保險中對於既往症的評估，下列何者不是評估的主要原因？
(A)有無殘遺後遺症
(B)有無復發的可能
(C)是否遺傳或傳染給家族中人
(D)以上皆是。

(　　) **54** 在海上運輸保險中，當被保險人發生承保範圍的危險事故時，其為了避免、減輕標的物之損失的舉動所衍生的費用又稱為下列何者？
(A)特別費用
(B)損害防止費用
(C)額外費用
(D)施救費用。

(　　) **55** 下列何種員工行為，不屬於員工誠實保證保險中所定義的不誠實行為？
(A)員工詐欺
(B)員工過失
(C)員工侵占
(D)員工竊盜。

(　　) **56** 財產保險中的健康險，其險種為癌症、重大疾病者，保險契約訂有等待期間，其等待期間應為幾天？
(A)15日
(B)30日
(C)60日
(D)90日。

( ) **57** 團體傷害保險所稱之團體是指具有幾人以上的團體？
　　(A)3人
　　(B)4人
　　(C)5人
　　(D)10人。

( ) **58** 有關個人傷害保險除外責任與不保事項之敘述以下何者為非？
　　(A)要保人非故意行為導致被保險人成失能時，仍給付失能保險金與
　　　被保險人
　　(B)被保險人酒駕，其所含酒精成份超過道路交通法令規定標準者，
　　　保險公司仍應給付保險金
　　(C)被保險人的故意行為，為除外原因
　　(D)被保險人從事擇跤競賽或表演，為除外活動。

( ) **59** 關於醫師業務責任保險的敘述，下列何者正確？
　　(A)事故發生在保險期間內並由受害人於保險期間內向被保險人提出
　　　賠償請求者
　　(B)事故發生在保險期間內並由受害人於保險期滿二年後向被保險人
　　　提出賠償請求者
　　(C)事故發生時間不限但由受害人於保險期間內向被保險人提出賠償
　　　請求者
　　(D)事故發生時間不限但由受害人於保險期滿二年後向被保險人提出
　　　賠償請求者。

( ) **60** 下列何種行業不屬於公共意外險戊類的分類？
　　(A)舞廳、理容院
　　(B)酒廊、酒吧
　　(C)餐廳、旅館
　　(D)視聽歌唱業（KTV、MTV）、三溫暖業。

( ) **61** 如果要保人在簽訂契約時，未盡據實說明與告知的義務，則保險公
　　司可以怎麼做？
　　(A)保險公司得解除契約，已收受的保險費全部返還

(B)保險公司得解除契約，已收受的保險費無須返還

(C)保險公司得終止契約，已收受的保險費按短期保險費的規定返還

(D)保險公司得終止契約，已收受的保險費按日數比例返還。

( ) **62** 下列何者不是現行強制汽車責任保險的受害人範圍？

(A)被保險汽車的乘客

(B)對方車輛的乘客

(C)對方車輛的駕駛人

(D)自撞交通事故的駕駛人。

( ) **63** 強制汽車責任保險的保險費結構組成，不包含下列何者？

(A)核保利潤收入

(B)安定基金

(C)保險人之業務費用

(D)特別補償基金之分擔額。

( ) **64** 下列何種原則延伸出損失分攤、代位求償兩種原則？

(A)最大誠信原則

(B)主力近因原則

(C)損害補償原則

(D)保險利益原則。

( ) **65** 關於商業及住宅火災保險的保險金額與理賠金額判定，是以下列何者為計算基礎？

(A)實際價值；重置成本

(B)實際價值；實際價值

(C)重置成本；重置成本

(D)重置成本；實際價值。

( ) **66** 關於自用汽車車體損失保險，其中可附加的被保險人範圍不包括下列何人？

(A)列名被保險人所僱用的駕駛人

(B)列名被保險人所屬業務的使用人

(C)列名被保險人的四親等內姻親

(D)列名被保險人的三親等血親。

(　　) **67** 以下之選項何者不是傷害保險中所定義之意外傷害事故構成要件？

(A)突發性

(B)外來性

(C)嚴重性

(D)非由疾病所引起。

(　　) **68** 保險公司於公共意外責任險的負責範圍為何？

(A)法院判決確定的民事責任

(B)被保險人未經保險公司同意的和解部分

(C)被保險人自願承擔的責任

(D)被保險人的道義責任。

(　　) **69** 對於營繕承包人意外責任的保險期間敘述，下列何者正確？

(A)保險期間未滿期以前若工程提早驗收使用則保險自然終止

(B)保險期間短於一年者，保險費應依短期費率計算

(C)多次賠償金額累積超過「保險期間內之最高賠償金額」時，保險
　　單對以後發生之損失不負賠償責任

(D)不論工期長短保險期間概以一年為期。

(　　) **70** 下列何者是傷害保險中影響死亡與失能發生率的承保分類基礎？

(A)年齡

(B)性別

(C)職業

(D)收入。

(　　) **71** 關於保險利益，以下何者的敘述正確？

(A)屋主對其所有的建築標地物有保險利益

(B)抵押權人對於抵押品有保險利益

(C)承租人對所承租的房屋有保險利益

(D)以上皆是。

（　　）**72** 強制汽車責任保險中的「請求權人」，其對被保險人之死亡保險金的請求權順位第一者為下列哪個選項？
(A)父母、子女
(B)祖父母、孫子女
(C)配偶、兄弟姊妹
(D)配偶、子女。

（　　）**73** 若住宅火災保險承保之建築物的保險金額已達該建築物出險時之重置成本多少百分比時，視為足額保險投保？
(A)60%
(B)70%
(C)80%
(D)100%。

（　　）**74** 火災保險承保之「建築物」的一部份不包括下列何者？
(A)電梯、電扶梯
(B)水電衛生設備
(C)冷暖氣機
(D)公共設施之持分。

（　　）**75** 下列何項不是強制汽車責任保險的給付內容？
(A)財損責任
(B)傷害醫療費用
(C)失能
(D)死亡。

（　　）**76** 被保險人如果違反特約條款，則其保險的法律效力為何？
(A)如果損失發生時與違反特約條款有因果關係，則保險公司才得據以解除保險契約
(B)無論損失發生時與違反特約條款是否有因果關係，則保險公司皆得據以解除保險契約
(C)保險公司得直接終止保險契約
(D)被保險人須補繳因其違反特約條款之危險而增加的保險費。

( ) **77** 季節因素是否應列入貨物運輸保險之核保考慮因素？
(A)不用
(B)必須列入
(C)沒有任何關連
(D)不知道。

( ) **78** 下列何者對保險標的具有保險利益，同時是向保險公司申請訂立保
險契約，並負有交付保險費義務之人？
(A)被保險人
(B)要保人
(C)保險代理人
(D)保險經紀人。

( ) **79** 當汽車交通事故發生時，請求權人對下列何種情況，無法向特別補
償基金請求補償？
(A)保險人公司申請破產
(B)事故汽車無法查究身分
(C)事故汽車為未投保強制保險之汽車
(D)事故汽車是未經被保險人同意使用或管理之被保險汽車。

( ) **80** 若強制汽車責任保險的被保險人，在投保強制險前一年有違反酒後
駕車紀錄者，則每累積一次應加收保險費新臺幣多少元？
(A)1,200元
(B)1,500元
(C)2,400元
(D)3,600元。

( ) **81** 住宅火災保險中的基本條款內容，關於被保險人之敘述，下列何者
不正確？
(A)對承保住宅建築物的使用權有保險利益
(B)於承保危險事故發生時遭受損失者
(C)對保險契約享有保險賠償請求權之人
(D)以上皆非。

( ) **82** 以下何者不屬於政府對於保險業的財務監理範圍
(A)保險自留額的限制
(B)責任準備金提存
(C)資金的運用
(D)清償能力的規範。

( ) **83** 若被保險人居住於台北市信義區的十六層樓公寓住宅,當他要投保
「住宅火災及地震基本保險」時,保險公司於釐訂火險費率時,會
考慮下列何種因素?
(A)地區加費
(B)高樓加費
(C)地區與高樓加費
(D)地區與屋頂加費。

( ) **84** 部分財產保險有試車期間,請問下列何種保險的保險期間包含了試
車期間?
(A)安裝工程綜合保險
(B)鍋爐保險
(C)機械保險
(D)營建機具綜合保險。

( ) **85** 關於雇主意外責任保險的敘述,下列何者錯誤?
(A)屬於損害補償的保險
(B)採用過失責任主義
(C)以受僱人的身體或生命為保險標的
(D)承保受僱人執行職務時可能發生的意外傷亡。

( ) **86** 當被保險人破產時,保險公司得於被保險人破產宣告之次日起幾個
月內終止火災保險契約?
(A)一個月
(B)二個月
(C)三個月
(D)六個月。

（　　）**87** 政策性住宅地震基本保險的保險標的物為下列何者？
　　　　(A)住宅建築物本體
　　　　(B)住宅建築物本體＋裝潢
　　　　(C)住宅建築物本體＋裝潢＋動產
　　　　(D)住宅建築物本體＋裝潢＋動產＋體傷死亡。

（　　）**88** 保險契約基本條款通常規定被保險人應履行下列何種義務？
　　　　(A)據實告知
　　　　(B)危險增加通知
　　　　(C)危險發生通知
　　　　(D)以上皆是。

（　　）**89** 下列何者為保險安定基金墊付範圍
　　　　(A)佣金
　　　　(B)保險賠款
　　　　(C)水電費
　　　　(D)再保險費。

（　　）**90** 現行的住宅火災保險當中，不補償下列何種費用的損失？
　　　　(A)防止損失擴大費用
　　　　(B)臨時住宿費用
　　　　(C)醫療費用
　　　　(D)殘餘物清除費用。

（　　）**91** 小甲有投保汽車竊盜險，但他的汽車於失竊數日即尋回，其受損的
　　　　部分經修復費用估價為一萬元，保險公司應如何進行理賠？
　　　　(A)5,000元
　　　　(B)5,500元
　　　　(C)1萬元
　　　　(D)扣除竊盜損失險自負額後之金額賠付。

( ) **92** 依照強制汽車責任保險失能失能給付的規定，失能程度第13等級應給付多少？
(A)18萬元
(B)13萬元
(C)8萬元
(D)5萬元。

( ) **93** 保險公司要求被保險人有危險事故發生後立即通知保險公司的義務，是為了使保險公司可以進行下列何種行動處理？
(A)保全殘餘之保險標的物
(B)防止損失擴大
(C)調查損失發生之原因與損害程度
(D)以上皆是。

( ) **94** 下列何種保險契約屬於不載明保險期間起迄日期的保單險種？
(A)概括式保險單
(B)列舉式保險單
(C)時間保險單
(D)航程保險單。

( ) **95** 汽車第三人責任保險超額責任附加條款中規定，有關超額保險保障每一事故造成第三人體傷、死亡或財物損害合併最高賠償限額，由多少金額至多少金額限額內供要保人或被保險人選擇？
(A)50萬元至500萬元
(B)60萬元至600萬元
(C)80萬元至800萬元
(D)100萬元至1000萬元。

( ) **96** 「營業中斷損失」在新式協會貨物保險條款中，由下列何者承保？
(A)A條款承保
(B)A、B、C條款均不予承保
(C)B條款可承保
(D)以上皆非。

(　　) **97** 除了有特別載明於住宅火災保險契約上，下列何者不屬於保險標的物中所指之「建築物內動產」？
(A)個人電腦
(B)電視機
(C)汽車
(D)鋼琴。

(　　) **98** 關於保險經紀人的定義，下列何者描述正確？
(A)被保險人的代理人
(B)保險公司的代理人
(C)向被保險人收取佣金為報酬之人
(D)以上皆是。

(　　) **99** 關於財產保險商品審查注意事項的編撰內容，下列何者正確
(A)審查委員審理意見
(B)審查會備忘錄
(C)相關審查原則
(D)以上皆是。

(　　) **100** 下列何者為要保人對保險人負擔保險責任所給付之對價
(A)保險賠款
(B)保險費用
(C)保險金額
(D)危險成本。

解答與解析

1 (A)

2 (D)。保險金額50萬×免責比率6%
＝3萬，損失金額10萬大於免責額度
3萬，故保險公司須負擔全部損失，
賠償10萬。

3 (A)　　**4 (D)**　　**5 (A)**　　**6 (A)**

7 (C)　　**8 (C)**　　**9 (C)**　　**10 (D)**

11 (C)　　**12 (D)**　　**13 (D)**　　**14 (D)**

15 (B)。車體險無賠款年度1點數為0，
賠款一次的點數也為0，故賠款係數
為0。

16 (D)　　**17 (A)**　　**18 (A)**

19 (B)。醫療費用收據為醫療理賠的
請領，而非死亡理賠給付的必要文
件。

20 (C)　　**21 (D)**

22 (D)。在責任保險中，目前有分為
索賠基礎與事故發生基礎的理賠方
式，事故發生基礎，是承保的危險
事故在保險期間內發生，即便後續
理賠申請的時間不在保險期間內，
保險公司仍負理賠責任；索賠基礎
需在保險期間內提出理賠的申請，
若是不在保險期間內申請則保險公
司不負賠償責任，產品責任保險便
是屬於此種。

23 (C)　　**24 (B)**　　**25 (D)**

26 (A)。足額理賠意思是保險公司完全
理賠被保險人實際損失的，所以當
投保金額大於標的物現金價值60%
以上時，將依照實際損失金額進行
理賠：所以現金價值300萬元×60%
＝180萬，如火險投保180萬的保險
金額方可獲得足額理賠。

27 (A)　　**28 (A)**　　**29 (B)**　　**30 (C)**

31 (A)

32 (C)。建築物的理賠金額：（50萬／
200萬）×40萬＝10萬；機器設備的
理賠金額：（200萬／300萬）×300
萬＝200萬，10萬（建築物）+200萬
（機器設備）＝210萬。

33 (C)。(A)承保範圍不包含工程設計
錯誤與停工30日的損失。(B)營造
綜合保險承保範圍為建築、土木工
程。

34 (A)　　**35 (B)**　　**36 (C)**　　**37 (B)**

38 (C)

39 (D)。颱風事故認定為，中央氣象局
就臺灣地區發布之陸上警報者，當
陸上警報解除後又發布的新陸上警
報時，視為新一次的危險事故。洪
水事故則為第一次發生的72小時之
後，再發生的視為新一次事故。

40 (C)　　**41 (B)**　　**42 (A)**　　**43 (D)**

44 (D)　　**45 (B)**

46 (D)。實際價值為100萬元,而因投保金額為90萬,已大於實際價值的60%(60萬元),故損失50萬可獲得全部理賠。

47 (C)　　**48 (A)**　　**49 (B)**　　**50 (C)**

51 (D)　　**52 (B)**　　**53 (C)**　　**54 (B)**

55 (B)　　**56 (D)**　　**57 (C)**　　**58 (B)**

59 (A)。事故需發生在醫師業務責任險的保險期間內,且在兩年內由受害人向被保險人提出申請。

60 (C)　　**61 (B)**　　**62 (D)**　　**63 (A)**

64 (C)

65 (A)。火災保險在決定保險金額時,是以實際價值來計算可投保金額;而發生事故需要理賠時,則是按照重置損失部分所需要的費用來判定理賠金額。

66 (C)　　**67 (C)**

68 (A)。公共意外險為承保被保險人因法院判決需負擔的責任,若未經同意自行和解與無須負擔的責任範圍,保險公司不需負擔責任。

69 (D)　　**70 (C)**　　**71 (D)**　　**72 (D)**

73 (A)

74 (C)。冷暖氣機不屬於火災保險中承保之建築物的範圍。

75 (A)　　**76 (B)**　　**77 (B)**　　**78 (B)**

79 (A)　　**80 (D)**

81 (A)。對承保住宅建築物的(所有權)有保險利益。

82 (A)　　**83 (B)**　　**84 (A)**

85 (C)。是以雇主的責任為保險標的,而受僱人的體傷、死亡為承保範圍。

86 (C)　　**87 (A)**　　**88 (D)**　　**89 (B)**

90 (C)　　**91 (D)**　　**92 (C)**　　**93 (D)**

94 (D)　　**95 (D)**　　**96 (B)**　　**97 (C)**

98 (A)　　**99 (D)**　　**100 (B)**

☑ 財產保險法規

(　) **1** 保險業務員是為何者來招攬保險業務？
(A)保險公司
(B)保險經紀人公司
(C)保險代理人公司
(D)以上皆是。

(　) **2** 關於保險契約的說明，下列何者正確？
(A)保險批單的效力小於保險單
(B)在不違反其他契約原則的情況下，則應以被保險人之利益為優先
解釋
(C)如果續期延遲繳費，需在10日內補上保險費
(D)以上皆非。

(　) **3** 下列何種事故為要保人可以投保的事故？
(A)不可預料或不可抗力的事故
(B)不可預測的事故
(C)不可抗力的事故
(D)以上皆非。

(　) **4** 根據我國保險法的規定，保險分為下列何者之分類？
(A)財產保險與人身保險
(B)人身保險與責任保險
(C)財產保險與責任保險
(D)傷害保險與健康保險。

(　) **5** 關於經紀人執業證照的規定，下列何者敘述正確？
(A)個人執業之經紀人停止執行業務時，應於事實發生後10日內向主
管機關申報並繳銷執業證照

(B)個人執業之經紀人、經紀人公司及銀行任用經紀人之執業證照有效期間為5年，若未在期滿前辦妥換發執業證照的手續，辦妥前不得執行業務

(C)若經紀人同時具備財產保險及人身保險經紀人資格者，僅得擇一申領財產保險或人身保險經紀人執業證照

(D)以上皆是。

( ) **6** 若業務員不服受停止招攬登錄、撤銷登錄處分者，得於受處分之通知到達之日起多久內，以書面具明理由向原處分公司提出申復？
(A)15日
(B)20日
(C)30日
(D)60日。

( ) **7** 如果要保人或被保險人，對於保險標的物未盡保護責任所導致的損失，則保險公司可以？
(A)不負賠償責任
(B)仍負賠償責任，但可以增加其保險費的收取
(C)仍負賠償責任，且退還保險費
(D)保險法無相關的約定。

( ) **8** 保險公司對業務員的授權招攬行為必須進行怎樣的規範？
(A)應以書面為之，並載明於登錄證上
(B)應以口頭為之
(C)書面口頭為之都可以
(D)應記載於人事管理規則。

( ) **9** 保險經紀人向承保的保險業收取的是費用又稱為？
(A)手續費
(B)保險代辦費
(C)經紀人佣金
(D)以上皆是。

（　　）**10** 想要擔任經紀人公司的總經理，需具備下列何種資格經歷？

(A)國內外專科以上學校畢業或具同等學歷，並曾擔任經紀人之簽署工作2年以上

(B)國內外專科以上學校畢業或具同等學歷，並曾擔任經紀人之簽署工作3年以上

(C)國內外專科以上學校畢業或具同等學歷，並曾擔任經紀人之簽署工作4年以上

(D)國內外專科以上學校畢業或具同等學歷，並曾擔任經紀人之簽署工作5年以上。

（　　）**11** 有下列何種情事者，不得充任經紀人公司之負責人？

(A)違反保險法，受刑之宣告確定，執行完畢後逾6年

(B)受破產之宣告，尚未復權

(C)曾任法人宣告破產時之負責人，破產終結逾6年

(D)有重大喪失債信情事了結後逾6年。

（　　）**12** 關於保險經紀人的管理規則，保險經紀人分為那兩種？

(A)專屬及普通保險經紀人

(B)財產險及人身保險經紀人

(C)特約及普通保險經紀人

(D)特別及一般保險經紀人。

（　　）**13** 若是想以公司組職的型態申請經營再保險經紀之業務者，其最低實收資本額應為多少？

(A)新台幣600萬元

(B)新台幣800萬元

(C)新台幣1,000萬元

(D)新台幣2,000萬元。

（　　）**14** 保險業務員應於登錄證有效期滿前辦妥換發手續，請問登錄證有效期間為幾年？

(A)2年

(B)3年

(C)4年

(D)5年。

(　)**15** 下列何種保險契約約定的事項，效力視為有效之約定？

(A)要保人不得申請變更保險契約的內容

(B)被保險人故意所致之損害，保險人免負賠償責任

(C)保險公司發生財務虧損時，可以減少理賠金額的給付

(D)出險的施救費用應由要保人負擔。

(　)**16** 保險契約的解釋應該站在何種立場來解釋？

(A)應探求當事人之真意，如有疑義時以作有利於被保險人之解釋為原則

(B)應就保險契約之文字做嚴格認定

(C)一律做有利於被保險人之解釋

(D)保險人與被保險人自行協商。

(　)**17** 若是業務員先前曾離職原所屬公司，事後想要繼續回來擔任業務員時，應事先進行下列何種行為？

(A)應重新辦理登錄

(B)僅需參加教育訓練即可

(C)需重新參加業務員考試

(D)以上皆不需要。

(　)**18** 當保險業的情況有礙健全經營之虞時，主管機關得對其作何處分？

(A)限制其營業範圍或新契約額

(B)命其擴大增資

(C)糾正或命其限期改善

(D)命其解除經理人之職務。

(　)**19** 若保險契約的被保險人有年齡不實告知的情形，依照保險法規定，下列敘述何者正確？

(A)若被保險人其真實年齡已超過保險公司所定保險年齡限度者，其契約無效，保險公司無須再退還所繳保險費

(B)若因為被保險人不實告知，導致所付的保險費多於原始應付金額者，則要保人不得請求保險人退還溢繳的保險費

(C)若因為被保險人不實告知，導致所付的保險費少於原始應付金額者，則要保人得按照所付之保險費與被保險人之真實年齡比例減少保險金額

(D)若因為被保險人不實告知，導致所付的保險費少於原始應付金額者，則要保人應加倍補繳短繳的保險費。

( ) **20** 關於保險業務員教育訓練的規定，下列敘述何者正確？
(A)保險業務員參加教育訓練成績不合格，於2年內再行補訓成績仍不合格者，所屬公司應撤銷其業務員登錄
(B)保險業務員不參加教育訓練者，所屬公司應撤銷其業務員登錄
(C)保險業務員應自登錄後每2年參加所屬公司辦理之教育訓練至少1次
(D)以上皆是。

( ) **21** 如果傷害保險契約上約定的保險受益人，故意傷害被保險人未遂時，其保單法律效果應為何？
(A)保險金額作為被保險人遺產
(B)被保險人得撤銷其受益權利
(C)受益人無請求保險金額之權
(D)保險公司不負給付保險金額之責任。

( ) **22** 下列何者正確？
(A)共保險是指要保人對於同一保險利益，同一保險事故，與數家保險公司（保險人）分別訂立數個保險契約的行為。
(B)再保險是保險人要求要被保險人另外再投保的行為
(C)發生惡意複保險而保險人不知情，仍以返還保險費用
(D)以上皆非。

( ) **23** 關於通貨交易，下列何者正確？
(A)累積50萬以上的交易
(B)最輕本刑五年以上之有期徒刑

　　　　(C)單筆現金交易、換鈔

　　　　(D)以上皆非。

（　　）**24** 強制險的主管機關是下列何者？

　　　　(A)財政部

　　　　(B)交通部

　　　　(C)金管會

　　　　(D)以上皆非。

（　　）**25** 下列何種情況可免除要保人的通知義務？

　　　　(A)是為履行道德上之義務者

　　　　(B)為防護被保險人之利益者

　　　　(C)危險增加，是由於要保人之行為所致，其危險達到應增加保險費
　　　　　　之程度者

　　　　(D)危險增加，是由於要保人之行為所致，其危險低於應增加保險費
　　　　　　之程度者。

（　　）**26** 下列何者可以登錄為保險代理人公司的業務員？

　　　　(A)保險公證人公司之負責人

　　　　(B)已領得公證人執業證照

　　　　(C)已領得保險代理人證照且正在執業

　　　　(D)以上皆可。

（　　）**27** 如果要保人需為不能依市價估定價值之藝術品投保，則保險公司應
　　　　該選擇下列何種方式承保？

　　　　(A)不定值保險

　　　　(B)定值保險

　　　　(C)不足額保險

　　　　(D)超額保險。

（　　）**28** 再保險人不履行再保金額給付之義務，則：

　　　　(A)原保險人得拒絕履行其對於被保險人之義務

　　　　(B)原保險人得俟再保險人履行後再履行其對於被保險人之義務

(C)原保險人得協助被保險人對再保險人提起訴訟

(D)以上皆非。

( ) **29** 應訂立強制汽車責任保險契約的汽車種類是依據

(A)公路法的規定

(B)保險法的規定

(C)該法主管機關會同中央交通主管機關訂定公告之汽車

(D)汽車所有人自由選擇投保。

( ) **30** 善意之複保險，保險金額總額超過保險標的之價值者，各保險人雖僅負比例分擔之責，但賠償總額應為？

(A)不得超過總保險金額

(B)不得超過保險標的物之價值

(C)不得超過保險標的物之淨值

(D)可以超過保險標的之價值，但不能超過總保險金額。

( ) **31** 若保單契約是因當事人的一方因詐欺而以保險金額超過保險標的的價值的情況下訂立，他方可以主張？

(A)契約得終止

(B)得撤銷契約

(C)得解除契約

(D)契約無效。

( ) **32** 複保險的要保人應將下列何種資料通知各保險公司？

(A)其他保險人之名稱

(B)其他保險人之保險金額

(C)以上皆是

(D)以上皆非。

( ) **33** 如保險業務員取得相關資格，得登錄於一家非經營同類保險業務的保險經紀人公司，其中以幾家為限制？

(A)1家

(B)2家

(C)3家

(D)4家。

( ) **34** 下列關於保險代位權之敘述，何者正確？

(A)被保險人發生承保之危險事故導致損失，而對於第三人有損失賠
償請求權者，保險公司於事故發生後，得代位行使被保險人對於
第三人之請求權

(B)保險公司行使代位權所得到的請求金額，應為被保險人對第三人
所得請求之數額

(C)若第三人為被保險人的家屬或受僱人時，不管其是否故意，保險
公司都無代位請求權

(D)承保傷害保險的保險公司，不得代位行使要保人或受益人，其因
保險事故所對於第三人產生之請求權。

( ) **35** 若良才停好車，下車後卻未上鎖是屬於竊盜險中的何種危險因素？

(A)道德性危險因素

(B)怠忽性危險因素

(C)實質危險因素

(D)以上皆是。

( ) **36** 當保險契約成立時，下列何者有保險費的請求權？

(A)保險人

(B)要保人

(C)保險經紀人

(D)被保險人。

( ) **37** 保險契約上約定保險標的物需至危險發生後估計價值的保險契約，
屬於下列何種契約？

(A)定值保險

(B)不定值保險

(C)強制性保險契約

(D)任意性保險契約。

（　）**38** 保險業辦理電話行銷人員進行電話行銷之過程與成交記錄備份存檔
資料，保存期限不得低於多久？
(A)保險契約期滿後二年
(B)保險契約成立後二年
(C)保險契約期滿後三年
(D)保險契約成立後三年。

（　）**39** 依保險法第17條規定，如果要保人或被保險人對於保險標的物之間
並無保險利益存在，則其保險契約效力為何？
(A)失其效力
(B)繼續效力
(C)效力未定
(D)效力終止。

（　）**40** 關於保險經紀人停業的規定，下列敘述何者正確？
(A)保險經紀人公司停業期間以三年為限，如有正當理由者，得申請
展延之，以兩次為限
(B)保險經紀人公司停業期間以一年為限，如有正當理由者，得申請
展延之，以一次為限
(C)個人執業經紀人停止執行業務，應於事實發生後30日內，向主管
機關申報
(D)保險經紀人公司申請停業，應繳銷所任用經紀人之執業證照及公
司執業證照。

（　）**41** 保險業務員經授權可以從事下列何種行為？
(A)解釋保險商品內容及保單條款
(B)推介未經主管機關核准之保險業務
(C)代要保人保管保險單及印鑑
(D)代被保險人簽章。

（　）**42** 除了保險契約基本條款之外，經過保險契約當事人承認須履行之特
種義務之條款，此種條款又稱為下列何者？
(A)特殊條款

(B)特約條款

(C)特別條款

(D)特種條款。

( ) **43** 甲胖出國旅遊前投保旅行平安保險，但在要保書中並未誠實患有高
血壓及胃疾開刀之事實。若甲胖不幸在旅途中遭逢飛機失事意外身
亡，則下列何者正確？

(A)保險公司僅須退還保險費

(B)保險公司得解除保險契約

(C)保險公司應給付身故保險金

(D)保險公司應給付一半保險金。

( ) **44** 關於鍋爐保險與機械保險，下列何者是此保險將火災事故所導致的
損失除外的原因？

(A)過濾性質特殊之危險

(B)區隔非一般被保險人需要之危險事故

(C)避免承保範圍與其他保險重覆

(D)控制道德性危險。

( ) **45** 財產保險中多限制承保發生於承保處所內之損失，主要是因為下列
何種情況？

(A)承保處所以外發生之損失無法認定

(B)承保處所以外地區之危險性較高

(C)其他地區之實質危險因素與承保處所之實質危險因素有所差異

(D)以上皆是。

( ) **46** 保險業應按資本或基金實收總額的百分之幾，繳存保證金於國庫？

(A)10%

(B)15%

(C)20%

(D)25%。

(　　) **47** 除了主管機關另有規定者之外，財產保險業務員在招攬的過程中，
若涉及下列何種保險商品，應親晤要保人及被保險人？
(A)人身保險之商品
(B)商業性保險之商品
(C)招標業務之保險
(D)責任保險之商品。

(　　) **48** 下列有關要保人的敘述，何者正確？
(A)負有交付保費之義務
(B)對於保險標的須具有保險利益
(C)向保險人申請訂立保險契約之人
(D)以上皆是。

(　　) **49** 依保險法規定，下列有關保險業之敘述，何者正確？
(A)非保險業不得兼營保險業務
(B)財產保險業經營財產保險，人身保險業經營人身保險，同一保險
業亦得兼營財產保險及人身保險業務。
(C)保險業經主管機關許可，即得開始營業
(D)保險業的組織，以股份有限公司為限其股票應辦理公開發行。

(　　) **50** 若要保人違反據實說明之義務，保險人在訂立契約後多久不可行使
解除權？
(A)一年
(B)二年
(C)三年
(D)半年。

解答與解析

1 (D)

2 (B)。(A)保險批單的效力大於保險單；(C)延遲繳費，需在30日內補上保險費。

3 (A)　　**4 (A)**　　**5 (B)**　　**6 (C)**

7 (A)　　**8 (A)**　　**9 (C)**

10 (D)。保險經紀人總經理擔任條件須國內外專科以上學校畢業或具同等學歷，並曾擔任經紀人之簽署工作5年以上。（參考第339頁，「觀念補給站」之表格）

11 (B)　　**12 (B)**　　**13 (D)**　　**14 (D)**

15 (B)　　**16 (A)**　　**17 (A)**　　**18 (C)**

19 (C)。因為要保人繳納的保險費少於符合被保險人真實年齡的保險費，則保險公司將以少繳的保費，與被保險人真實年齡和不實告知的年齡差異，計算出比例後下降原始投保之保險金額。

20 (B)　　**21 (B)**

22 (D)。(A)複保險是指要保人對於同一保險利益，同一保險事故，與數家保險公司（保險人）分別訂立數個保險契約的行為。(B)再保險是保險人另外尋找保險人轉移風險之行為。(C)保險人可以不返還保險費用。

23 (C)　　**24 (C)**　　**25 (B)**

26 (C)。個人執業的經紀人或代理人不能再聘任業務員。

27 (B)　　**28 (D)**　　**29 (C)**　　**30 (B)**

31 (C)　　**32 (C)**　　**33 (A)**

34 (D)。(A)保險公司對被保險人的損害請求權無代位行使之權利。(B)保險公司代位行使之請求金額不一定等同於被保險人所求之數額。(C)不論是否為故意之行為，保險公司皆有代位行使之權利。

35 (B)

36 (A)。保險人有保險費的請求權、要保人有繳交保險費的義務。

37 (B)　　**38 (A)**　　**39 (A)**　　**40 (B)**

41 (A)　　**42 (B)**　　**43 (C)**　　**44 (C)**

45 (C)　　**46 (B)**　　**47 (A)**　　**48 (D)**

49 (A)　　**50 (B)**

信託業務｜銀行內控｜
初階授信｜初階外匯｜
理財規劃｜保險人員推薦用書

暢銷上榜好書

編號	書名	作者	價格
2F021141	初階外匯人員專業測驗重點整理+模擬試題	蘇育群	530元
2F031111	債權委外催收人員專業能力測驗重點整理+模擬試題 👑 榮登金石堂暢銷榜	王文宏 邱雯瑄	470元
2F041101	外幣保單證照 7日速成	陳宣仲	430元
2F051131	無形資產評價管理師(初級、中級)能力鑑定速成(含無形資產評價概論、智慧財產概論及評價職業道德) 👑 榮登博客來、金石堂暢銷榜	陳善	550元
2F061131	證券商高級業務員(重點整理+試題演練) 👑 榮登博客來、金石堂暢銷榜	蘇育群	670元
2F071141	證券商業務員(重點整理+試題演練) 👑 榮登博客來、金石堂暢銷榜	金永瑩	590元
2F081101	金融科技力知識檢定(重點整理+模擬試題)	李宗翰	390元
2F091121	風險管理基本能力測驗一次過關 👑 榮登金石堂暢銷榜	金善英	470元
2F101131	理財規劃人員專業證照10日速成	楊昊軒	390元
2F111101	外匯交易專業能力測驗一次過關	蘇育群	390元

2F141121	防制洗錢與打擊資恐(重點整理+試題演練)	成琳	630元
2F151131	金融科技力知識檢定主題式題庫(含歷年試題解析) 👑 榮登博客來、金石堂暢銷榜	黃秋樺	470元
2F161121	防制洗錢與打擊資恐7日速成 👑 榮登金石堂暢銷榜	艾辰	550元
2F171141	14堂人身保險業務員資格測驗課 👑 榮登博客來、金石堂暢銷榜	陳宣仲 李元富	490元
2F181111	證券交易相關法規與實務	尹安	590元
2F191121	投資學與財務分析 👑 榮登金石堂暢銷榜	王志成	570元
2F201121	證券投資與財務分析 👑 榮登金石堂暢銷榜	王志成	460元
2F211141	高齡金融規劃顧問師資格測驗一次過關 👑 榮登博客來、金石堂暢銷榜	黃素慧	560元
2F621131	信託業務專業測驗考前猜題及歷屆試題 👑 榮登金石堂暢銷榜	龍田	590元
2F791141	圖解式金融市場常識與職業道德 👑 榮登博客來、金石堂暢銷榜	金融編輯小組	550元
2F811131	銀行內部控制與內部稽核測驗焦點速成+歷屆試題 👑 榮登金石堂暢銷榜	薛常湧	590元
2F851121	信託業務人員專業測驗一次過關 👑 榮登博客來、金石堂暢銷榜	蔡季霖	670元
2F861121	衍生性金融商品銷售人員資格測驗一次過關 👑 榮登金石堂暢銷榜	可樂	470元
2F881121	理財規劃人員專業能力測驗一次過關 👑 榮登金石堂暢銷榜	可樂	600元
2F901131	初階授信人員專業能力測驗重點整理+歷年試題解析 二合一過關寶典 👑 榮登金石堂暢銷榜	艾帕斯	590元
2F911131	投信投顧相關法規(含自律規範)重點統整+歷年試題 解析二合一過關寶典	陳怡如	480元
2F951141	財產保險業務員資格測驗(重點整理+試題演練) 👑 榮登金石堂暢銷榜	楊昊軒	530元
2F121121	投資型保險商品第一科7日速成	葉佳洺	590元
2F131121	投資型保險商品第二科7日速成	葉佳洺	570元
2F991141	企業內部控制基本能力測驗(重點統整+歷年試題) 👑 榮登金石堂暢銷榜	高瀅	近期出版

 千華數位文化股份有限公司

■新北市中和區中山路三段136巷10弄17號　■千華公職資訊網 http://www.chienhua.com.tw
■TEL: 02-22289070　FAX: 02-22289076

頂尖名師精編紙本教材

超強編審團隊特邀頂尖名師編撰，
最適合學生自修、教師教學選用！

千華影音課程

超高畫質，清晰音效環
繞猶如教師親臨！

多元教育培訓
數位創新

現在考生們可以在「Line」、「Facebook」
粉絲團、「YouTube」三大平台上，搜尋【千
華數位文化】。即可獲得最新考訊、書
籍、電子書及線上線下課程。千華數位
文化精心打造數位學習生活圈，與考生
一同為備考加油！

TTQS 銅牌獎

實戰面授課程

不定期規劃辦理各類超完美
考前衝刺班、密集班與猜題
班，完整的培訓系統，提供
多種好康講座陪您應戰！

遍布全國的經銷網絡

實體書店：全國各大書店通路

電子書城：

Google play、Hami 書城…
Pube 電子書城

網路書店：

千華網路書店、博客來
MOMO 網路書店…

書籍及數位內容委製
服務方案

課程製作顧問服務、局部委外製
作、全課程委外製作，為單位與教
師打造最適切的課程樣貌，共創
1+1＝無限大的合作曝光機會！

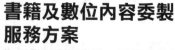

多元服務專屬社群 @ f YouTube

千華官方網站、FB 公職證照粉絲團、Line@ 專屬服務、YouTube、
考情資訊、新書簡介、課程預覽，隨觸可及！

千華會員享有最值優惠!

立即加入會員

會員等級	一般會員	VIP 會員	上榜考生
條件	免費加入	1. 直接付費 1500 元 2. 單筆購物滿 5000 元	提供國考、證照相關考試上榜及教材使用證明
折價券	200 元	500 元	
購物折扣	‧平時購書 9 折 ‧新書 79 折 (兩周)	‧書籍 75 折 ‧函授 5 折	
生日驚喜		●	●
任選書籍三本		●	●
學習診斷測驗(5科)		●	●
電子書(1本)		●	●
名師面對面		●	

facebook

公職 ‧ 證照考試資訊

專業考用書籍｜數位學習課程｜考試經驗分享

千華公職證照粉絲團

按讚送 E-coupon

Step1. 於FB「千華公職證照粉絲團」按 👍
Step2. 請在粉絲團的訊息，留下您的千華會員帳號
Step3. 粉絲團管理者核對您的會員帳號後，將立即回贈e-coupon 200元。

千華 Line@ 專人諮詢服務

☑ 有疑問想要諮詢嗎？歡迎加入千華LINE@！

☑ 無論是考試日期、教材推薦、勘誤問題等，都能得到滿意的服務。

☑ 我們提供專人諮詢互動，更能時時掌握考訊及優惠活動！

國家圖書館出版品預行編目(CIP)資料

財產保險業務員資格測驗：重點整理+試題演練/楊昊軒
編著. -- 第四版. -- 新北市：千華數位文化, 2024.12
　　面；　　公分
金融證照
ISBN 978-626-380-881-2 (平裝)

1.CST: 財產保險

563.75　　　　　　　　　　　113018213

[金融證照] **財產保險業務員資格測驗**
重點整理＋試題演練

編 著 者：楊 昊 軒

發 行 人：廖 雪 鳳
登 記 證：行政院新聞局局版台業字第 3388 號
出 版 者：千華數位文化股份有限公司
　　　　　地址：新北市中和區中山路三段 136 巷 10 弄 17 號
　　　　　電話：(02)2228-9070　　傳真：(02)2228-9076
　　　　　客服信箱：chienhua@chienhua.com.tw

法律顧問：永然聯合法律事務所
編輯經理：甯開遠
主　　編：甯開遠
執行編輯：尤家瑋
校　　對：千華資深編輯群
設計主任：陳春花
編排設計：林佳瑩

千華官網
／購書

千華蝦皮

出版日期：2024 年 12 月 20 日　　第四版／第一刷

本書如有勘誤或其他補充資料，
將刊於千華官網，歡迎前往下載。

「金融證照」 財產保險業務員資格測驗
重點整理＋歷屆實戰

出版日期：2024 年 12 月 20 日　　第四版．八刷一刷